나당전쟁

건곤일척의 승부

나당전쟁

건곤일척의 승부

이상훈 지음 | 이정수 그림

역사산책

책을 펴내며

나당전쟁羅唐戰爭(670~676)은 약소국 신라가 최강대국 당을 상대로 7년간 벌인 전쟁이다. 당에게는 여러 전장戰場 중 하나였지만 신라에게는 전부였다. 다시 말해 신라는 국가의 명운을 걸고 '건곤일척乾坤一擲'의 승부수를 던진 셈이었다.

나당전쟁은 삼국통일의 마지막 단계로, 이 전쟁에서 신라가 승리함으로써 통일신라가 시작되었다. 하지만 이를 두고 최근 신라의 '삼국통일'이 아니라 '백제 통합'에 불과하며, 우리의 진정한 통일은 고려에 의한 통일이라는 주장이 역사학계에서 제기되고 있다.

『삼국사기三國史記』「설인귀서薛仁貴書」에는 당이 신라 영토로 인정하는 범위가 서술되어 있다. 바로 "평양 이남平壤以南 백제 토지百濟土地"라는 표현이다. '삼국통일' 입장에서는 '평양 이남의 고구려 토지와 백제 토지'로 이해하고, '백제 통합' 입장에서는 '평양 이남의 백제 토지'만으로 한정한다.

상식적으로 생각해보자. 백제 토지는 당연히 평양 이남이다. 수백 년간 전쟁을 해온 신라나 당이 백제 토지가 어딘지 모를 리 없다. '평양 이남의 백제 토지'가 성립하려면, 평양 이북의 백제 토지가 전제되어야 한다. 그런데 백제는 평양 이북에 토지를 소유한 적이 없다. 일례로 '의주 이남의 신라 토지'나 '압록강 이남의 신라 토지'라는 말이 성립할 수 있을까? 신라 토지를 지칭할 때 의주나 압록강은 불필요한 단어다. 임진강 이남의 신라 토지라면 모를까, 의주나 압록강은 또 다른 의미를 지니고 있다고 보아야 한다.

「설인귀서」가 작성된 시기는 나당전쟁이 한창이던 7세기다. 7세기에 백제는 대동강 이남을 점유한 적이 없다. 이 지역은 당연히 고구려 영토였다. 고구려는 5세기에 평양 지역으로 천도했고, 평양 이남 황해도 지역은 수백 년간 고구려의 핵심 영토였다.

당 입장에서 신라에게 백제 토지를 준다고 할 경우, 그냥 '백제 토지'라고 하면 된다. 그런데 굳이 '평양 이남'을 추가한 이유는 무엇일까? 당에게는 백제 토지가 중요한 것이 아니라 고구려 수도였던 평양과 방어에 유리한 대동강이라는 자연 경계가 더 의미 있었음을 알수 있다. 다시 말해 평양 이남의 고구려 토지까지는 신라가 차지하는 것에 동의한 것이다.

후삼국을 통일한 고려는 901년 건국된 '후고구려'에서 출발했다. 신라가 삼국을 통일한 적이 없다고 가정해보자. 삼국을 '통일(676년)' 한 적이 없는 신라인데, 어떻게 통일신라 강역 내에서 그것도 200년 이나 지난 시점에서 '후고구려'를 지향하며 건국할 수 있었을까? 후고구려의 인구·영토·유산이 통일신라의 것이 아니라면, '만주 벌판' 고구려의 것을 도대체 언제 이어받았을까?

이와 관련해 고구려를 계승한 발해 세자 대광현大光顯의 존재가 제시된다. 926년 발해가 거란에 멸망하자 934년 대광현은 발해 유민

수만 명을 거느리고 고려로 귀부했다. 고려의 통일이 '진정한 통일'이라는 주요 근거다. 당시 발해의 인구는 적어도 수백만 명이었을 것이다. 그중에서 수만 명, 즉 인구만 놓고 보면 채 10퍼센트도 안 되는 이들만 고려로 흡수된 셈이다.

발해 영토는 고스란히 거란으로 넘어갔고 발해 유민이 발해의 후신을 자처하며 건국한 정안국定安國도 거란에 흡수되었다. 우리야 당연히 대광현의 고려 귀부로 '완전한 통일'을 이루었다고 강조할 수 있다. 하지만 중국 입장에서는 발해 인구 90퍼센트 이상과 영토 전체가 거란으로 넘어왔다고 보는 것이다. 게다가 중국 왕조인 거란이 발해의 후신을 자처한 정안국도 흡수했음을 강조한다.

신라가 고구려의 유산을 이어받지 못했다고 본다면, 고구려─발해─고려로 이어지는 연결고리를 명확히 밝힐 수 있어야 한다. 우리만의 역사 인식이 아니라 중국을 비롯한 국제사회를 충분히 설득할 수 있어야 한다. 고구려는 물론 발해의 인구·영토·유산을 거란이 다 가져갔다고 주장하는 그 중국을 상대로 말이다.

'삼국통일' 문제를 어설프게 대응하다가는 '신라만 한국사'라는 중국 논리에 휘말릴 수 있다. 실제 중국은 2017년 동북 고대 민족이라는 이름으로 부여, 고구려, 백제, 발해, 거란의 역사 편년을 발간한 바 있다. 최근 중국은 신라는 삼국을 통일하지 못했고 한반도 남부만 병합했다고 주장하고 있다. 삼국이 통일되지 못한 상태에서 고구려는 발해로 이어지고 그 발해는 거란으로 흡수되었다고 보는 것이다. 물론 고구려는 중국의 '지방 정권'이라고 강조하고 있다. 이러한 중국의 논리에 따른다면 신라만 한국 고대국가라는 이야기가 된다.

삼국통일 당시 신라가 흡수한 대동강 이남, 즉 황해도·경기도·강원도 등 고구려 영역의 인구는 적게 잡아도 수십만 명에 달한다. 고려보다 더 많은 인구와 영토를 일차적으로 흡수했다. 물론 그 과정에서 고구려 유산도 적지 않게 흡수했음은 분명하다. 통일신라 강역 내에서 후고구려가 건국되었고, 결국 후삼국을 통일하고 발해 유민을 추가로 흡수했다. 그후 고구려를 지향하며 북진 정책을 펼쳐 통일신라 강역에서 조금 더 북상했다. 조선 또한 고려 강역에서 조금 더 북상해 현재의 국경선을 완성했다.

'삼국통일'이라는 주제는 역사학계 내부의 단순한 논의에 그치지 않는다. 감상적으로 접근해서는 안 된다. 우리가 의도하지 않아도 중국은 우리 빈 틈을 파고들 수 있기 때문이다. 현재 중국이 지속적으로 진행하고 있는 '동북공정東北工程'의 속내를 모르면 곤란하다. 현실 생활에 도움이 되지 않는 고리타분한 수천 년 전 이야기지만, 북한 정권 붕괴 시 중국의 한반도 개입 명분으로 둔갑할 수도 있다. 타국을 침략하는 것이 아니라 중국의 옛 영토, 즉 '고토故土를 수복한다'는 명분으로 작용할 수 있는 것이다. 이것은 아주 현실적인 문제다.

우리가 삼국통일 과정을 제대로 인식해야만 중심을 잡을 수 있다. 나당전쟁은 삼국통일의 마지막 단계로 우리 삼국이 단일 국가로 변모하는 획기였다. 우리는 660년에 멸망한 백제 역사, 668년에 멸망한 고구려 역사에 대해서는 관심이 높다. 하지만 백제와 고구려 멸망 이후 신라와 당이 한반도의 주도권을 두고 벌인 전쟁에 대해서는 잘 모른다.

왜 이런 현상이 벌어진 것일까? 한마디로 말해 너무 어렵기 때문이다. 관련 사료는 부족한데 한·중·일 학자별 견해가 제각각이어서 하나의 사안을 이해하는 것도 쉽지 않다. 전쟁이라는 다이나믹한 사건이지만 여러 학설을 따라가다 보면 길을 잃고 만다. 여기에 더해 신라라는 국가에 대한 부정적 선입견마저 적지 않게 작용한다. 과거 사실이 현실 정치의 연장선에서 '지역 감정'을 부추기는 도구로 전락하곤 하는 것이다.

2012년 『나당전쟁 연구』로 박사학위를 받은 지 만 10년이 지났다. 그간 적지 않은 연구 성과가 축적되었고 다양한 논의가 전개되었다. 하지만 나당전쟁이라는 주제는 대부분 한국고대사를 전공하는 역사학계 내에서만 소화되었다. 일부 교양서나 인터넷 자료에서 다루어지긴 했지만 일반 대중에게 그리 친숙한 주제는 아니다.

"신라는 왜 전쟁을 시작했고 어떻게 승리할 수 있었을까?" "나당전쟁은 우리 역사에서 어떤 의미를 지니고 있을까?" "어떻게 하면 나당전쟁을 대중에게 제대로 설명할 수 있을까?" 나당전쟁 공부를 시작한 이후 지금까지 끊임없이 고민하는 물음이다. 이 책은 이러한 물음에 답하기 위해 수년간 고민한 결과물이다. 박사학위 논문을 근간으로 『나당전쟁 연구』(2012), 『신라는 어떻게 살아남았는가』(2015), 『신라의 통일전쟁』(2021) 등의 저서와 『아시아경제』 신문에 연재한 「이상훈의 한국유사」(2017~2022) 칼럼 등을 엮어 재구성했다.

책은 크게 두 부분으로 나뉘어져 있다. 1부는 나당전쟁의 흐름을 파악할 수 있도록 시기순으로 편성했다. 최근 개별 사건의 연도를 조정해서 이해하려는 연구가 활발한 편이지만, 학술논의가 아니기에 『삼국사기』의 기록을 따라 그대로 정리했다. 2부는 나당전쟁과 관련된 여러 논의와 의문점을 필자 견해를 중심으로 서술했다. 시대순으로 된 1부를 먼저 읽은 후 주제별로 된 2부를 읽으면 나당전쟁 이해도가 높아질 것이다.

세상에 완벽한 책은 없다. 이 책에는 각주를 따로 두지 않았다. 이를 불친절한 것으로 여기는 독자도 있을 테지만, 딱딱한 학술서가 아니라 옛날 이야기처럼 머리 속으로 상상하는 책이 되기를 바랐기 때문으로 이해해주었으면 한다. 참고문헌은 개인 연구 성과를 중심으로 밝혀두었다. 보다 심도 있는 내용이 궁금한 독자는 나당전쟁과 관련된 학술서와 연구논문을 참고하면 좋겠다.

또한 개인의 박사학위논문과 연구 성과를 중심으로 서술하다 보니 최근 연구 성과를 제대로 반영하지 못한 아쉬움도 있다. 다만 나당전쟁이라는 주제 자체가 잘 알려지지 않은 상황에서 보다 쉽게 접근할 수 있도록 노력한 결과물이라는 데 그 의의가 있음을 알아주면 감사하겠다. 이 책을 통해 나당전쟁에 대한 관심과 이해도가 조금이나마 높아지기를 기대해본다.

2023년 8월 화랑대에서

| 차례 |

2부 · 나당전쟁의 이해

프롤로그

신라군, 압록강을 건너다

670년(문무왕 10년) 3월, 2만 병력이 전격적으로 압록강을 건넜다. 목표는 오골성烏骨城. 옛 고구려의 군사 요충지로 지금의 중국 랴오닝성遼寧城 평청鳳城이다. 요동, 즉 요하遼河(랴오허) 동쪽은 신라가 건국된 이래 한 번도 밟아보지 못한 땅이었다. 신라의 설오유薛烏儒 장군과 고구려 부흥군의 고연무高延武 장군이 각각 1만 명씩 거느리고 요동을 선제공격했다.

이 전격작전으로 나당전쟁이 시작되었다. 앞서 나당연합군이 백제와 고구려를 차례로 멸망시킨 상황에서 당은 신라의 기습공격을 받게 되었다. 고구려 멸망 이후 동아시아의 패권을 장악했다고 믿고 있던 당에게 이는 큰 충격이었다. 약소국 신라는 왜 최강대국 당에게 덤벼들었을까?

신라가 나당전쟁의 포문을 열기까지는 오랜 시간이 필요했다. 신라는 고구려가 멸망한 668년 이후부터 669년까지 집중적으로 전쟁 준비를 했다. 대사면大赦免을 내려 민심을 수습하고 전국 170여 곳의 목장을 재분배해 기병을 강화했다. 요동 공격군을 편성하고 고구려 부흥군과 연합을 모색했다. 요동 공격군 장수로 비진골 출신 설오유가 임명되었으며, 주력 병력은 고구려 멸망 당시 포로로 삼은 고구려 군사로 채워졌다. 요동 공격을 위해 이 지역의 지리와 정세를 잘 아는 특수부대가 편성된 것이다.

백제와 고구려가 멸망하자 나당관계는 급속히 악화되었다. 당은 옛 백제 지역에 웅진도독부熊津都督府를 설치했고, 옛 고구려 지역에는 안동도호부安東都護府를 설치했다. 이로써 신라 입장에서 볼 때 백제와 고구려 멸망 이전보다 더 위험한 상황이 연출되었다. 최강대국 당과 국경을 직접 맞대게 되었기 때문이다. 당은 한반도 전체에 당 중심의 지배질서를 관철하고자 신라를 압박해왔다. 반면 신라는 백제와 고구려 유민을 포섭해 나가면서 당의 지배질서에 반기를 들었다.

670년 3월에 사찬 설오유가 고구려 부흥군 고연무와 함께 각각 정병精兵 1만 명을 거느리고 압록강鴨綠江을 건너 옥골屋骨에 이르렀다. 4월 4일에 말갈靺鞨 군사들과 싸워 크게 이겼으며 목을 벤 자가 셀 수 없이 많았다. 당의 군사들이 계속 도착하자 물러나 백성白城을 지켰다.

일제강점기 일본 학자 이케우치 히로시池內宏는 『삼국사기』 기록을 부정했다. 2만 병력이 황해도와 평안도를 지나 압록강을 건너는 것은 불가능하며, 이들이 건넌 강은 압록강이 아니라 대동강이라고 보왔다. 하지만 당시 설오유 장군과 고연무 장군이 건넌 강은 분명 '압록강'으로 표기되어 있다. 2만 병력이 향한 '옥골'은 바로 오골성이다. 일본 학자들은 신라군의 활동을 의도적으로 축소·왜곡하였고 신라의 요동 선제공격은 크게 주목받지 못했다.

신라는 요동의 오골성(봉황성)을 선제공격해 나당전쟁의 주도권을 차지했다. 당의 이목은 모두 요동으로 쏠렸다. 이때 남쪽에서 진골 귀족이 이끄는 신라 주력군이 움직였다. 이들이 향한 곳은 웅진도독부가 설치된 옛 백제 지역이었다. 670년 7월, 신라는 일시에 웅진도독부의 82성을 함락해 영토 대부분을 장악하고 이듬해에는 소부리주所夫里州를 설치해 영역화했다. 이제 옛 백제 지역은 신라의 손아귀로 들어왔다.

신라의 요동 선제공격은 신의 한 수였다. 당은 북쪽 옛 고구려 지역에 신경 쓰느라 남쪽 옛 백제 지역을 돌아볼 겨를이 없었다. 신라는 이 틈을 노려 전격적으로 웅진도독부를 차지했다. 원래 신라가 당과 전면전을 치르기 위해서는 북쪽의 안동도호부, 서쪽의 웅진도독부를 모두 감당해야 했다. 이런 상황에서 특수부대로 요동을 공격해 당의 이목을 돌린 후 주력부대로 웅진도독부를 전격적으로 장악한 것이다. 이제 신라 서쪽의 방어전면이 사라져버렸다. 신라는 서쪽 방어전면을 지키던 병력까지 북쪽으로 전환해 당군의 남하에 대비할 수 있었다. 만일 신라의 웅진도독부 점령이 늦어지고 그 사이 당군의 병력이 증원되었다면 어떻게 되었을까? 나당전쟁에서 신라의 승리는 장담하기 어려웠다.

나당동맹 성립

모든 것은 백제와의 전쟁에서 비롯되었다. 642년, 백제 의자왕義慈王(재위 641~660)이 신라 서부의 40여 개 성을 공략했다. 신라 선덕여왕善德女王(재위 632~647) 때 일이다. 경남 합천에 위치한 대야성大耶城이 백제에 넘어가면서 신라는 위기에 빠졌다. 이 지역은 대부분 옛 가야 권역으로 신라 영토 4분의 1에 해당했다. 대야성에서 동쪽으로 낙동강을 건너면 달구벌(대구)과 서라벌(경주)이 코앞이었다. 백제의 대야성 함락은 신라 조정을 발칵 뒤집어놓았다. 신라는 비상사태를 선포하고 국가적 위기를 극복하기 위해 총력을 기울였다. 가장 적극적으로 나선 인물은 김춘추金春秋(이후 태종무열왕太宗武烈王 재위 654~661)였다. 김춘추와 김유신金庾信을 중심으로 하는 신귀족 세력의 사활이 걸린 문제였다.

김춘추는 고구려에 구원을 요청하고자 했다. 고구려로 가기 전 김유신과 마지막 대화를 나누었다. "나는 공公과 일심동체로 나라에서 가장 신뢰받는 신하가 되었소. 지금 내가 만일 고구려에 들어가 해를 당한다면 공은 어떻게 하겠소?" 김유신이 답했다. "공公이 만일 가서 돌아오지 않는다면 나의 말발굽이 반드시 고구려와 백제 두 임금의 앞마당을 짓밟을 것이오." 김춘추가 감격해 자신의 손가락을 깨물었다. 김유신도 손가락을 깨물어 피를 냈다. 술잔에 피를 떨어뜨려 서로 나누어 마셨다. 당시 김춘추의 상황이 얼마나 절박했는지 잘 보여주는 일화다.

고구려의 집권자는 연개소문淵蓋蘇文이었다. 연개소문은 죽령(소백산맥) 이북의 땅을 고구려에 넘겨주면 신라를 지원하겠다고 했다. 김춘추와 연개소문 사이에 치열한 외교 신경전이 벌어졌다. 결국 협상은 결렬되었고 김춘추는 감옥에 갇혔다. '토끼와 거북이' 일화를 일러준 선도해先道解의 도움으로 김춘추는 고구려를 빠져나올 수 있었다. "한강 유역은 원래 고구려 땅입니다. 제가 귀국하면 고구려에 돌려주도록 청하겠습니다." 물론 신라는 김춘추가 귀국한 후 죽령 이북 땅을 고구려에 돌려주지 않았다.

647년, 김춘추는 왜로 건너갔다. 우리 역사서에는 없지만 『일본서기日本書紀』에는 다음과 같이 짤막하게 묘사되어 있다. "김춘추의 용모와 자태가 수려하고 화술에 능하다." 『일본서기』의 신라관에 비추어 보면 이례적인 호평이라 할 수 있다. 김춘추가 왜의 지배층에게 강한 인상을 남겼다는 증거다. 당시 김춘추가 왜에서 어떤 행적을 했는지 구체적으로 알 수 없다. 다만 친백제 성향의 왜가 신라 입장에 흔쾌히 동조했을 가능성은 없다.

648년, 김춘추는 다시 당으로 건너갔다. 앞서 당은 645년 고구려 원정에 실패했다. 이후 소규모 군사를 동원해 고구려에 자주 침입하면서 소모전을 전개하던 중이었다. 이 같은 상황에서 고구려 내부 사정을 잘 알고 있던 김춘추는 당에게 꼭 필요한 존재였다. 당 태종太宗(재위 626~649)은 김춘추를 만나 당시 동아시아 국제 정세와 앞으로의 변화에 대해 서로 의견을 나누었다. 김춘추가 당으로 건너갈 당시 신라와 당의 관계는 상당히 호전되어 있었지만 서로 추구하는 목적이 달랐다. 신라는 백제의 공격과 위협에서 벗어나야 했고 당은 고구려의 멸망을 바랐다. 관심 대상이 서로 달랐다. 신라와 당은 입장 차이를 좁히고 합의점을 도출해야만 했다.

우선, 기본적으로 신라와 당이 한반도 문제에 서로 힘을 합치기로 했다. 그러고는 신라가 백제를 공격할 때 당이 지원하고, 당이 고구려를 공격할 때 신라가 후원하는 방식으로 이야기가 진행되었다. 나아가 백제와 고구려 멸망 후 상황까지 논의되었다. 대동강을 기준으로 이북은 당이 차지하고, 이남은 신라가 영유하기로 합의했다. 백제와 고구려라는 각각의 상대에 대한 전략적 이해관계가 맞아떨어졌다. 마침내 나당동맹이 체결되었다.

동맹에서 전쟁으로

신라는 당과 함께 660년에 백제를 멸망시키고 668년에 고구려를 멸망시켰다. 백제와 고구려가 멸망하자 나당동맹은 곧바로 와해되었다. 한반도 주도권을 두고 신라와 당이 대립했기 때문이다. 당은 백제와 고구려를 멸망시키는 과정에서 신라를 철저히 무시했다. 당은 신라의 인물을 뽑아 당군 장수로 임명하고 신라 국왕에게 일방적으로 통보했다. 신라에서 병력을 임의로 징발해 당군에 편입시키기도 했다. 또한 전투 과정에서는 신라 국왕에게 정보 전달을 제대로 하지 않았고, 전투 계획 수립은 당군이 전담했다. 나당동맹이라는 말이 무색할 정도로 평등관계는 종속관계로 이행되고 있었다.

신라는 백제와 고구려 멸망 과정에서 결정적 역할을 했다. 그럼에도 구체적인 실익(영토)은 아무것도 없었다. 648년 당 태종과 신라 김춘추가 나당동맹을 맺을 때 당은 고구려가 멸망하고 나면 대동강 이남의 땅은 신라에게 넘겨준다고 약속했다. 하지만 당은 약속을 지키지 않았고 신라의 불만은 점점 누적되었다.

당이라는 거대 제국의 위압감은 신라를 옥죄어 왔다. 당의 속국으로 전락하느냐 아니면 맞서 싸우느냐 선택의 기로에 섰다. 결국 신라는 당과의 전쟁을 고려하게 되었다. 정확한 국내외 정세 판단과 과감한 결단 그리고 치밀한 준비가 필요했다. 결국 약소국 신라는 최강대국 당과의 7년 전쟁에서 승리하며 한반도를 지켜냈다.

1부 · 나당전쟁의 전개

불타는 사비성과
평양성

백제, 멸망하다

660년(태종무열왕 7년) 6월 21일 덕적도德積島 앞바다. 태안반도 서북쪽에 위치한 덕적도를 중심으로 덕적군도 일대에 당唐 깃발을 꽂은 선박이 무수히 떠 있다. 선박 1,900척에 당군 12만 2,711명이 타고 있었다. 당 수군은 요동반도遼東半島와 한반도 서해안을 따라 항해하지 않고 산동반도山東半島에서 곧장 동쪽으로 이동해 한반도에 나타났다.

당 고종高宗(재위 649~683)은 660년 3월 좌무위대장군左武衛大將軍 소정방蘇定方을 신구도행군총관神丘道行軍摠管으로 삼아 백제 공격을 명했다. 당군의 움직임에 보조를 맞추어 신라군도 백제 원정군을 조직했다. 5월 26일 태종무열왕은 김유신을 비롯한 신라 장수를 거느리고 수도 서라벌(경주)을 출발했다. 6월 18일 신라군은 북상해 경기도 이천에 위치한 남천정南川停에 도착했다.

6월 21일 신라 태자 김법민金法敏이 이끄는 신라 수군 100척이 덕적도로 나아가 당 수군과 합류했다. 이제 덕적군도 일대에는 나당연합군 선박 2,000척이 정박하게 되었다. 당 장수 소정방과 신라 태자 김법민은 백제 수도인 사비성泗沘城 공격 시기를 조율했다. 7월 10일 사비성 남쪽에서 신라군 본대와 당군이 합류해 사비성을 공격하기로 합의했다.

신라군 5만 명이 백제 원정을 위해 동원되었다. 태종무열왕은 경북 상주에 위치한 금돌성金堗城에 머물렀다. 7월 9일 신라군을 이끌던 김유신이 충남 논산에 위치한 황산벌에 도착했다. 이곳에서 계백의 5,000 결사대가 신라군의 진격을 막아섰다. 신라군이 계백군을 4차례나 공격했지만 진군로는 쉽게 열리지 않았다. 결국 반굴盤屈, 관창官昌을 비롯한 화랑의 활약에 힘입어 신라군이 분발함으로써 계백군을 물리쳤다.

김유신이 이끄는 신라군이 황산벌에서 계백과 전투를 벌일 무렵, 소정방이 이끄는 당군은 금강 하구로 진입하고 있었다. 7월 9일 소정방은 충남 서천에 위치한 기벌포伎伐浦에 상륙해 백제군과 전투를 벌였다. 당군은 금강 이북의 기벌포와 금강 이남의 군산 일대를 장악한 후 금강을 따라 거슬러 올라가기 시작했다. 당군이 사비성 남쪽 합군 장소에 먼저 도착했다.

황산벌 전투를 치른 신라군이 뒤이어 당군 진영에 도착하자 분위기가 심상치 않게 돌아갔다. 소정방은 합군 기일에 늦었다는 이유로 신라 독군督軍 김문영金文穎의 목을 베려 했다. 하지만 김유신이 "당군과 먼저 싸운 후 백제를 쳐부수겠다"며 크게 반발했다. 결국 꼬리를 내린 소정방은 김문영을 풀어줄 수밖에 없었다. 신라군과 당군은 전열을 정비한 후 사비성을 향해 진격을 시작했다.

7월 12일 나당연합군은 사비성을 포위하기 위해 소부리所夫里 벌판으로 진군했다. 나당연합군은 사비성을 외곽에서 포위한 후 4길로 나누어 동시에 공격을 시작했다. 13일 의자왕은 야간을 틈타 측근을 거느리고 북쪽 공주에 위치한 웅진성熊津城으로 달아났고, 결국 의자왕의 아들 부여융扶餘隆이 백제 신하들을 거느리고 나당연합군에 항복했다. 18일 의자왕이 사비성으로 돌아와 항복하면서 백제는 멸망하고 말았다.

29일 금돌성에 머물던 태종무열왕이 사비성으로 왔다. 8월 2일 사비성에서는 나당연합군의 축하연이 벌어졌다. 태종무열왕과 소정방이 당상堂上에 앉고 의자왕과 부여융은 당하堂下에 앉혔다. 망국 군주 의자왕에게 술잔을 치게 했다. 9월 3일 당군 1만 명과 신라군 7,000명이 사비성에 주둔하기로 하고 나당연합군 주력은 본국으로 철수했다.

부흥운동이 발생하다

백제 멸망 이후 백제 부흥운동이 거세게 일어났다. 사실 660년 상황에서 백제 전역이 나당연합군에게 점령된 것은 아니었다. 당군이

철수하기 전인 8월 26일에 나당연합군이 충남 대흥에 위치한 임존任
存 일대를 공격했다. 대책大柵을 공격했지만 백제군이 많고 지형이 험
해 소책小柵만 무너뜨리고 물러나고 말았다.

9월 3일 나당연합군 주력은 사비성을 떠나고 주둔군 1만 7,000명
만 남게 되었다. 23일 백제 부흥군이 사비성으로 진입해 나당연합군
에게 항복한 자들을 공격했다. 당의 장수 유인원劉仁願이 나당연합군
을 출동시켜 대응하자 백제 부흥군은 일단 사비성에서 물러났다. 하
지만 사비성 남쪽 고개에 4~5군데 목책木柵을 마련하고 사비성을 압
박했다. 그러자 사비성 주변 20여 성들이 백제 부흥군에 호응했다.

사비성 주둔군만으로는 한계가 있다고 판단하여 10월 9일 태종무
열왕과 태자가 이끄는 신라군이 출동했다. 18일 신라군이 이례성爾禮
城을 공격해 함락하자 20여 성이 다시 항복했다. 30일 신라군은 사
비성 남쪽 고개로 진군해 목책을 지키고 있던 백제 부흥군을 물리치
고 1,500명의 목을 베었다. 11월 5일에 신라군은 왕흥사잠성王興寺岑
城을 공격해 7일에 함락하고 700명을 처단했다.

신라군의 출정으로 일단락되는 듯 보였지만 부흥운동의 불씨는
꺼지지 않았다. 이듬해인 661년 2월 백제 부흥군은 전열을 가다듬은
후 다시 사비성을 공격해 왔다. 태종무열왕은 품일品日을 대당장군大
幢將軍에, 문충文忠을 상주장군上州將軍에, 의복義服을 하주장군下州將軍
에, 문품文品을 서당장군誓幢將軍에, 의광義光을 낭당장군郎幢將軍에 임
명하고 사비성을 구원토록 했다.

3월 5일 신라군은 사비성으로 향했다. 두량윤성豆良尹城 남쪽에 이
르러 진영을 편성하다가 백제 부흥군의 기습을 받아 패해서 물러

났다. 이어 12일에는 고사비성古沙比城 밖에 주둔하다가 두량윤성을 다시 공격했다. 하지만 신라군은 한 달이 넘도록 사비성을 함락하지 못했다.

결국 4월 19일 회군하기로 하고 대당과 서당 군사를 먼저 출발시켰다. 하주 군사가 뒤에 떨어져 행군하다가 빈골양賓骨壤에서 백제 부흥군을 만나 크게 싸웠다. 전사한 인원은 적었으나 무기와 군수품을 많이 잃었다. 상주·낭당 군사는 각산角山에서 백제 부흥군과 만나 진중으로 쳐들어가 부흥군 2,000명을 처단했다. 태종무열왕은 신라 대군이 크게 패한 사실을 인지하고 증원군을 편성했다. 증원군이 출발해 가소천加召川에 이르렀을 때 신라군 본대가 철수한다는 소식을 듣고 증원군은 다시 복귀하고 말았다. 신라군의 참패였다.

5월 9일 고구려 장수 뇌음신惱音信과 말갈 장수 생해生偕가 연합해 신라의 술천성述川城과 북한산성北漢山城을 공격했다. 신라군이 백제 부흥군에게 고전을 면치 못하는 틈을 타 신라 북방을 공격해 온 것이다. 북한산성 성주城主 동타천冬陀川을 비롯한 2,800명이 20여 일간 농성하면서 다행히 성은 함락되지 않았다. 전황이 급박하게 돌아가던 상황에서 6월 태종무열왕이 사망하고 태자였던 김법민이 문무왕文武王(재위 661~681)으로 즉위했다.

문무왕이 즉위할 무렵 당은 고구려 원정군을 편성했다. 당은 신라도 고구려 원정에 응하라고 하면서 압박해 왔다. 결국 문무왕은 상중喪中이었지만 고구려 원정군을 편성할 수밖에 없었다. 7월 17일 김유신을 대장군大將軍으로, 장수 20여 명을 총관摠管으로 삼아 북진을 시작했다. 8월 문무왕이 시이곡정始飴谷停에 도착하자 백제 부흥군이 옹산성甕山城에 웅거하며 앞길을 막고 있다는 보고가 올라왔다. 9월 19일 문무왕은 웅현정熊峴停에서 여러 장수를 모아 공격을 준비했다. 25일 신라군이 옹산성을 포위했고, 27일 대책大柵을 불지르고 수천 명을 죽인 후 결국 옹산성을 함락했다. 승리한 신라군은 웅현성熊峴城을 쌓아 방어를 강화하고 우술성雨述城을 공격해 함락했다.

10월 29일 당 황제가 보낸 사신이 경주에 왔다는 소식이 전해짐에 따라 문무왕은 도중에 경주로 돌아왔다. 신라군을 이끌던 김유신은 군사를 휴식시키며 다음 명령을 기다렸다. 662년 정월 당은 신라에 병력 대신 군량을 요청했다. 당시 고구려의 평양성을 포위하고 있던 소정방군에게 대규모 군량 지원을 요구한 것이다. 김유신이 자청해서 쌀 4,000석과 벼 2만 2,000석을 수레 2,000여 대에 싣고 북상했다. 김유신의 군량 수송부대는 18일 풍수촌楓樹村을 지났으며 23일 임진강을 건너 산양蒜壤에, 2월 1일에는 장새獐塞에 도착했다. 6일 대동강변 양오楊隩에 도착한 신라군은 무사히 소정방의 당군에게 군량을 전달했다. 군량을 전달받은 당군은 평양성 포위를 풀고 철수했으며, 신라군도 서둘러 철수를 시작해 임진강을 건너 신라로 복귀했다. 신라군의 백제 부흥군 진압 실패와 당군의 평양성 함락 실패로 한동안 소강상태가 이어졌다. 8월이 되어 백제 부흥군이 내사지성內斯只城에 주둔하자, 신라군은 장수 19명을 보내 물리쳤다. 백제 부흥군과 신라군은 대전을 중심으로 하는 충청도 일대에서 주로 전투를 벌였다.

663년이 되자 백제 부흥운동은 더욱 조직화되고 강력해졌다. 2월 신라군은 거열성居列城을 공격해 함락하고 700여 명을 처단했다. 이어 거물성居勿城과 사평성沙平城을 함락하고 덕안성德安城을 공격해 1,070명을 죽였다. 앞서 충청도 일대에서 공방전을 벌이던 신라군이 이제 전라도 일대 공략에 나선 것이다. 이는 곧 백제 부흥운동이 충청도뿐 아니라 전라도까지 확산되었음을 말해준다.

백제 부흥운동의 핵심 인물은 복신福信과 도침道琛이었다. 이들은 왜에 볼모로 가 있던 왕자 부여풍扶餘豐을 맞아들이고 주류성周留城을 거점으로 백제 재건을 꿈꾸었다. 옛 백제 영토 대부분이 백제 부흥운동에 호응하는 동시에 왜의 지원까지 받음으로써 나당연합군은 위기에 처했다. 이제 나당연합군은 백제 부흥군·왜군 연합군과 결전을 치를 수밖에 없었다.

663년 8월 금강 하구에서 두 세력이 격돌했다. 이른바 백강白江 전투 혹은 백강구白江口 전투다. 당시 신라군과 백제 부흥군은 육군이 주력이었고 당군과 왜군은 수군이 주력이었다. 당 수군은 대형 전함 170여 척, 왜 수군은 1,000척으로 진을 꾸렸고 해안에서는 신라군과 백제 부흥군이 당 수군과 왜 수군을 호위·엄호했다.

왜 수군이 먼저 움직였다. 지형과 기상을 제대로 살피지 않은 왜 수군이 수적 우위만 믿고 공격을 시도했지만 나당연합군의 반격으로 크게 패했다. 기록에는 왜 수군 400척이 불탔다고 전해진다. 금강 하구에서 백제·왜연합군이 나당연합군에 패하자 부흥운동의 거점 주류성도 무너지고 말았다. 부여풍은 달아나고 왕자 부여충승扶餘忠勝이 무리를 거느리고 항복했다.

고구려, 멸망하다

　백제 부흥운동이 진압되자 당은 고구려로 눈을 돌렸다. 666년 12월 당은 이적李勣을 요동도행군대총관遼東道行軍大摠管으로 삼고 고구려 원정을 준비했다. 고구려는 수·당 제국의 대규모 침입을 수차례 막아낸 전적이 있지만 당시에는 고구려 내부에서 이미 붕괴가 시작되고 있었다.

　665년 고구려 집권자 연개소문이 사망하자 연개소문의 장남 연남생淵男生이 대를 이어 대막리지大莫離支에 올라 권력을 장악했다. 하지만 연남생이 국내 여러 성城을 순시하러 나간 사이 동생 연남건淵男建과 연남산淵男産이 수도 평양성을 장악하고 형을 몰아냈다. 연남생은 북방의 국내성國內城으로 달아나 당에 구원을 요청했다. 666년 6월 당은 좌효위대장군左驍衛大將軍 계필하력契苾何力을 보내 연남생을 지원했고, 결국 이 과정에서 연남생은 국내성을 비롯해 6개 성을 당에 헌납했다. 고구려 군사 정보를 누구보다 훤히 꿰뚫고 있던 연남생은 한순간에 고구려 최고 권력자에서 당의 길잡이로 전락해버린 것이다.

　667년 9월 이적이 이끄는 당군은 고구려의 신성新城을 함락했다. 신성 일대에서 고구려군 5만여 명을 죽이고 남소성南蘇城·목저성木氐城·창암성蒼巖城 등을 점령한 후 연남생의 군사와 합류했다. 당군은 요동 지역을 빠르게 장악해 나갔다. 668년 2월 당군이 부여성扶餘城을 함락하자 주변의 40여 성이 한꺼번에 항복했다. 고구려의 연남건이 부여성을 구원하기 위해 5만 명을 투입했지만 설하수薛賀水에서 당군에 패했다. 이때 전사자는 3만여 명에 이르렀다. 당군은 기세를 몰아

대행성大行城까지 공격했다.

　당군이 요동 지역을 공략할 무렵 신라군도 당군과 보조를 맞추어 출정했다. 사실 신라군 출정에 있어 큰 역할을 한 것은 고구려 연정토淵淨土의 투항이다. 연개소문 사망 이후 그의 아들들 간에 내분이 일어났고 그 과정에서 당이 개입되었다. 연개소문의 동생 연정토는 이러한 상황에 환멸을 느낀 것 같다. 666년 연남생이 당에 투항하자 연정토는 12개 성읍과 3,543명을 거느리고 신라에 투항했다. 연정토는 연개소문의 아들들과 함께 고구려 최고 지휘부의 한 사람이기에 신라는 연정토 덕분에 고구려의 군사 정보를 습득하는 동시에 북상하는 과정에서 직간접적인 도움을 받을 수 있었다.

　667년 8월 신라군도 행군을 꾸려 평양성을 향해 나아갔다. 신라군은 9월에 한성정漢城停을 지나 11월 장새獐塞에 도착했다. 그러나 장새에서 당군이 철수했다는 이야기를 듣고 군사를 되돌려 복귀했다. 이후 668년 6월 12일 당의 유인궤劉仁軌가 당항진党項津에 도착해 당 고종의 의도를 전달했다.

　6월 21일 문무왕은 대대적으로 고구려 원정군을 편성했다. 김유신을 대당대총관大幢大摠管으로 삼고 장수 20여 명을 대당총관, 경정총관, 귀당총관, 비열도총관, 한성주행군총관, 비열성주행군총관, 하서주행군총관, 서당총관, 계금당총관으로 삼았다. 김인문金仁問과 천존·도유를 선발대로 편성해 먼저 당군 진영으로 보냈고 27일 문무왕도 북상을 시작했다.

　당시 이적이 이끄는 당군은 대행성을 함락하고 압록강을 건너 남하하고 있었다. 당군은 청천강변의 욕이성辱夷城을 함락한 후 축차적으로 평양성으로 향했고, 평양성 북방 20리에 위치한 영류산嬰留山 일대에 주둔하며 신라군의 북상을 기다리고 있었다.

7월 16일 신라군이 한성주漢城州에 도착했다. 여기에서 문무왕은 여러 총관에게 당군과 합류해 고구려를 공격하라는 최종 명령을 내렸다. 9월 21일 신라군과 당군이 평양성을 포위했다. 고구려 보장왕 寶藏王(재위 642~668)이 먼저 연남산을 보내 당의 총사령관 이적에게 항복을 청했다. 하지만 연남건이 항복에 반대하며 농성을 시작했다. 고구려군은 나당연합군의 포위를 풀기 위해 성문을 열고 몇 차례 공격을 시도했지만 모두 패하고 말았다.

연남건은 군사를 승려 신성信誠에게 맡겼다. 그런데 신성은 전세가 불리함을 깨닫고 몰래 사람을 보내 항복을 청하였다. 며칠 후 신성이 평양성 성문을 열자 나당연합군이 물밀듯 성내로 진입했다. 결국 고구려 보장왕과 실권자 연남건이 모두 포로로 사로잡혔고, 동북아의 강국 고구려는 이렇게 멸망했다.

2장

불만과 불신의
시대

신라와 당의 영토 문제

660년 백제가, 668년 고구려가 멸망함으로써 전란은 끝난 것처럼 보였다. 하지만 삼국통일의 마지막 단계인 나당전쟁이 남아 있었다. 당은 백제가 멸망하자 웅진도독부를 설치했고 고구려가 멸망하자 안동도호부를 설치했다. 신라 입장에서 보면 고구려, 백제, 신라가 각축하던 삼국시대보다 더 험악한 상황이 되어버렸다. 웅진도독부와 안동도호부는 모두 최강대국 당의 영역이었기 때문이다.

전쟁에 이르는 과정은 주로 갈등―분쟁―전쟁의 3단계로 설명된다. 다만 갈등이 전쟁으로 진전되는 단계나 확대 비율은 선명히 구분하기 어렵다. 백제와 고구려 멸망 후 신라와 당이 전쟁으로 치달은 주요 원인은 신라의 불만과 불신에 있었다. 이는 나당전쟁이 벌어진 상황에서 신라 왕이 당의 장수 설인귀에게 보낸 편지에 잘 드러나 있는데, 그 내용을 요약하면 다음과 같다.

> 648년 합의된 영토 분할 약정을 당이 위반하였다.
> 백제 평정은 신라의 공로가 절대적이었다.
> 백제 평정 후 신라군도 함께 주둔하며 백제 부흥군과 싸웠다.
> 백제 주둔 당군에게 지속적으로 군수품을 제공하였다.
> 웅진도독 부여융과 회맹시킨 것은 부당한 처사다.
> 고구려 평정도 신라의 공로가 컸다.
> 고구려 평정 후 비열홀의 안동도호부 귀속은 부당하다.

「답설인귀서答薛仁貴書」는 671년 신라 문무왕이 당 장수 설인귀가 보낸 「설인귀서」의 답신으로 보낸 것이다. 여기에서 신라는 당이 영토 분할 약정을 위반한 점, 백제·고구려 평정에 신라의 공이 컸다는 점, 부여융과의 취리산就利山 회맹은 부당한 점을 분명히 하고 있다. 신라는 「답설인귀서」를 보낸 직후 소부리주를 설치하고 아찬 진왕眞王을 도독으로 임명했다. 이는 문무왕의 답서가 옛 백제 영토를 완전히 접수하겠다는 것을 당에게 통보하는 성격의 편지임을 시사하는 것이다.

648년 당 고종과 신라 김춘추는 나당동맹을 하면서 영토 분할 약정을 맺었다. 백제와 고구려가 멸망하면 대동강 이북은 당이, 대동강 이남은 신라가 차지하기로 한 것이다. 하지만 신라의 기대와는 전혀 다른 결과로 진행되었다. 나당전쟁의 가장 기본적인 원인은 영토에 있다고 할 수 있다.

660년 백제가 멸망하고 웅진도독부가 설치되면서 당은 부여융을 웅진도독으로 임명했다. 부여융은 의자왕의 아들이다. 665년 당은 웅진도독과 신라 왕을 불러모아 취리산 회맹을 강제했다. 새롭게 부흥한 백제가 신라와 동등한 위치에 서게 된 것이다. 신라 입장에서, 나당연합군에 의해 패망한 백제가 다시 당에 의해 신라와 대등한 국가로 부상한 것은 엄청난 모순이었다.

백제 부흥운동 당시 신라는 적극적으로 진압에 나섰지만 아무런 대가를 얻지 못했다. 신라가 백제 부흥군 진압을 주도해 나간 것은 장차 옛 백제 영토에 대한 신라의 지배권을 강화하고 주도권을 장악하기 위한 계산된 행동이었다. 하지만 당군의 요청이나 지휘에 끌려다니며 당을 보조한다는 인상을 면할 수 없었다. 결국 백제 부흥운동 진압 후 옛 백제 영토에 대한 당의 지배가 강화되고 말았다.

648년 나당동맹 체결 당시 당은 기미지배羈縻支配 대상으로 고구려만을 상정하고 있었다. 하지만 650년대 이후 당은 대외 팽창주의 정책을 추진하는 과정에서 한반도 전체를 지배하려는 전략으로 수정했다. 비록 백제와 고구려 멸망 과정에서 신라의 도움을 받았다고는 하지만 신라와 외교관계를 맺은 이래로 당은 여전히 신라를 번신藩臣으로서만 인식하고 있었다. 결국 신라는 당의 지배체제 속에 포함됨으로써 신라가 멸망시킨 나라와 적어도 형식상으로는 동등한 상황에 처하고 말았다.

신라는 삼국통일 과정에서 매우 중요한 역할을 했음에도 그 자체로는 아무런 실익을 얻지 못했다. 신라와 당 쌍방의 공동이익이 존재하지 않는 상황에서 나당동맹은 빠르게 와해되어 갔다. 이제 신라는 당의 세력을 한반도에서 몰아내기 위해 '전쟁'이라는 적극적인 선택을 할 수밖에 없었다.

당의 월권과 신라의 반발

신라와 당 사이에 영토 문제만 있었던 것이 아니다. 백제와 고구려 멸망 과정에 심각한 사안이 또 있었는데, 바로 군령권軍令權이다. 군령권은 군의 용병·작전 등과 관련된 권한으로 군에 대한 지휘·명령·감독권이다. 군령권은 일반적으로 군정권軍政權과 더불어 최고 통치권자의 군사통수권에 내포되어 있다. 그런데 나당연합이 결성되고 백제와 고구려를 향한 대규모 원정이 진행되면서 신라 국왕의 군령권은 당에 의해 심하게 훼손되기 시작했다.

나당연합군에 의한 백제와 고구려 원정이 진행될수록 당군의 영향력은 확대되고 신라 국왕의 군령권은 약화되었다. 신라 국왕의 군령권 행사 제한은 크게 네 가지로 나누어 볼 수 있다. 지휘·통솔권, 장군 임명권, 병력 징발권, 군사 작전권이다.

첫째, 지휘·통솔권 문제. 660년 7월 백제 원정 당시 소정방은 김유신과 아무런 협의도 없이 신라군의 독군 김문영을 임의로 처벌하려고 했다. 이는 소정방이 장군의 편의종사권便宜從事權을 행사하려는 것이라 볼 수 있다. 신라군의 강한 반발로 무산되기는 했다. 하지만 문제는 당군이 기본적으로 신라군 보다 우위에 있다는 태도를 견지했다는 점이다. 이러한 인식과 행동은 이후 점차 강화되어 나갔다. 백제 부흥운동 당시 당은 웅진도독부에 주둔하던 당군과 신라군을 모두 지휘하고 통솔했다. 백제 멸망 이후 당군은 백제 주둔 신라군에 대한 지휘·통솔권을 행사하고 있었던 것이다.

둘째, 장군 임명권 문제. 667년 고구려 원정을 준비하는 과정에서 당은 신라의 지경智鏡과 개원愷元 그리고 일원日原을 당의 장군으로 임명해 전장에 투입했다. 이때 신라 국왕은 이를 수용하고 인준하기만 했다. 신라가 장군 임명권을 당에게 모두 넘겨준 것은 아닐 테지만 최소한 당은 원하는 인물을 마음대로 장군으로 임명하고 신라 국왕에게 통보할 수 있었던 것이다. 이러한 상황은 목전의 고구려 원정이 계획되어 있더라도 한 나라의 군통수권자로서는 받아들이기 힘든 일이었다.

셋째, 병력 징발권 문제. 667년 당은 백제진장百濟鎭將 유인원으로 하여금 비열도比列道를 따라 신라 군사를 징발케 했다. 신라의 병력 징발을 신라군에게 위임하는 것이 아니라 당군이 직접 징발·편성해 당군에 편입시켰다. 즉 당은 장군 임명에서 병력 편성까지 임의로 진행한 것이다. 물론 이 경우도 장군 임명 때와 마찬가지로 신라의 전 병력을 당군이 장악한 것은 아니다. 하지만 당군이 신라 백성을 마음대로 징발할 수 있었다는 것은 그 의미하는 바가 크다.

넷째, 군사 작전권 문제. 백제와 고구려 원정 당시 당은 자신들에게 필요한 신라군의 식량 수송이나 행군 독려 시에는 철저히 조서詔書나 서신書信을 보내 명령을 전달했다. 하지만 자신들이 불리해 철수할 때는 신라에게 그 사실을 제대로 전달하지 않았다. 나당연합군이라는 말이 무색할 정도로 정보 공유가 되지 않은 것이다. 신라군은 당군의 연락을 받고 철수한 것이 아니라 매번 당군이 이미 돌아갔다는 말을 듣고 나서야 철수했다. 그만큼 신라군은 철저히 배제되고 소외되어 있었다. 당의 장수 이적이 신라 국왕에게 직접 군사 기일을 독촉하기도 했고 신라 국왕이 직접 참전했음에도 정보 전달을 제대로 해주지 않았다. 군사 작전권은 오로지 당군에게 있었고 신라군은 이를 수동적으로 따라야만 했다.

660년 백제 멸망 후 신라는 웅진도독부의 신라 주둔군 지휘권을 당에게 일부 이양해야 했고, 고구려 원정 시에는 장군 임명권과 병력 징발권까지 당이 마음대로 행사하는 상황에 이르렀다. 이 과정에서 정보 전달이나 작전 계획은 협의가 아니라 일방적 통보 내지는 미통보로 이루어졌다. 백제와 고구려 원정 시기 전반에 걸쳐 신라의 군사 작전 권한은 상당히 제한적이었고 나당연합군이라는 평등관계에서 점차 종속관계로 이행하고 있었다.

신라는 당과 연합해 백제와 고구려를 멸망시켰다. 하지만 그 대가로 영토를 얻은 것도 아니고 왕권과 신라군의 입지가 강화된 것도 아니었다. 오히려 왕권의 추락과 신라군의 사기 저하가 일어나면서 내부적으로 불만이 축적되기 시작했다.

전략요충지 반환 문제

신라의 군령권 약화와 더불어 또다른 문제가 된 것은 비열홀比列

忽이다. 비열홀은 지금의 함경남도 안변安邊 일대다. 667년 당 고종은 평양 공격을 위해 유인원·김인태에게 비열도를 경유해 평양으로 집결하라고 명령했다. 실제 668년 비열홀 출신의 세활世活이 평양성 전투에서 전공을 세우기도 했다.

당이 웅진도독부 진장 유인원을 비열홀에 투입시켜 직접 병력을 징발하게 한 것은 다분히 신라를 경계한 조치로 판단된다. 아울러 비열홀이 병력을 징발할 만큼 자원이 비교적 풍부한 지역이자 군사상 중요한 곳임을 시사하기도 한다. 이렇듯 주요 군사거점이던 비열홀은 고구려 멸망을 전후해 신라가 확보했다. 하지만 전후 처리 과정에서 다시 고구려로 넘어가게 된 것이다. 이때는 고구려가 이미 사라진 상황이므로 안동도호부 관할로 귀속되었다고 볼 수 있다.

하지만 실제 신라가 비열홀 지역을 안동도호부로 넘겨주었을 가능성은 희박하다. 『삼국사기』에 따르면, 669년 비열홀 일대에 기근이 들자 신라가 창고를 열어 진휼했다고 전한다. 이는 신라가 668년에 확보한 비열홀 지역을 당의 명령에 따르지 않고 그대로 유지하고 있었음을 의미한다.

「답설인귀서」에서 신라가 억울함을 호소하며 가장 마지막에 언급한 것도 바로 비열홀 문제였다. "비록 이와 같은 억울함이 있었지만 끝내 반역할 마음은 없었습니다"라고 표현되어 있다. 당이 비열홀 문제를 수긍할 가능성이 가장 높았기 때문에 마지막에 언급했을 것이다. 역설적으로 신라에 있어서는 비열홀 문제가 가장 절실한 이유였는지도 모른다. 그렇다면 당과의 전면전으로 비화될 수도 있는 사안이었음에도 신라는 왜 당의 명령을 거부하고 비열홀에 집착했을까?

안변은 평양·서울과 더불어 트라이앵글을 이룬다. 당이 평양과 안변을 장악할 경우 신라는 양로兩路의 공격을 받아 서울을 지키기 어려워지고, 반대로 신라가 서울과 안변을 장악할 경우 평양을 압박하는 데 유리해진다. 이렇듯 비열홀은 신라가 평양의 안동도호부를 견제하고 한강 하류 지역을 방어하는 데 있어 반드시 필요한 군사 전략상 핵심 지역이다. 즉 비열홀은 평양 일대와 한강 하류 일대를 견제할 수 있고 접근로가 제한되어 있는 천혜의 군사 요충지였다. 신라로서는 결코 양보할 수 없었던 것이다.

장기간 전쟁을 통해 장악한 비열홀 지역은 문무왕에게 있어서도 무척 중요한 의미를 지닌다. 만약 비열홀에서 당에 굴복해 물러난다면 명분보다는 실리를 추구하며 수년간 전투를 수행해 왔던 신라로서는 지탱할 여력을 상실하게 된다. 특히 비열홀에 새로 임명된 신라 관리와 새로운 땅을 가지게 된 백성의 불만을 잠재우기 어려울 수밖에 없다. 뿐만 아니라 전후 보상 문제에 민감하던 신라군의 사기도 자연히 떨어질 수밖에 없다. 이로 인해 신라 국왕의 권위는 돌이킬 수 없는 상황으로 악화되었을 것이다.

전쟁의 미시적 원인 가운데 하나로 '좌절론'이 자주 언급된다. 좌절이란 행위의 연속 속에서 적절한 때에 고무된 목표—반응instigated goal-response의 발달을 방해하는 것이다. 사회의 정신적 유대관계가 붕괴되고 사람들이 방황하며 혼란과 불안을 느낄 때, 즉 사회가 좌절을 경험하는 시기에 이를 전쟁과 결부시킨다는 것이다.

백제와 고구려를 멸망시킨 이후 영토 문제를 비롯한 당과의 내·외부적 이익이 상충하기 시작하면서 신라 국왕과 신라군 그리고 신라민의 불만이 점점 축적되어 갔다. 시시각각 다가오는 당이라는 거대 제국의 위압감 속에서 신라 수뇌부는 결국 당과의 전쟁을 고려하게 되었다. 자국의 사활을 걸고 전쟁을 준비하기 위해서는 실제 전쟁에 돌입할 것인가 말 것인가를 대국적인 견지에서 예리한 판단과 과감한 결단으로 정해야 한다. 결국 신라는 고구려가 멸망하자 당과의 전쟁 준비에 박차를 가하기 시작했다.

문무왕文武王(626~681). 나당전쟁에서 승리하면서 삼국통일을 이룩하였다.

3장

신라의
전쟁 준비

높아지는 파고

669년(문무왕 9년) 1월, 신라는 신혜법사信惠法師를 정관대서성政官大書省으로 임명했다. 정관은 문무왕대에 성립되었는데 성전成典이 담당할 수 없는 교리教理나 교화教化와 관련된 부분을 담당했다. 대서성은 승관명僧官名이다. 따라서 정관대서성은 교화를 담당한 승정관직이었다.

문무왕은 삼국통일전쟁 당시 불교계 인사를 적극적으로 기용했다. 이들은 외교, 정보 전달, 자문역 등으로 활용되었다. 669년 신라가 승정기구를 새롭게 설치한 것은 불교계를 정비하고 교화를 강화한 것으로, 장기간 전쟁을 겪으며 피폐해진 민심을 수습하기 위한 정책의 일환이었다.

같은 달 당의 승려 법안法安이 신라에 와서 당 황제의 명령이라며 자석磁石을 요구했다. 신라는 5월에 급찬 기진산祇珍山을 당으로 보내 자석 2상자를 바쳤다. 자석은 지혈제止血劑로 활용되었는데, 전장에서 칼에 베이거나 창에 찔려 생긴 금창金瘡 치료에 유용했다. 전란이 빈번하던 당시 상황에서 이러한 사신 왕래는 자연스러워 보인다.

하지만 사실 중국은 국내 자석 공급이 원활히 돌아가고 있었다. 하북 지역에 '자주磁州'라는 곳이 있을 정도로 자석을 전문적으로 생산했으니, 법안이 단순히 자석을 요구하러 신라에 온 것은 아님을 짐작할 수 있다. 법안은 670년 6월 대동강 남쪽에서 피살되었다. 고구려 부흥운동을 이끌던 검모잠劍牟岑이 당의 관리와 법안을 살해한 것이다. 당시 각국의 승려는 정보 전달, 수집 분야에서 활약했다. 당이 신라에 자석을 요구한 일이나 신라가 자석을 헌상한 일은 당연히 외교의 일환이지만 한편으로는 정보 수집을 위한 당과 신라 간의 탐색전이라 볼 수도 있다.

669년 2월 21일, 문무왕은 신하들을 모아놓고 하교下敎했다. 문무왕은 백제와 고구려를 평정해 사방이 안정되었다며 입을 열었다. 공을 세운 자는 포상했고 전사한 자는 추증追贈했지만 여전히 감옥에서 고통받는 자들이 있다고 했다. 바로 죄수들이었다.

나라 안의 죄수들을 사면하니, 총장總章 2년 2월 21일 새벽 이전에 오역五逆의 죄를 범하여 사형을 받은 죄목 이하로서, 지금 감옥에 갇혀 있는 사람은 죄의 크고 작음을 따지지 말고 모두 석방하고, 앞서 사면해준 이후에 또 죄를 범하여 관작을 빼앗긴 사람은 모두 그 전과 같게 하라. 남의 것을 훔친 사람은 다만 그 몸을 풀어주되, 훔친 물건을 돌려줄 재물이 없는 자에게는 징수 기한을 두지 말라. 백성이 가난하여 다른 사람에게 곡식을 빌려 쓴 사람으로서 흉년이 든 지방에 사는 사람은 곡식이 익을 때에 이르러 단지 원금만 갚고 그 이자는 갚을 필요가 없다. 30일을 기한으로 하여 담당 관청에서는 받들어 행하라.

대대적인 사면령赦免令이었다. 문무왕은 재위 기간 중 모두 5차례 사면 조치를 취했다. 대사면이 빈번한 이유는 기념할 만한 사건이 많았기 때문이다. 한편으로 그만큼 사면해야 할 대상자가 많았기 때문이기도 하다.

669년의 사면은 구체적인 사면 대상과 내용이 명시되어 있다. 문무왕은 신하들에게 교서를 내려 범죄자뿐 아니라 일반 백성까지 포함해 사면했다. 오역죄를 제외한 모든 범죄자와 손해 배상해야 할 자들이 사면되었는데, 백성 가운데 부유층에게 곡식을 빌려 그 이자 부담 때문에 사노비로 전락할 운명에 처한 자들도 모두 구제되었다. 사채私債 탕감 정책인 이러한 조치는 민民 신분층의 붕괴를 막기 위함이었다. 이로써 장기간 전란으로 신라 사회의 경제적 기반이 피폐해져 있었다는 것을 유추해볼 수 있다.

한편 범법자 가운데에는 삼국통일전쟁 과정에서 포로가 된 백제와 고구려 출신 장정들, 장기간 군 복무로 인해 죄를 짓거나 생활고에 시달려 범법 행위를 한 신라 장정들도 많았다. 고대 사회는 무기 수준에 별반 차이가 없었다. 평소 병력 관리도 지금처럼 체계적이지 못했기에 보다 많은 병력을 확보하고 효율적으로 동원하는 것이 관건이었다. 이것이 강한 군사력을 보유하는 최선의 방안이었다. 태종 무열왕과 문무왕 무렵에 신라는 군사 총동원체제를 운영했다. 군사 참여층은 중앙과 지방을 포함해 전국의 민으로 확대되었다. 이런 상황에서 이미 훈련된 적군의 포로나 사면된 장정들은 새로운 병력자원으로 활용되었다.

5월, 천정泉井·비열홀·각련各連 등 3군에 기근이 발생했고 신라는 창고를 열어 진휼했다. 천정은 함경남도 덕원, 비열홀은 강원도 안변, 각련은 강원도 회양 지역이다. 신라 동북방 변경에 위치한 이들은 당과의 긴장이 높아지는 가운데 신라가 우선적으로 신경 써야 할 지역이었다.

같은 달, 신라는 각간 흠순欽純과 파진찬 양도良圖를 당으로 보내 사죄했다. 668년 10월 고구려 멸망부터 669년 5월까지, 신라와 당 사이에 심각한 분쟁이나 갈등이 표면으로 드러난 일은 없었다. 신라가 사죄사謝罪使를 파견한 것은 669년 4월 무렵 신라군 일부가 옛 백제 지역으로 잠입해 작전을 펼쳤기 때문인 것으로 파악된다.

당시 옛 백제 지역은 당이 설치한 웅진도독부가 차지하고 있었는데 신라가 웅진도독부 영역 일부를 침범했던 것이다. 신라는 신속히 사죄사를 파견했다. 당의 반격을 늦추고 정세 급변에 따른 신라 자신의 충격도 완화할 필요가 있었기 때문이다. 당과의 본격적인 전쟁 이전이었기에 아직은 시간을 벌어야 했다.

구진천의 노

669년 겨울, 다시 당의 사신이 신라에 도착했다. 당 황제의 조서를 전하며 신라의 노弩 기술자를 요구했다. 사찬 구진천仇珍川이 당으로 가서 황제의 명에 따라 목노木弩를 만들어 쏘았는데, 30보 밖에 나가지 않았다.

황제가 물었다. "너희 나라에서 만든 쇠뇌는 1,000보를 간다고 하던데, 지금 겨우 30보 밖에 가지 아니 하니 무슨 까닭이냐?" 구진천이 답하기를 "재료가 좋지 못하기 때문입니다. 만약 목재를 본국에서 가져온다면 그렇게 만들 수 있습니다"라고 했다. 황제가 사신을 신라로 보내 목재를 구했다. 신라는 대나마 복한福漢을 보내 나무를 바쳤다.

황제가 다시 구진천에게 노를 만들라고 명했다. 새로 만들어 쏜 노도 60보에 그치고 말았다. 황제가 그 이유를 재차 묻자 구진천이 답하기를 "신臣도 그 이유를 잘 알지 못하겠습니다. 아마 목재가 바다를 거쳐 오면서 습기를 머금은 것 같습니다"라고 했다. 황제는 구진천이 일부러 노를 제작하지 않는다고 의심해 중죄重罪로 다스리겠다고 위협했다. 하지만 구진천은 끝내 자기 재능을 다 발휘하지 않았다.

598년 고구려는 수隋의 노수弩手를 데리고 온 적이 있다. 고구려가 요서 지역을 선제공격하기 직전이었다. 아마 수의 기병 방어무기에 대한 정보 수집 차원이었을 것으로 짐작된다. 669년 당은 신라의 노사弩師를 데리고 갔다. 고구려와 마찬가지로 당이 신라의 노 기술 정보를 확보하려 했던 것이다.

나당전쟁기 신라의 첩보 활동이나 정보 수집 능력은 상당한 수준이었다. 669년 5월 기진산을 당으로 보내 자석 2상자를 바치고 그해 겨울 복한을 당으로 보내 목재를 보냈다. 두 사례 모두 공식적인 루트를 통해 정보를 수집한 것으로 볼 수 있다. 이렇듯 669년에는 신라와 당 사이에 본격적인 정보 수집과 군사기술 획득을 위한 첩보전이 활발하게 전개되고 있었다.

노 제작 기술자 구진천이 당으로 간 이유는 하나다. 신라의 노가 1,000보를 날아가는 우수한 성능을 가졌기 때문이다. 구진천이 제작한 것은 '목노'라고 되어 있는데 이는 단순히 나무로 만들었기에 붙여진 이름이 아니다. 중국 역사서 『통전通典』 수거법守拒法에 목노가 설명되어 있다. 목노는 활의 길이가 1장 2척, 즉 3미터 60센티미터에 달하는 대형 노다. 이 정도 크기의 노는 커다란 수레에 올려놓고 사용할 수밖에 없다. 중국에서 사거리가 1,000보에 달하는 노가 처음 기록된 것은 송宋 시기의 상노床弩다. 신라가 만든 '천보노'가 중국의 대형 노보다 기술적으로 앞섰던 것이다.

노의 성능 개량은 문무왕대에 추진된 무기 발전 정책의 결과라 할 수 있다. 신라는 병부兵部에 노사지弩舍知와 노당弩幢이라는 관직을 설치했다. 노의 생산과 관리를 전담시킬 정도로 적극적인 배려를 했던 것이다. 노당은 운제당雲梯幢, 충당衝幢, 석투당石投幢과 함께 신라의 공성무기를 담당했다. 신라의 무기 개량과 양산 체제 구축은 삼국을 통일하고 나당전쟁을 승리로 이끄는 밑거름이 되었다.

이 해에는 신라의 목장牧場 재분배가 있었다. 속소내屬所內 22개소,

관官 20개소, 태대각간太大角干 유신庾信 6개소, 태각간太角干 인문仁問 5개소, 각간角干 7명 각 3개소, 공찬供飡 5명 각 2개소, 소판蘇判 4명 각 2개소, 파진찬波珍飡 6명 및 대아찬大阿飡 12명 각 1개소, 나머지 74개소가 적당히 분배되었다.

총 174개 목장을 다시 분배한 것인데, 이들이 당시 신라의 모든 목장이라고 할 수는 없다. 하지만 백제와 고구려 멸망 이후 이루어진 최대 규모의 재분배로, 신라가 새롭게 확보한 지역의 목장이 상당수 포함되었을 것이다. 등급별로 적절히 분배된 목장은 기병 양산의 근간이 되었다. 신라는 진골귀족의 적극적인 참여와 기병 강화를 위한 기반작업을 진행했던 것이다.

소문과 공포의 확산

대규모 전쟁은 막대한 인명 살상과 재산 파괴를 불러온다. 또 궁핍과 기아의 참상이 벌어진다. 이런 참상이 지속되면 백성들 사이에는 자연스럽게 염전厭戰 사상이 싹트기 마련이다. 왜 싸워야 하는가? 무엇을 얻기 위해 싸우는가? 전쟁의 목적과 목표를 명확히 인식하지 못할 경우 백성과 병사는 전장에서 이탈하게 된다.

신라는 당과 연합해 660년에 백제를, 668년에는 고구려를 멸망시켰다. 그 과정에서 상당한 인적·물적 피해를 입을 수밖에 없었다. 또 다시 전쟁을 시작하려면 새로운 이유를 찾아야 했다. 신라는 당시 불안정한 상태의 근원을 당이라 규정했다. 이러한 인식을 신라민

과 신라군에게 확산시킬 필요가 있었다. 민심과 군심을 결집시켜야
했다.

신라 병사가 말하기를 "전쟁이 이미 9년을 거쳐 인력이 다하였으되 양
국兩國을 평정하고 보니 누대의 숙망宿望을 이제야 이루었으며, 마땅히 나
라로서는 진충盡忠의 은恩을 입어야 하고 개인으로는 효력의 상을 받아야
할 것"이라 하였습니다. 그런데 영공英公이 넌지시 말하기를 "신라는 전에
군대 동원 기일을 어겼으니 모름지기 그것을 헤아려 정할 것이다"라고 하
였습니다. 신라 군사들은 이 말을 듣고 다시 두려움이 더했습니다.

공을 세운 장군들이 모두 기록되어 (당에) 들어가 조회하였는데, 당나라
수도에 도착하자마자 곧 말하기를 '지금 신라는 아무도 공이 없다'고 하
여, 군장軍將들이 되돌아오니 백성이 두려움을 더하게 되었습니다.

또 소식을 들으니 '당나라가 배를 수리하는 것은 겉으로는 왜국을 정벌
한다고 하지만 실제는 신라를 치고자 하는 것이다'하여, 백성이 그 말을
듣고 놀라고 두려워서 불안해하였습니다.

『삼국사기』「답설인귀서」의 내용 일부다. 「답설인귀서」는 671년 당
의 장수 설인귀가 문무왕에게 보낸 편지에 대해 신라가 답장을 보낸
것이다. 이때 신라는 신라의 입장을 해명하고, 당과의 충돌 이유를
강조했다.

668년 10월 고구려 멸망 후 신라군은 포상을 기대했다. 하지만

　　　　　　　　　　　　　　1부 • 나당전쟁의 전개

당의 총사령관 영국공英國公 이적에 의해 신라의 군공軍功은 부정되었다. 당으로 건너갔던 신라 장수들 또한 아무런 포상 계획이 없었다. 신라군과 신라 장군들 처우문제는 군 수뇌부가 사전에 차단할 수 있었다. 신라 백성에게 정보가 유출되는 것도 막을 수 있었다. 그럼에도 이러한 내용이 상세히 신라 백성에게 알려진 이유는 무엇일까? 신라 수뇌부가 정보 유출을 방조하거나 혹은 확산시켰을 가능성이 있다. 의도적으로 신라 백성의 불안감을 조성시켰을 수 있다는 말이다.

세 번째 인용문은 669년 무렵 당이 왜를 치려고 한다는 소문이 퍼진 내용이다. 이 소문을 직접 들은 것은 신라 백성일 수 있다. 하지만 이를 신라 수뇌부에서 충분히 해명하고 신라 백성의 불안감을 해소시킬 수도 있는 사안이다. 하지만 신라는 이런 소문을 막기보다 이를 이용해 확산하는 데 주력했던 것으로 보인다.

물론 일련의 소문과 이에 따른 공포의 확산은 당이 구사한 심리전의 결과로 볼 여지도 있다. 하지만 전쟁을 준비하는 입장에서는 보안 유지가 우선이다. 다시 전쟁해야 할 이유가 없던 당이 소문을 확산시켰다고 보기는 어렵다. 나당전쟁은 신라의 선제공격으로 시작된 전쟁이다. 전쟁을 준비하던 신라가 이런 상황을 역으로 활용한 것이다.

흉흉한 소문은 당을 향한 적개심을 고조시켰다. 또 민심과 군심을 하나로 묶는 데 큰 역할을 했다. 신라 수뇌부의 심리전 구사는 신라 내부 불만을 잠재우기 위함이었다. 그 표적을 당으로 돌리면서 전쟁을 준비하는 강력한 추진 동력으로 삼았다.

신라는 668년 9월 왜에 사신을 보내 후방의 안전을 도모하고

669년에는 본격적으로 전쟁 준비에 나섰다. 정관대서성을 임명하고 대사면을 시행해 사회를 안정시키고 민심을 수습했다. 신라의 동북 방 군사 요충지를 적극적으로 구휼하고 당에 자석을 헌상하며 정보를 수집했다. 당에 사죄사를 파견해 긴장을 완화시키고 노와 같은 무기 개발을 적극적으로 추진했다. 진골귀족에게 목장을 재분배해 기병을 강화하고 당시 불안한 심리를 역이용해 민심과 군심을 하나로 묶는 데 성공했다.

설오유薛烏儒. 670년 요동의 오골성을 선제공격한 신라 장군이다.

4장

신라의
선제공격

나당전쟁이 발발하다

670년(문무왕 10년) 1월, 당 고종은 신라의 사죄사를 처분했다. 앞서 669년 5월 사죄사로 파견된 인물은 흠순과 양도였다. 흠순은 무사히 귀국할 수 있었지만 양도는 감옥에 갇혔다가 결국 사망했다. 신라가 마음대로 백제 토지와 유민을 약취略取한 것에 당 황제가 분노했기 때문이다. 이제 신라와 당은 돌아올 수 없는 강을 건너고 말았다.

3월에 사찬 설오유가 고구려 태대형太大兄 고연무와 더불어 각각 정예병 1만 명을 거느리고 압록강을 건너 옥골에 이르렀다. □□□ 말갈 병사가 먼저 개돈양皆敦壤에 이르러 그들을 기다렸다. 여름 4월 4일에 (당나라 군사와) 맞서 싸워 우리 병사가 크게 이겼다. 목 베어 죽이고 사로잡은 수를 이루 다 헤아릴 수 없을 정도였다. 당나라 병사가 이어서 도착하자 우리 군대는 물러나 백성白城을 지켰다.

3월, 신라 사찬 설오유가 압록강을 건너 고구려 부흥 세력인 고연무와 함께 요동 공략에 나섰다. 설오유와 고연무는 정예병 1만 명씩을 거느리고 옥골로 진군했다. 이때 말갈병이 먼저 개돈양에 와서 기다리고 있었다. 옥골은 오골성이다. 설오유·고연무 연합군 2만 명이 전격적으로 압록강을 건너 요동의 오골성까지 진군한 것이다. 나당전쟁 개전開戰을 알리는 신호탄이었다.

일제 시기 일본 학자 이케우치 히로시는 오골성 전투 상황을 부정했다. 이케우치는 신라군이 건넌 강은 압록강이 아니라 대동강이라 보았으며 오골성 전투도 대동강 인근에서 발생한 것으로 한정했다. 하지만 『삼국사기』에는 확실히 압록강이라 기록되어 있다. 오골성은 요령성의 봉황성이 분명하다. 이케우치 히로시는 의도적으로 신라군의 활동을 축소하여 본 것이다.

오골성은 요령성 봉성진鳳城鎭에 위치하고 있다. 현재 압록강 하구 랴오닝성 단둥丹東에서 동북으로 20여 킬로미터 떨어져 있다. 오골성은 삼국시대 고구려의 거점성 중 하나로, 한반도 세력이 요동으로 진출하거나 요동 세력이 한반도로 진출하기 위해서 반드시 거쳐야 하는 관문이었다. 명明 시기부터 봉황성이라 불렸는데, 성벽 둘레는 16킬로미터 정도에 달한다. 돌로 축성한 부분은 7킬로미터가 넘으며 나머지 부분은 자연 절벽을 활용했다.

수도 경주에서 오골성(봉황성)까지 거리는 740여 킬로미터다. 서울에서 오골성까지 거리는 400킬로미터 정도다. 당시 하루 행군 속도는 30리(12킬로미터) 내외였다. 설오유 부대가 경주 인근에서 출발했다고 한다면 62일이 소요된다. 서울 인근에서 출발했더라도 33일이 소요된다. 당시 행군로나 보급 상황을 무시한 도상圖上 계산이다.

대동강, 청천강, 압록강 등을 도하하는 데도 시간이 소모된다. 설오유 부대는 최소한 한두 달 이상 행군했다고 보아야 한다. 늦어도 670년 1월 무렵 이미 주둔지를 출발했던 것이다. 그렇다면 이들 부대의 편성이나 협조 관계는 늦어도 669년 하반기에 이루어져야 한다. 670년 3월 오골성 전투는 669년 전쟁 준비의 결과로 실행된 것이다.

4월 4일, 오골성에 도착한 설오유·고연무 연합군과 개돈양에 대기하던 말갈병이 충돌했다. 연합군이 크게 이겼고 죽이거나 포로로 삼은 자가 많았다. 나당전쟁의 첫 접전에서 신라군이 승리를 거둔 것이다. 하지만 당군이 지속적으로 증원되었다. 결국 연합군은 물러나 백성을 방어했다. 백성이 어디인지 구체적으로 알 수 없으며 압록강 인근에 위치한 성으로 추정할 뿐이다.

오골성 전투를 승리로 이끈 2만 연합군은 모두 정예병이었다. 『삼국사기』에는 '정병精兵'이라 기록되어 있다. 이들은 일정 수준의 군사 교육을 받고 군사적 경험을 이미 갖추고 있던 자들로 파악된다. 이들의 주력 병종兵種이 기병인지 보병인지는 알 수 없다. 다만 말갈병과 야전野戰을 치르고 백성에서 방어전을 수행한 것으로 미루어 추측컨대 기병과 보병이 혼성으로 편성된 정예부대였을 가능성이 크다.

설오유 부대의 북상로

설오유는 혹한기에 부대를 이동시켰다. 혹한기는 날씨가 추워 방한대책이 추가로 필요한 한편 주요 하천이 결빙되기 때문에 도하가 용이한 면도 있다. 신라 수뇌부는 의도적으로 이 시기를 택했던 것 같다. 압록강 일대는 일반적으로 12월에서 3월까지 결빙된다. 신라군이 압록강에 도착했을 무렵 결빙되었는지 아닌지 알 수는 없다. 하지만 압록강 이전의 상당 구간을 통과할 때는 하천이 결빙되었을 것으로 보는 게 타당하다.

문제는 옛 고구려 지역에 설치된 안동도호부였다. 안동도호부의 치소는 평양이었다. 이 때문에 이케우치 히로시는 2만 명이 황해도와 평안도를 지나 압록강까지 이동하는 것은 불가능하다고 본 듯하다. 설오유·고연무 연합군 2만 명은 안동도호부 영역을 어떻게 통과할 수 있었을까?

668년 고구려 멸망 이후 당은 안동도호부를 설치했다. 이듬해 당은 고구려 유민을 대대적으로 강제 이주시키는 작업을 진행했는데 이때 평양에 주둔하던 상당수 당군이 동원된 것으로 파악된다. 그해 안동도호부가 일시적으로 요동 신성新城으로 이동하는 것도 이와 무관하지 않다. 따라서 670년 무렵 평양 일대에 대한 당의 지배력과 군사력은 크게 약화되었다. 물론 약화되었다고는 해도 평양 일대에는 여전히 안동도호부 세력이 남아 있었다.

당시 설오유·고연무 연합군이 오골성으로 가는 방법은 크게 3가지였다. 첫째, 경기만에서 병선을 이용해 압록강 하구로 직접 상륙하는 것이다. 이는 가장 수월하기는 하지만 당의 수군에 발각되기 쉬운 위험을 감수해야 하는 방법이다. 기록에 이들이 압록강을 도하했다고 되어 있으니 수로가 아닌 육로를 이용했음을 알 수 있다. 둘째, 고구려 멸망 시 활용한 비열도를 따라 강원도와 함경도를 경유해 크게 우회하는 것이다. 이 방법은 적에게 발각될 위험은 낮지만 거리가 멀고 보급 문제가 야기된다. 특히 기습 선제공격을 달성하고자 할 때는 시간상 선택하기 어려운 방법이다. 셋째, 평양에 주둔한 당군을 직접 공격한 후 평양을 경유해 그대로 북상하는 것이다. 거리상 이것이 가장 빠른 길이다. 하지만 대규모 전투를 수행해야 하기 때문에 시간과 병력 소모를 감수해야 한다. 또 선제공격의 기도가 노출되기 때문에 이는 쉽게 선택할 수 있는 방법이 아니었다.

설오유·고연무 연합군은 기습 공격을 위해 가급적 당군과의 대규모 전투를 피하고 시간과 전력상 손실이 크지 않은 방법을 선택해야 했다. 당시 평양에서 오골성에 이르는 길은 고구려와 안동도호부의 주요 간선도로였다. 서해안을 따라 상대적으로 평야지대가 많은 이 구간을 고려시대에는 '북계서로北界西路'라 불렀고, 조선시대에는 '의주로義州路'라 불렀다.

당이 고구려 유민을 대대적으로 사민徙民시키는 과정에서 평양 일대의 군사력이 감소했다고는 해도 최소한 요동으로 연결되는 북계서로는 유지하고 있었을 것이다. 설오유·고연무는 북계서로를 이용하지 않고 북계동로北界東路를 이용한 것으로 보인다. 북계동로는 평산—수안—강동—개천—귀주로 이어지는 교통로로, 고려시대 거란군이 공격해온 루트이기도 하다. 설오유·고연무 연합군은 북계동로를 이용해 평양을 조금 우회했다. 이로써 대규모 전투를 회피하면서 빠르게 북상해 나아간 것으로 여겨진다.

이들은 과연 누구인가

신라의 요동 선제공격을 주도한 인물은 설오유다. 하지만 설오유는 『삼국사기』에 단편적으로 등장한 이후 더는 행적이 확인되지 않는다. 신라의 경우 초기에는 국왕이 직접 원정에 참가했으나 점차 왕권이 안정되고 군대 규모가 커짐에 따라 장군에게 군령권軍令權을 위임하기 시작했다. 삼국통일전쟁기에는 국왕·왕족·귀족 등 다양한 인물이 장군으로 임명되었는데 이 시기에도 진골귀족 이상이어야 대규모 부대의 장군이 될 수 있었다.

진골귀족이 아닌 자가 대규모 병력을 인솔한 경우는 두 사례 밖에 없다. 670년 설오유와 676년 시득施得이다. 사찬 시득은 676년 11월 기벌포 전투에 참가했다. 하지만 시득은 대아찬 철천徹川 휘하에 있었던 것으로 파악된다. 그렇다면 사찬의 신분으로 대규모 원정군을 지휘한 사례는 설오유 밖에 없다. 사찬은 신라의 17관등 가운데 8번째로 그리 높은 편이 아니다.

설오유는 김 씨 진골귀족이 아니므로 육두품 출신으로 추정된다. 설오유가 인솔한 부대는 '정병'으로 표현된 점으로 미루어 정규군으로 볼 수 있다. 백제나 고구려 원정 시 동원된 신라 병력은 5만 명 내외였고 신라군 전체 병력 수는 6~7만 명이었다. 그중 무려 1만 명을 비진골 출신 장군에게 위임한 것이다.

나당전쟁 기간 동안 원정군이나 총책임자로 진골귀족을 임명한 것은 충분히 확인된다. 670년 7월 옛 백제 지역 공략 시 장군 대다수는 진골귀족이었다. 671년 1월 옹포甕浦 수비에는 대아찬 진공眞功과 미상의 사찬이 투입되었다. 672년 8월 석문石門 전투에는 대아찬 효천曉川과 사찬 의문義文·산세山世 등이 동원되었다. 673년 9월 서해 수비에는 대아찬 철천이 투입되었고, 676년 11월 기벌포 전투에는 사찬 시득이 투입되었다.

나당전쟁기 독립 작전을 수행하는 원정군이나 방어군 책임자로는 기본적으로 진골귀족이 임명되고 이를 보좌하는 실무담당자로 사찬 급이 활동했다. 그런데 요동을 선제공격하는 부대에는 사찬 설오유가 임명되었던 것이다. 상당히 이례적이고 파격적인 조치다. 설오유 부대의 성격이 일반적이지 않았음을 시사하고 있다.

설오유 부대는 정예병이다. 말 그대로 잘 훈련된 병력, 사전에 동원되어 있었거나 새롭게 소집되어 훈련받은 집단이다. 강제 징집된 병력은 장거리 원정 시 사기 저하나 이탈자가 속출하기 마련이다. 하지만 설오유의 정예병은 혹한기에 장거리를 행군했다. 어려운 도하 작전도 무사히 수행했다. 말갈병 및 당군과의 전투에도 적극적으로 참여했다. 이런 맥락에서 단순 징집된 병력이라기보다는 소모召募된 병력이라 보는 것이 자연스럽다. 사실 강제 징집되어 갓 훈련받은 병력을 '정병'이라고 부르기도 어렵다.

요약해보면 이렇다. 요동 원정군 책임자에 진골귀족이 아닌 사찬 설오유가 임명되었다. 요동 원정군은 일반병이 아니라 정예병이었고 작전 지속 기간은 3개월 이상이었다. 혹한기에 30일 이상 장거리 행군과 도하 작전을 수행했는데 행군 당시나 전투 이후에나 이탈자가 발생하지도 않았다. 설오유가 이끌던 부대는 특별히 조직된 소모병이었던 것이다.

특수부대는 어떻게 조직되었나

668년 10월 고구려가 멸망했다. 11월 5일, 신라는 고구려 포로 7,000명을 압송해서 수도 경주로 돌아왔다. 고구려의 유력민은 당이 이미 당 내지內地로 압송한 상황이었으니 신라가 끌고온 포로 7,000명은 일반 백성이라기보다 노동력으로 활용할 수 있는 건장한 장정들이었을 것이다. 특히 전투 상황에서 신라가 포로로 삼은 병력이었을 가능성이 크다.

신라는 이들을 통해 고구려의 군사 정보를 상당 부분 획득할 수 있었다. 이들을 억류하며 관리하는 것은 비효율적이었다. 오히려 이들을 활용해 새로운 전략을 수립하는 것이 효과적이었다. 670년 3월 설오유·고연무 연합군의 요동 공격에는 고구려 포로들의 역할이 음으로 양으로 상당 부분 기여했음이 분명하다.

고대 사회는 무기 수준 차이가 크지 않았다. 따라서 군사력 강화를 위해서는 많은 병력 자원을 확보하는 것이 급선무였다. 이미 훈련된 적군 포로가 있다면 이들을 활용하는 것은 지극히 자연스러운 일이다. 앞서 660년 황산벌 전투에 참가했던 백제군 장수들이 신라에 투항한 후 신라군 장수로 활용되기도 했다. 이러한 맥락에서 볼 때 설오유 부대에는 고구려 포로 상당수가 포함되어 있었다고 추정할 수 있다.

신라에 압송된 고구려 포로는 미래가 암울했다. 나라는 멸망했고 신라에서 생사가 어떻게 결정될지 알 수 없었다. 이들은 포로생활을 하기보다는 신라에 협조해 다시 전장으로 나가기를 원했을 가능성이 크다. 신라는 이들은 근간으로 소모병을 모집해서 요동 원정군을 조직했던 것이다. 고구려 포로와 고구려 유민은 자연스레 공감대가 형성될 수밖에 없었다.

신라는 당과 전쟁을 벌여야 했고 고구려 부흥 세력은 당에게서 독립하기를 원했으니 두 세력의 이해관계가 맞아떨어졌다. 당시 고구려 부흥을 꿈꾸던 고연무 세력은 황해도 일대에 웅거하고 있었다. 신라는 옛 고구려 출신 포로들을 활용해 진군로를 선정하고 고연무 세력과 연합할 수 있었다. 황해도 일대에서 합류한 연합군은 북계동로를 활용해 신속하고 은밀하게 이동해 오골성을 타격했던 것이다. 이처럼 신라는 선제공격을 감행해 나당전쟁 초기 주도권을 장악할 수 있었다.

고연무高延武. 고구려 장군으로 고구려 멸망 후
신라와 연합해 오골성을 공격하였다.

5장

고구려 부흥운동과
신라

검모잠의 남하와 고구려 부흥국

670년(문무왕 10) 6월, 고구려 수림성水臨城 출신 검모잠劍牟岑이 고
구려 유민을 수습해 남쪽으로 내려왔다. 그는 궁모성窮牟城에서 출발
해 패강浿江(대동강) 남쪽까지 왔다. 여기에서 검모잠은 안동도호부
관리와 승려 법안 등을 죽였다. 다시 신라로 향하다가 서해 사야도史
冶島에 도착했다.

6월에 고구려 수림성 사람인 모잠 대형大兄이 남은 백성을 거두어 모아
서 궁모성으로부터 패강 남쪽에 이르러 당나라 관인 및 승려 법안 등을
죽이고 신라로 향하였다. 서해 사야도에 이르러 고구려 대신 연정토의 아
들 안승安勝을 보고 한성漢城 안으로 맞이해 들이고는 받들어 임금으로

삼았다.

『삼국사기』에는 검모잠이 활동한 시기가 670년 6월이라고 되어 있다. 하지만 중국 측 역사서에는 670년 4월 일이라고 되어 있다. 일반적으로 4월에 검모잠의 거병이 이루어졌고 6월에 남하해 한성을 거점으로 부흥 세력을 결집시킨 것으로 파악된다. 한성은 현재 황해도 재령載寧이다.

검모잠은 사야도에서 고구려 대신 연정토의 아들 안승을 만났고 안승을 한성으로 맞아들여 임금으로 삼았다. 연정토는 연개소문의 동생이다. 연개소문 사망 후 그 아들들 간의 내분이 발생하자 12성城 730호戸를 거느리고 신라로 귀부한 인물이 바로 연정토다. 안승은 연정토의 아들, 보장왕의 서자, 보장왕의 외손자라는 기록이 있다. 어느 것을 따르든 안승은 고구려 유력 귀족임이 분명하다.

검모잠과 안승이 만난 사야도는 현재 덕적군도의 소야도蘇爺島로 비정되고 있다. 하지만 검모잠이 소야도에 안승을 만난 후 한성으로 이동한 점을 감안해야 한다. 사야도가 소야도로 비정되는 근거는 음운상 유사점 밖에 없다. 이들의 행적으로 살필 때 사야도는 황해도 일대 어느 섬으로 보아야 자연스럽다. 당시 고구려의 교통 요지이던 대동강 하구의 초도草島이거나 대동강과 재령강이 합류하는 철도鐵島일 가능성도 있다.

그렇다면 검모잠이 최초 거병한 궁모성은 어디일까? 검모잠의 출신지 수림성과 그가 봉기한 궁모성의 위치는 명확하지 않다. 검모잠이 패강(대동강) 남쪽에 이르러 안동도호부의 당인들을 죽였다는 점에서 대동강 일대로 인식되고 있다. 하지만 검모잠이 평양 혹은 황해도 일대에서 거병했다는 근거는 어디에도 없다.

검모잠은 궁모성에서 패강 남쪽으로, 다시 신라 방향으로 이동했다. 북쪽에서 남쪽으로 이동하는 방향성을 확인할 수 있다. 만약 검모잠이 대동강 이남에서 거병해 북상했다고 한다면 단순히 '대동강에 이르렀다'고 서술하면 된다. 하지만 '대동강 남쪽에 이르렀다'고 되어 있는 것을 통해 검모잠의 최초 거병은 대동강 북쪽에서 일어났음을 알 수 있다.

검모잠의 4월 거병부터 6월 평양 도착까지 2개월 정도의 시간적 여유가 있으니, 굳이 최초 거병지를 한반도에 국한시킬 이유가 없지 않을까? 오히려 3~4월 설오유·고연무 연합군이 요동 작전을 수행한 사실을 떠올릴 필요가 있다. 설오유·고연무 연합군의 오골성 전투로 고구려 유민에 대한 당군의 감시나 통제가 약화될 수밖에 없었다. 따라서 이 시기를 전후해 요동 일대에서 고구려 부흥운동이 거세게 일어났을 가능성이 크다.

안승과 함께 한성에 자리 잡은 검모잠은 소형小兄 다식多式 등을 신라로 보냈다. 이들이 신라에 전한 문서에는 다음과 같은 내용이 들어 있었다.

망한 나라를 일으키고 끊어진 세대를 잇게 하는 것은 천하의 공의公儀이므로 오직 대국大國을 바랄 뿐입니다. 우리나라의 선왕先王은 도를 잃어 멸망하였습니다. 지금 신臣 등이 본국 귀족인 안승을 얻어 받들어 임금을 삼았습니다. (신라의) 번병藩屛이 되어 영세토록 충성을 다할 것입니다.

검모잠과 안승은 신라의 지원을 받아 고구려를 부흥시키고자 했다. 신라의 '번병', 즉 울타리가 되겠다고 했다. 당과의 전쟁을 시작한 신라로서는 거부할 이유가 없었다. 옛 고구려 지역에 신라 우호세력이 생긴 것이다. 설오유 부대의 요동 작전으로 시간을 벌었고 고구려 부흥국의 성립으로 북쪽에 완충지대가 형성되었다.

웅진도독부를 장악하다

670년 7월, 신라는 대아찬 유돈儒敦을 웅진도독부로 보내 화친을 청했다. 『삼국사기』 「답설인귀서」에는 670년 6월 고구려가 당에 반역을 꾀했기 때문에 신라가 이를 먼저 웅진도독부에 알렸다고 되어 있다. 6월 사건은 검모잠이 남하해 안동도호부 관리를 죽이고 안승을 고구려 임금으로 삼은 일이다.

이를 두고 신라가 웅진도독부와 협력해 고구려 부흥 세력을 진압하려 한 것으로 이해할 수 있다. 하지만 신라가 웅진도독부에 화친을 요청한 것은 일종의 제스처에 불과하다. 신라가 웅진도독부에게 고구려 부흥운동에 공동으로 대처하자고 한 것은 신라의 행동을 은폐하기 위함이다. 설오유·고연무의 군사 작전은 신라 측 입장에서 비공식 작전이었을 가능성도 있다. 그렇다고 하더라도 신라는 이미 당과 본격적인 전투를 시작해버렸다.

대아찬 유돈을 파견한 것은 정보 수집 의미를 지닌 것으로 볼 수 있다. 즉 신라의 당 공격에 대한 웅진도독부의 정황을 탐지하기 위해

서였다. 이를 간파한 웅진도독부는 사마司馬 예군襧軍을 신라로 보내 엿보게 했다. 신라는 웅진도독부가 신라를 견제하려 한다는 것을 인지하고는 예군을 붙잡아 돌려보내지 않았다. 그리고 이를 빌미로 곧바로 군사를 일으켰다.

품일·문충·충신·의관 등은 63성을 공격해 빼앗고, 그 민民들을 신라 내지로 옮겼다. 천존·죽지 등은 7성을 함락하고 2,000명을 처단했다. 군관·문영은 12성을 점령했는데 이 과정에서 적병狄兵 7,000명의 목을 베고 전마戰馬와 병기兵器 상당량을 노획했다. 한마디로 전격전이었다.

670년 7월에 벌어진 이 웅진도독부 공격에는 문무왕이 직접 참가했으며 진골귀족도 대거 장수로 투입되었다. 한 번의 공격으로 무려 82개 성을 함락한 것은 사전에 치밀한 준비 없이는 불가능한 일이다. 신라는 웅진도독부의 예군을 사로잡자마자 출병했다. 이미 공격 계획과 준비가 완료된 상태였던 것이다. 이번 공격에서 중신·의관·달관·흥원 등이 퇴각한 일이 있었다. 이들은 군법에 따라 사형에 처해져야 마땅하다. 하지만 국왕은 특별히 사면해서 면직만 시켰다. 그만큼 웅진도독부 점령이 성공적이었음을 시사한다.

옛 백제 지역을 장악한 신라는 사찬 수미산須彌山을 한성(재령)으로 보냈고 안승을 고구려 왕으로 봉했다. 책명문冊命文에는 "공公을 고구려 왕으로 삼으니, 공은 마땅히 유민을 어루만져 모으고 옛 순서를 되살려 길이 이웃국이 되어 형제와 같이 밀접히 할 지어다. 공경하고 공경하라"라고 되어 있다. 또 갱미粳米 2,000석, 갑구마甲具馬 1필, 능직綾織 5필, 견직絹織 10필, 세포細布 10필, 면면綿 15칭稱 등을 안승에게 하사했다.

12월, 한성주총관漢城州摠管 수세藪世가 신라를 배반했다. 수세는 당에 귀부하려다 일이 발각되어 대아찬 진주眞珠에게 죽임을 당했다. 더 자세한 내용은 전하지 않지만, 이는 당시 신라의 상황이 복잡했음을 알려준다. 다시 말해, 신라인 모두가 당과의 전쟁을 원한 것은 아니었다. 전쟁에 회의를 품은 사람, 당에게 회유된 사람 등 다양한 유형이 존재하고 있었던 것이다.

신라의 견제 작전

신라의 웅진도독부 점령과 설오유의 요동 선제공격은 어떤 연관이 있을까? 설오유 부대는 말갈병과 최초 접전에서 대승을 거두었다. 하지만 사상자 발생 규모나 포로·병기 획득 등을 구체적으로 알 수 없다. 또 당군이 계속 도착하자 백성으로 물러나 방어했다고 되어 있기에 설오유 부대가 그들의 목표를 달성했는지 잘 드러나지 않는다.

대개 신라군의 작전은 양동 작전陽動作戰으로 평가된다. 선제공격을 통해 당이 요동 방면 안전에 주력하게 만듦으로써 옛 백제 지역에 대한 신라의 작전에 적극적으로 대응하지 못하게 한 것이다. 요동 진군 자체로도 당군의 진격을 저지하는 데 유효한 역할을 했다.

670년 3월 신라의 요동 선제공격 이후 당은 새롭게 병력을 준비했다. 4월 고간高侃의 동주도행군東州道行軍과 이근행李謹行의 연산도행군燕山道行軍이 편성되었다. 하지만 이들은 671년 7월 요동의 안시성安

市城을 진압한 이후에야 한반도로 진군할 수 있었다. 이는 곧 그 당시 고구려 부흥운동이 크게 일어났음을 말해준다.

요동 지역 통제력을 확보하지 못한 상황에서 당군의 한반도 진군은 어려울 수밖에 없었다. 따라서 설오유 부대의 요동 작전은 당군의 한반도 진군 시기를 늦추고 신라가 옛 백제 지역을 장악하는 데 결정적인 역할을 했다고 볼 수 있다. 다만 양동 작전이라는 용어는 조금 더 고민해 볼 필요가 있다. 양동 작전은 보통 접촉선 후방에서 기동하며 적을 기만하는 것이다. 그런데 설오유 부대는 접촉선에 이르러 직접 전투를 벌였다. 엄밀히 말하자면 설오유 부대는 '양동陽動'을 한 것이 아니라 견제 작전牽制作戰을 수행했다. 견제는 적 부대를 정지·억제·포위해서 적의 행동을 일정한 전선에 집중케 하는 것이다. 적으로 하여금 어떤 부대라도 다른 곳에 사용할 목적으로 이동하려는 것을 방지시키는 전술적 행동이다. 견제 공격은 적을 현재 진지에 고착시키거나 주공主攻이 지향되는 방향을 기만하는 것이다. 주공에 대항하는 적 부대의 증원을 방지하거나 적의 예비대豫備隊를 조기에 비결정적 장소에 투입하도록 강요한다.

신라의 주요 공격 목표는 옛 백제 지역(웅진도독부)이었다. 설오유 부대가 요동에서 견제 작전을 수행함으로써 당은 옛 백제 지역에 군사 지원을 제대로 실행할 수 없었다. 670년 4월 편성된 고간과 이근행의 정규 행군이 투입되기 이전에 안동도호부 산하 당 예비대가 먼저 투입되었다. 이들이 바로 설오유 부대와 접전을 벌인 말갈병 및 당군의 실체였다.

670년 3월 작전에서 설오유 부대가 투입된 요동 지역은 신라 영토와 연접하지 않은 곳이었다. 이어지는 7월 작전에서 진골귀족이 이끄는 신라의 주력부대는 옛 백제 지역으로 투입되었다. 여기에서 신라 수뇌부의 의도를 엿볼 수 있다. 새로 조직된 설오유 부대는 조공助攻으로써 요동으로 투입시켜 당군의 이목을 끌고자 했다. 그러고는 주공主攻인 신라 정규군을 옛 백제 지역 및 고구려 지역 남부로 투입해 영토를 확보하고자 했다.

신라 입장에서는 설오유 부대의 요동 작전이 성공하면 더할 나위 없이 좋을 것이다. 만약 실패하더라도 최대한 시간을 벌어주기를 바랐던 것 같다. 설오유 부대의 전투 양상을 보면 초반 승리 후 당의 증원병이 계속 도착하자 접전을 피하고 백성으로 물러나 방어에 주력하며 병력을 절약했다. 다만 백성으로 후퇴한 이후 설오유 관련 기록은 더는 전해지지 않는다.

신라의 군사 전략은 옛 백제 지역을 장악하기 위해 먼저 요동 견제 작전을 펼친 것이었다. 이를 위해 급조된 병력이 아닌 대규모 정예병을 동원했다. 설오유 부대가 당의 주의를 요동에 묶어두는 사이 신라 주력군은 옛 백제 지역 대부분을 전격 장악할 수 있었다. 이를 통해 볼 때 신라는 늦어도 669년 하반기에는 전반적인 공격 계획을 수립했던 것 같다. 먼저 요동 작전을 수행하기 위해 고구려 부흥 세력과 긴밀한 공조체제를 갖추었다. 이와 동시에 옛 백제 지역 점령 계획 또한 철저히 준비해 나갔던 것이다.

설오유 부대의 요동 작전으로 당은 웅진도독부를 돌아볼 겨를이 없었다. 대규모 전투가 요동에서 발생함에 따라 한반도 서남부는 뒷전으로 밀려난 것이다. 신라는 옛 백제 지역을 단기간에 장악해 방어선 하나를 줄였다. 이제 신라는 모든 병력을 북진시켜 당군의 남하를 저지하는 데 집중할 수 있었다.

　당을 향한 신라의 선제공격은 성공적이었다. 신라의 전체 군사 전략에서 볼 때 육두품 출신 설오유는 버리는 돌이었다. 하지만 그 돌은 자기 역할을 충실히 수행했고, 덕분에 신라는 나당전쟁 초기 주도권을 확보할 수 있었다.

고구려 부흥군. 고구려 멸망 이후 신라와 연합해 673년까지 당군과 싸웠다.

6장

석성 전투와
웅진도독부

웅진도독부 구원군과 석성 전투

671년(문무왕 11년) 1월, 신라는 이찬 예원禮元을 중시中侍로 삼았다. 중시는 최고 행정관서인 집사부執事部 수장이다. 신라는 정치를 일신한 후 웅진도독부에 대한 행동을 재개했다. 지난 7월 공세로 웅진도독부의 상당 부분을 점령했지만 완전히 장악한 것은 아니었다.

신라의 공세는 웅진(공주)에서 시작되었는데, 웅진 남쪽에서 신라군 당주幢主 부과夫果가 전사할 정도로 치열한 전투가 이어졌다. 당군 휘하에 있던 말갈병이 신라가 장악한 설구성舌口城을 포위했지만 함락에 실패하고 퇴각했다. 신라군은 이들을 추격해서 300명을 죽였다.

660년 백제 멸망 후 웅진도독부에 주둔하던 병력은 당군이었다.

671년 문무왕이 당의 장수 설인귀에게 보낸 「답설인귀서」에도 웅진 도독부에 주둔하던 병력을 '한병漢兵'이라고 표현했다. 670년 신라의 웅진도독부 공격으로 잔류 당군은 거의 무력화된 상태였다. 신라의 공격으로 확인 가능한 당군 사망자는 9,000명에 달했고 수많은 전마와 병장기를 탈취당했다. 백제 멸망 후 웅진도독부에 주둔한 당군 규모가 2만 명 내외였다는 점을 감안하면, 신라 공격 당시 웅진도독부 내 당군 병력은 그리 많지 않았다고 할 수 있다.

그렇다면 671년 1월 설구성을 포위한 말갈병은 어떤 존재일까? 설구성 전투에 참가한 말갈병은 새롭게 투입된 병력일 가능성이 있다. 670년 3월 오골성 전투 때 등장한 말갈병이 오골성 전투 이후 웅진도독부로 투입되었을 수 있다. 하지만 웅진도독부 내 잔류 병력과 일부 증원된 말갈병만으로는 신라군을 감당할 수 없었다.

이때 당군이 웅진도독부를 구원하려 한다는 소문이 들려왔다. 웅진도독부는 670년부터 지속된 신라의 웅진도독부 공격을 막기 위해 당에 구원을 요청했다. 신라는 대아찬 진공과 아찬을 보내 대응케 했다. 이들은 군사를 거느리고 수군과 함께 옹포를 수비했다. 하지만 당군은 옹포를 지키던 신라 수군을 물리치고 금강 하구를 통해 옛 백제 영토로 진입했다.

6월에 장군將軍 죽지竹旨 등을 보내어 군사를 거느리고 백제 가림성加林城의 벼를 밟도록 하였다. 마침내 당나라 군사와 석성石城에서 싸웠는데 5,300명을 처단하고 백제 장군 2명과 당나라 과의果毅 6명을 포로로 잡았다.

6월, 신라는 다시 추가 병력을 웅진도독부로 파견했다. 장군 죽지 등이 가림성으로 향했다. 죽지는 일부러 가림성 앞 화곡禾穀을 짓밟게 했다. 이는 당군을 자극해 공격을 유도하고자 의도적으로 벌인 일로 보인다. 결국 신라군은 당군과 석성에서 전투를 벌였고 신라군이 당군 5,300명을 죽이는 대승을 거두었다. 웅진도독부 장군 2명과 당군 과의 6명을 포로로 잡는 성과도 올렸다.

석성 전투는 웅진도독부의 운명을 결정지은 전투다. 석성은 부여의 임천林川 동쪽 석성리에 위치한 성이다. 당의 웅진도독부 구원군은 기벌포로 진입해 상륙에 성공한 후 석성 일대에서 대기하던 신라군과 치열한 전투를 벌였다. 그렇다면 웅진도독부 구원군의 규모는 얼마나 되었을까? 「답설인귀서」에는 다음과 같이 기록되어 있다.

국가國家가 한 사람의 사인使人을 보내 원인을 묻지 아니하고, 곧 수만 數萬 군사로 하여금 소혈巢穴을 엎으려 하여 누선樓船이 창해滄海를 덮고 노축艫舳이 강구江口에 연하였으며, 저 웅진熊津에 박박迫하여 이 신라를 치 니…….

당군 수만 명이 대형 선박인 누선을 타고 금강 하구에 도착한 상황을 설명하고 있다. 웅진도독부 구원군의 정확한 병력 수는 알 수 없다. 하지만 석성 전투에서 5,300명이 사망했다는 사실에 주목할 필요가 있다. 당군 1개 행군行軍의 평균 인원은 2만 명인데 그 인원의 4분의 1이 넘는 병력이 석성 전투에서 사살당한 것이다. 여기에는 부상이나 질병으로 인한 사망자는 포함되어 있지 않다. 포로나 탈영 등까지 감안하면 피해 규모는 상당했을 것으로 짐작된다.

석성 전투로 인해 당군이 궤멸 상태에 빠진 것은 아니었으나 이후 더는 당의 공세가 나타나지 않았다. 미루어 추측컨대 신라가 적어도 당군을 무력화 내지 당군의 작전 지속 능력을 상실케 했다고 볼 수 있다. 석성 전투는 신라와 당 간의 옛 백제 영토 장악을 결판 짓는 전투였다. 신라가 당의 웅진도독부 구원군을 물리침으로써 옛 백제 영토는 신라 쪽으로 완전히 기울었다.

「설인귀서」와 「답설인귀서」

당의 웅진도독부 구원군을 이끈 인물은 설인귀였다. 설인귀는 668년 고구려 멸망 이후 안동도호부 수장인 안동도호安東都護로 활동했다. 670년 당 서쪽의 토번吐蕃(티베트)이 발호하자 설인귀는 나사도행군대총관邏娑道行軍大摠管으로 임명되었는데 10월 대비천大非川 전투에서 토번에 대패하여 제명되고 말았다. 하지만 나당전쟁이 격화되면서 다시 복권되어 설인귀는 671년 6월 계림도행군총관雞林道行軍摠管으로 임명되었다.

계림도행군의 실제 투입 정황도 확인된다. 「상궐현령곽군묘지명上闕縣令郭君墓誌銘」에 따르면, 곽행절郭行節은 함형咸亨 2년(671년)에 계림도판관雞林道判官 겸 지자영총관知子營摠管에 임명되었다. 계림도판관은 계림도행군의 하위 관직으로, 곽행절은 압운사押運使 역할을 수행했는데 풍랑으로 배가 부서져 익사했다.

계림도행군이 바로 웅진도독부 구원군이었다. 설인귀가 이끈 계림도행군은 해로를 이용해 한반도로 투입된 것이다. 이들은 6월 석성 전투에서 패전 후 더는 활동이 확인되지 않는다. 7월 26일, 설인귀는 추가 공격을 감행하지 못하는 상황에서 문무왕에게 서신을 보내 신라의 옛 백제 영토 장악을 힐책했다.

지금 왕은 안전한 터전을 버리고 떳떳한 방책을 싫어하고 천명天命을 어기고 가까이 부언父言을 저버리며, 천시天時를 업신여기고 선린善隣을 속이며 일우一隅의 땅, 벽좌僻左 모퉁이에서 집집마다 병정兵丁을 징발하고 연년年年이 간과干戈를 드니, 과부가 곡식을 운반하고 아이들이 둔전屯田하게 되어, 지키자니 지탱할 수 없고 나아가 싸우자니 막을 수 없으며 …… 마치 탄환彈丸을 가지고 닭을 잡으러 가다가 고정枯井의 위험을 모르고, 당랑螳螂이 매미를 잡으러 가다가 황작黃雀의 난難을 알지 못하는 것과 같으니, 이는 왕이 역량을 알지 못하는 것입니다.

설인귀는 문무왕이 당 황제의 천명과 아버지 태종무열왕의 말을 어겼다고 했다. 또 신라가 바다 동쪽 궁벽한 곳에 위치하면서 매해 전쟁을 일삼으니, 방어도 공격도 할 수 없다고 했다. 닭을 잡기 위해 활을 가지고 따라가다가 마른 우물에 빠진 일화와 사마귀가 매미를 잡으러 가다가 참새에게 위험에 빠진다는 일화를 언급했다. 변방의 소국이 초강대국 당에게 덤벼든 것은 순리에 어긋난다는 말이다. 한마디로 신라를 무시하고 어리석다고 힐난하는 것이다.

고장군高將軍의 한기漢騎와 이근행의 번병蕃兵과 오초吳楚의 도가棹歌와 유병幽并의 악소惡少들이 사면으로 구름과 같이 모여들어 배를 나란히 하여 내려와 험한 곳에 의거하여 성수城戍를 쌓고 토지를 개척하여 둔전하려 하니, 이는 왕의 고황膏肓일 것입니다.

설인귀는 서신 마지막 부분에 위와 같이 적었다. 나당전쟁 기간에 동원된 당군 병력 구성을 짐작할 수 있는 대목이다. 고간이 이끄는 당 기병, 이근행이 이끄는 유목병, 강남 지역 수군, 하북 지역 병력이 동원될 것임을 시사한다. 이들이 신라로 진입해 진영을 구축하고 둔전을 시작하면 문무왕은 고칠 수 없는 깊은 병을 얻을 것이라 했다. 한마디로 협박이다.

오호라. 양국兩國이 평정되지 않아서는 우리가 항상 수족手足의 구치驅馳를 입었고, 야수野獸가 지금 다하니 도리어 팽재烹宰의 침핍侵逼을 보게 되었으며, 백제의 잔적은 옹치雍齒의 상償을 받고, 한漢에 희생된 신라는 이미 정공丁公의 주誅를 당한 것이오. 태양이 비록 빛을 주지 아니하나 규곽葵藿의 본심은 오히려 향일向日을 생각하는 것이오.

설인귀의 서신에 문무왕은 답장을 보냈다. 누가 작성했는지는 정확히 알 수 없다. 다만 대체로 신라의 명문장가 강수強首가 작성했다고 추정할 뿐이다. 문무왕은 답신으로 신라의 입장을 조목조목 설명하고 마지막에 위와 같은 내용을 남겼는데 그 뜻을 풀어보면 다음과 같다. '신라는 백제와 고구려 멸망 전에 항상 당의 수족처럼 부림을 당했다. 적국이 멸망하고 나니 이제는 오히려 신라가 핍박을 받게 되었다. 멸망시킨 백제 세력은 멀쩡히 살아 있고, 부림당한 신라는 정공의 죽임을 당했다.' 정공은 항우項羽의 부하로, 한 고조 유방劉邦(재위 기원전 206~기원전 195)을 풀어주었다가 나중에 알현했더니, 유방이 배신자라며 죽여버렸다. 토사구팽兎死狗烹이다.

문무왕은 당당했다. 설인귀의 힐책과 협박에 굴하지 않고 신라의 입장을 분명히 밝혔다. 이어 '해바라기와 콩잎은 태양을 향한다'는 이야기를 통해 자신이 옳다는 견해를 피력했다. 초강대국 당과의 전면전을 각오한 결심이라고 할 수 있다.

신라는 설인귀의 힐책과는 상관없이 원하던 목표를 달성했다. 이달 신라는 소부리주를 설치하고, 아찬 진왕을 도독으로 삼았다. 웅진도독부, 즉 옛 백제 영토가 신라의 손아귀로 들어온 것이다. 당은 웅진도독부를 포기할 수밖에 없었다.

고간과 이근행의 행군

9월, 당의 장군 고간 등은 번병 4만 명을 거느리고 평양에 도착해서는 해자垓字를 깊이 파고 성루城壘를 높이 쌓아 방어진지를 구축했다. 이를 전진기지로 대방帶方 지역(황해도)을 공격했다. 원래 고간은 고구려 부흥운동을 진압하기 위해 편성된 인물이다. 『신당서新唐書』에는 다음과 같이 기록되어 있다.

4월 고려 존장尊長 검모잠이 반란을 일으켜 변경 지역을 침입하였다. 좌감문위대장군左監門衛大將軍 고간을 동주도행군총관東州道行軍摠管, 우령군대장군右領軍衛大將軍 이근행을 연산도행군총관燕山道行軍摠管으로 삼아 토벌케 했다.

당의 행군명은 일반적으로 원정 목적지를 나타낸다. 고간이 임명된 동주도행군에서 '동주東州'는 서주西州에 대응되는 개념으로, '요동주遼東州'의 준말로 파악되고 있다. 고구려 공격을 위한 행군명임을 알 수 있다. 그런데 이근행이 임명된 연산도행군에서 '연산燕山'은 고구려와 큰 관련성이 없다. 당은 고구려 원정 시 '연산도'라는 명칭을 사용한 적이 없다. 고구려를 공격하기 위해서는 '평양도平壤道'나 '패강도浿江道' 같은 명칭이 적절하다.

『괄지지括地志』에는 연산燕山이 유주幽州 어양현漁陽縣 동남 60리에 위치한다고 되어 있다. 원래 『괄지지』는 당 태종 시기 복왕태濮王泰 등이 편찬했다. 이후 당 무측천武則天(재위 690~705) 시기 장수절張守節이 사마천의 『사기史記』에 '정의正義'를 덧붙이면서 『괄지지』 부분을 인용했다. 장수절은 『괄지지』가 만들어진 뒤 오래지 않아 그 원본을 보고 '연산'에 관한 지명을 언급했을 가능성이 크다. 당시 '연산'이라는 지명은 유주 일대를 나타내는 말이었다.

송宋의 서긍徐兢이 작성한 『고려도경高麗圖經』에는 고려의 수도는 "연산도燕山道에서 육로로 요하를 건너 동쪽 3,790리다"라고 되어 있다. 연산도는 현재 북경 이동以東에서 요하 이서以西에 이르는 구역이다.

이를 바탕으로 고간과 이근행의 행군명을 다시 보면 고간의 동주도는 요동 지역, 이근행의 연산도는 요서 지역을 가리키고 있음을 알수 있다. 670년 4월 당은 요동과 요서 지역으로 병력을 파견하기 위해 행군을 편성한 것이다. 하지만 이들의 활동은 이듬해가 되어야 확인이 가능하다.

671년 7월, 고간은 요동의 안시성에서 고구려 부흥 세력을 격파했다. 이 무렵 요동에서 광범위하게 고구려 부흥운동이 발생했음을 짐작케 하는 대목이다. 안시성은 668년 고구려 멸망 후 안동도호부 산하로 편제되었는데 671년 7월 이전 어느 시점에 당에 반기를 들고 고구려 부흥운동을 전개한 것으로 보인다. 안시성의 이반 시점을 명확히 알 수는 없다. 다만 670년 3월 신라의 요동 선제공격과 4월 검모잠의 부흥운동에 영향받았음을 부인하기 어렵다. 아마 670년 하반기 무렵 당에 이반했을 가능성이 크다.

고간과 이근행의 행군은 동시에 편성되었다. 그런데 안시성의 고구려 부흥 세력 진압에 등장한 장수는 고간뿐이다. 『삼국사기』에는 671년 9월 고간 등 4만 명이 평양에 도착했다고 되어 있다. 672년 7월 조에는 671년 9월과 비슷한 기록이 확인된다. 고간이 1만 명, 이근행이 3만 명을 거느리고 평양에 도착해 8영營을 세워 주둔했다고 되어 있다. 이에 따라 671년과 672년 기록이 동일한 사건을 기록한 것이라 보는 견해도 있다.

하지만 동일한 기록을 671년과 672년 두 차례 기록했다고 보기는 어렵다. 특히 9월과 7월이라는 월별 차이도 발생하고 있기 때문이다. 고간의 행군은 안시성의 고구려 부흥 세력을 진압한 후 선발대로서

　　　　　　　　　　　1부 · 나당전쟁의 전개

671년 신라가 석성 전투에서 승리하면서 웅진도독부 영역을 장악하였다.

7장

신라 수군의
활동

당 조운선 습격

671년(문무왕 11년) 10월 6일, 신라는 당의 조운선漕運船 70여 척을 습격해 당의 낭장郎將 겸이대후鉗耳大侯와 병사 100여 명을 사로잡았다. 그 외에 익사한 자들이 셀 수 없이 많았다. 이 때 급찬級湌 당천當千의 전공이 가장 높아 사찬沙湌 직위를 받았다.

겨울 10월 6일에 당나라 조운선 70여 척을 쳐서 낭장 겸이대후와 병사 100여 명을 사로잡았으며, 이때 물에 빠져서 죽은 사람은 셀 수 없을 정도로 많았다. 급찬 당천의 공이 첫째였으므로 사찬 관등을 주었다.

조운선은 수송선이다. 당의 보급을 담당한 선박 70여 척이 신라에게 기습을 당한 것이다. 당의 조운선이 습격당한 장소는 명확히 특정할 수는 없지만 서해임은 분명하다. 70여 척 전체가 침몰했는지 또한 확인할 수 없으나 익사한 자들이 수없이 많았다는 점에서 70여 척 대부분이 피해를 입었을 것으로 보인다. 신라가 철저한 정보 수집을 바탕으로 사전에 매복하고 있다가 급습해야 가능한 일이다.

고대 항해는 항해술과 조선술의 한계로 인해 연안항해와 근해항해 범위를 크게 벗어나지 못했다. 그렇기 때문에 한반도 북부에서 남쪽으로 내려오는 길, 한반도 남부에서 북쪽으로 올라가는 길, 중국 산동반도에서 서해를 건너오는 길 등이 모두 경기만京畿灣 일대를 경유해야 했다. 경기만은 위쪽으로 황해도와 남쪽으로 경기도에 걸쳐 있다. 경기만은 모든 뱃길이 상호교차하면서 반드시 거쳐가야 하는 해양교통의 결절점이었다.

경기만은 지형적으로 매우 좋은 조건을 갖추고 있다. 예성강, 임진강, 한강이 하계망을 구성하면서 서해 중부로 흘러들어 경기만을 구성한다. 따라서 이곳을 장악하면 중부 해상권 장악은 물론 하계망과 내륙수로를 통해 예성강 유역, 임진강 유역, 한강 유역, 옹진반도, 장산곶 등 내륙 통합의 계기를 마련할 수 있다. 이렇게 볼 때 당 수군은 대동강 하구와 경기만 북부 일대에서 활동했을 것으로 추정된다.

나당전쟁 시기에는 이미 고구려가 멸망하고 없는 상태이므로, 당의 수군은 산동반도에서 요동반도를 거쳐 한반도 서해안을 따라 남하했을 것이다. 이 과정에서 신라가 당의 조운선을 급습해 큰 타격을 입힌 것이다.

서해의 해양 환경

선박 항해에 영향을 주는 해양 환경은 기상 조건과 해상 조건으로 구별된다. 기상은 바람·태풍·안개 등이며, 해상 조건은 해류·조류·파랑·수심 등이다. 여러 요인 가운데 선박의 항해와 직접적으로 관계있는 것은 바람·태풍·해류·조류다. 선원이 해안의 모든 지형지물을 숙지하고 있더라도 한반도 서해안의 경우 연안항해가 중국과 한국을 가로지르는 원양항해보다 더 어렵다고 할 수 있다.

서해 연안에서 선박의 항해에 미치는 해류·조류의 영향을 보면, 원양에서는 해류가 거의 무시해도 좋을 만큼 작다. 반면 연안에서는 조류가 무척 큰 편이다. 조류는 아침저녁으로 해수면의 오르내림에 동반되어 일어나는 바닷물의 수평방향 운동을 의미한다. 하루 2회 왕복, 즉 4회 방향 전환을 하는 바닷물의 흐름이다. 이러한 조류는 이동 범위가 좁은 편이다. 하지만 실제 해류에 조류가 겹쳐서 이동하므로 대단히 복잡하다. 곶, 해협, 좁은 내해 등에서는 유속流速이 극히 빠르다.

당군이 활동하던 대동강 하구와 경기만 북부 일대는 중국을 포함한 서해에서 조류가 가장 빠른 곳이다. 1907년 일본 해군성 수로부에서 제작한 『조선수로지朝鮮水路誌』에는 대청도와 소청도 사이는 조류 속도가 3노트인 반면 장산곶 부근은 5~7노트로 2배 정도 빠르다고 되어 있다. 1노트는 한 시간에 1해리, 곧 1,852미터를 이동하는 속도다. 그러니 장산곶 부근의 조류 속도는 시속 9~13킬로미터라는 말이다. 우리나라 서해는 조류가 빠를 뿐 아니라 조차潮差(밀물과 썰물 평양으로 먼저 이동한 것 같다. 이근행의 행군은 안시성 주변과 요동 일대 잔존 세력 진압을 마무리 지은 후 평양으로 이동했을 가능성이 크다.

672년 7월 이후 요동에서 고구려 부흥 세력의 움직임은 전혀 포착되지 않는다. 또 672년 7월 당군이 '일시─時'에 평양에 이르렀다고 되어 있으니, 고간과 이근행의 행군 전원이 평양에 도착해 주둔한 시점은 672년 7월로 보는 것이 합리적이다. 그렇다면 671년 9월은 당군 선발대가 평양에 도착한 시점으로 보아야 할 것이다.

때 수위 차)도 커서 세계 3대 조차 지역에 속한다.

671년 당시 신라에 투입된 당의 주력 전선은 누선樓船이었다. 3층 구조로 이루어진 누선은 선체가 높고 크며 무기와 방호체계를 잘 갖추고 있었다. 노弩와 모矛를 사용할 수 있는 창窓이 있었고 외부에는 가죽을 씌워 화공에 대비했다. 또 발석차를 설치해 성루城壘 같았다고 한다. 하지만 선체가 높고 무거웠기 때문에 안정성과 기동성 면에서 문제가 있었다.

만약 큰 풍랑을 만나면 조종이 어려웠고 전복될 우려가 있었다. 당의 누선은 적과의 접전에서는 상당히 강했지만 풍랑이나 정박에는 취약한 면이 있었던 것이다. 또한 송宋 이전의 닻은 원주 모양이 아니었기에 물속에서 일정하게 지면을 붙잡아주지 못했고 종종 정박에 실패하기도 했다. 이러한 점을 정보 수집에 철저했던 신라가 모르고 있었을 리 없다.

당군이 활동 혹은 정박하고 있던 곳은 서해에서 조류가 가장 빠른 곳이었다. 또한 조수 간만의 차가 세계적으로 크고 해수와 담수가 섞여 물길이 아주 복잡한 곳이다. 따라서 현지 상황을 제대로 파악하지 않으면 항해가 쉽지 않았다. 신라는 이 점을 파고 들었던 것이다.

신라의 정보 수집과 대응

『삼국사기』「답설인귀서」에 신라의 해양 정보 수집과 관련된 내용이 전한다.

건봉乾封 2년(667년) …… 신라 병마兵馬만이 홀로 (고구려 땅에) 들어갈
수 없었으므로 먼저 세작細作을 세 번이나 보내고 배를 계속해서 띄워 대
군大軍의 동정을 살펴보게 하였습니다. 세작이 돌아와 모두 말하기를 "대
군이 아직 평양에 도착하지 않았다"라고 하였으므로, 우선 고구려 칠중
성을 쳐서 길을 뚫고 대군이 도착하기를 기다리고자 하였습니다.

667년 나당연합군의 고구려 공격 당시 신라는 당군의 움직임을
확인하기 위해 세작(간첩)을 3회나 보냈고 그렇게 획득한 정보를 바
탕으로 새로운 전략을 채택하는 신중함을 보였다. 국가의 존망이 달
린 전쟁을 지속하던 삼국시대부터 첩보 활동이 성행했음을 감안할
때 나당전쟁기 신라의 첩보 활동이나 정보 수집 능력은 상당한 수준
에 이르렀을 것으로 보인다. 또한 신라는 장기간 나당연합 경험을 통
해 당 수군의 장단점을 상세히 파악하고 있었다. 당시 신라 국경 일
대를 맴돌던 당 수군의 움직임도 예의 주시하고 있었음에 분명하다.
나당전쟁이 시작된 후 신라는 671년 1월 당군이 와서 백제를 구
하려 한다는 말을 듣고 대아찬 진공 등을 보내 옹포로 나아가 수비
케 했으며, 같은 해 10월에는 당의 조운선 70여 척을 공격해 큰 전과
를 올렸다. 그리고 673년 9월에는 당군이 북쪽 변경을 침입하기 전
에 이미 대아찬 철천 등을 보내 병선 100척을 이끌고 서해를 지키게
했다. 아울러 675년 2월 이후에는 당군이 거란·말갈군과 함께 쳐들
어온다는 말을 듣고 9군軍을 출동시켜 이에 대비케 했다. 이런 맥락

에서 신라는 나당전쟁기 당 수군의 움직임에 대비해 준비를 갖추고 있었다고 보아야 할 것이다.

　고려인은 바다 밖에서 나고 자라 활동하는 것이 큰 파도와 더불어 있게 되니, 진실로 주즙舟楫을 앞세우는 것이 마땅하다. 지금 그 제도를 살펴보니 간략하여 아주 정교하지 않은데, 그 간소함은 물을 편하게 생각하고 익숙해서이다.

　『고려도경』에는 해양에 대한 우리 인식 수준을 엿볼 수 있는 대목이 기록되어 있다. 『고려도경』은 송의 사신 서긍이 1123년에 고려를 방문해서 보고 들은 것을 기록한 것이다. 『고려도경』의 내용을 통해 고려인이 선박에 아주 능했음을 알 수 있다. 물론 이는 나당전쟁기에 비해 한참 후대의 기록이지만, 선대 신라인도 선박에 관한 사항이나 항해 그리고 바다환경 관련 지식이 상당했으리라 짐작하는 것은 상당히 타당해 보인다.

　670년대 초반 신라의 당 조운선 습격은 나당전쟁의 전개 과정에 적지 않은 영향을 미쳤다. 670~671년 사이 당의 고간·이근행의 행군은 한반도에서 별다른 군사 활동을 하지 않았다. 당 육군은 672년 8월 이후에야 황해도 일대에서 본격적인 전투를 벌였다. 또 673년 9월 이전까지는 당 수군의 활동이 감지되지 않는다. 이런 점에서 볼 때 670년대 신라의 당 수군 공격은 나당전쟁 초기 신라의 제해권 장악에 큰 역할을 했다고 할 수 있다.

8장

당군의 남하와
석문 전투

당군의 공격 재개

671년(문무왕 11년) 9월 당군 선발대가 평양에 도착해 방어진지를 구축한 후 대방帶方 지역을 공격했다. 672년 8월에는 당군 본대가 도착했다. 672년 7월 평양에 주둔한 당군 4만 명은 8개 진영陣營을 세우고 주둔지 방어를 강화하면서 전열을 정비했다. 당군은 한 달 정도 준비 기간을 거쳐 8월부터 본격적인 공격에 나섰다. 먼저 한시성韓始城과 마읍성馬邑城을 공략했다. 고간·이근행이 이끄는 당군이 본격적으로 남하해 평안도와 황해도 일대를 공격하기 시작한 것이다.

8월에 (당나라 군사가) 한시성과 마읍성을 공격하여 이겼다. 군사를 전진시켜 백수성白水城에서 500보쯤 되는 곳에 군영을 만들었다. 우리 군사와

고구려 군사가 (당나라 군사와) 맞서 싸워 수천 명의 목을 베었다. 고간 등
이 물러나자 추격하여 석문에 이르러 싸웠는데, 우리 군사가 패하여 대아
찬 효천, 사찬 의문과 산세, 아찬 능신能申과 두선豆善, 일길찬一吉湌 안나
함安那含과 양신良臣 등이 죽임을 당하였다.

671년 당군이 평양에 방어진지를 구축했다는 것은 그들에게 위협
적인 존재가 근처에 있었음을 말해준다. 대방을 공격했다는 것은 반
대로 대방에 당군의 적대 세력이 지키고 있었음을 알려준다. 672년
당군이 한시성과 마읍성을 공략한 것 또한 한시성과 마읍성이 당군
의 적대 세력에 의해 장악되어 있었음을 전제로 한다. 다시 말해 대
동강 일대를 당군의 적대 세력이 이미 장악하고 있었다는 것이다. 당
군의 적대 세력이 명기되어 있지는 않지만 이들이 고구려 부흥 세력
내지는 신라군이었음에 틀림없다.

한시성은 평양성 서쪽에 위치한 적두산성赤頭山城으로 추정된다.
평양성을 기준으로 서쪽에는 보통강을 건너 적두산성이 위치하고,
동쪽에는 합장강을 건너 대성산성大城山城이 위치한다. 이 두 성이 고
구려 수도 평양성을 좌우에서 방어했다. 적두산성은 보통강 수로와
대동강 수로가 합수하는 지점에 위치해 이 일대를 오가는 선박과 인
력을 통제할 수 있다.

마읍성은 평양에서 서남쪽으로 60리 떨어져 있고 대동강 북안에
서 교두보 역할을 할 수 있는 서학산棲鶴山 일대로 추정된다. 현재 남
포시 천리마 구역에 위치한다. 이곳은 수륙 교통의 결절지로 대동강
북안 서학산과 남안 정이산鼎耳山 자락으로 인해 수로가 좁아지는 교

통상 병목 지역이다. 또한 고구려 수도인 평양성, 서쪽 거점성인 황룡산성, 남쪽 거점성인 황주성 사이에 위치해 병력과 물자를 집결시키기 용이한 곳이다.

672년 8월 평양에 주둔하던 당군은 서쪽으로 보통강을 건너 한시성을 공격하고 대동강 북안을 따라 서남쪽으로 남하해 마읍성을 점령했다. 대동강 수로의 요충지인 마읍성을 점령한 후 이곳에서 대동강을 도하해 남진을 시작했다.

당군의 남하와 석문 전투

당군은 대동강을 건너 황해도로 진입해 백수성 500보 앞에 진영을 편성했다. 백수성은 대체로 황해도 재령 일대로 비정되며 재령평야 끝자락에 위치한 교통 요충지였다. 재령은 곧 한성漢城으로 고구려 부흥 세력의 근거지였다. 당군이 백수성 인근에 이르자 신라군은 고구려 부흥 세력과 함께 공격에 나서 당군 수천 명을 죽이고 당군을 물리쳤다.

신라군은 퇴각하는 당군을 쫓아 석문에 이르렀다. 석문은 황해도 서흥으로 비정되는데, 이 석문 들판에서 신라군은 역습해 온 당군에게 크게 패하고 만다. 대아찬 효천, 사찬 의문·산세, 아찬 능신·두선, 일길찬 안나함·양신 등 장수 7명이 전사했다.

신라 중앙군이 대거 참여한 석문 전투에서 신라군이 패배하자 신라 조정은 상당히 곤혹스러웠다. 672년 8월에 발생한 석문 전투는 신라가 장창당長槍幢을 비롯한 중앙의 여러 부대를 대거 투입한 전투였고 규모를 갖춘 나당 간의 정면 승부였다. 『삼국사기』 김유신 열전에는 다음과 같이 전한다.

당군이 말갈과 함께 석문의 들에 주둔하니 왕이 장군 의복·춘장 등을 보내 방어케 하였는데, (이들은) 대방의 들에 군영을 설치하였다. 이때 장창당만이 따로 주둔하다가 당군 3천여 명을 만나 그들을 잡아 대장군의 진영으로 보냈다. 이에 여러 당幢에서 함께 말하기를 "장창당이 홀로 진을 쳤다가 성공하였으니 반드시 후한 상을 얻을 것이다. 우리가 모여 있는 것은 한갓 수고로울 뿐이다"라고 하면서 드디어 각각 자기 군대를 갈라 분산하였다. 당군이 말갈과 함께 (우리 군사가) 미처 진을 치지 아니한 틈을 타서 공격하니 우리 군사가 크게 패하여 장군 효천·의문 등이 죽었다.

백수성 인근 전투에서 승리한 신라군은 당군을 추격했고 당군은 석문 들에 주둔했다. 그런데 진영을 달리하고 있던 장창당이 당군 3,000명을 포로로 잡자 다른 부대가 장창당의 그 공을 시기해서 진영을 분산했다. 그 틈을 타 당군과 말갈병이 공격함에 따라 신라군은 대패하기에 이르렀다. 즉 석문 전투의 일차적인 패배 원인은 당군과 말갈병의 파상 공격에 따른 외부요인이 아니라 신라군 내부의 공명심에서 비롯된 것이었다.

신라군은 말갈병을 비롯한 당군과의 접전에서 결코 약하지 않았다. 신라군은 야전, 즉 평지전에서 강한 면모를 보였다. 비록 석문 전투에서 신라군이 막대한 전력 손실을 입고 전략과 전술이 변화된 것은 사실이지만, 이를 가지고 신라군이 당군과 정규전 혹은 정면 전투를 벌이면 이길 수 없었다고 단정해서는 곤란하다.

석문 전투에서는 대아찬을 비롯한 신라의 진골귀족 상당수가 참전했다가 당군에게 참패를 당했다. 석문 전투를 지휘한 대표 장수는 의복·춘장이며 사망한 장수로는 대아찬 1명, 사찬 2명, 아찬 2명, 일길찬 2명 등이었다. 장창당 이외에는 투입된 부대를 확인하기 어렵지만 여러 당幢이 참전했음을 짐작할 수 있다. 석문 전투에 투입된 신라군은 신라의 정규군이라 할 수 있다.

672년 한시성·마읍성 전투와 백수성 인근 전투 그리고 석문 전투는 모두 황해도 일대에서 8월 한 달간 일어난 사건이다. 이는 672년 8월 이전 신라의 대규모 정규군이 황해도 지역에 미리 주둔하지 않고서는 시간상 설명하기 어려운 일정이다. 고구려 부흥 세력이나 당의 입장에서 신라 병력은 지원군이지만 신라 입장에서는 정규군을 파견한 군사 작전이라고 할 수 있다. 즉 신라가 황해도 일대에 늦어도 672년에는 대규모 정규군을 파병·주둔시켜 당군의 남하에 대비한 사실을 알 수 있다.

신라는 고구려 멸망 시 전진기지던 한성(재령)에서 고구려 부흥 세력과 연계를 시도했고 고구려 부흥 세력을 지원해 당군의 남하를 저지하는 것에 활용하고자 했다. 이는 표면적으로는 고구려 부흥 세력을 지원해 당군의 남하를 저지하고자 한 것으로 받아들일 수도 있다. 하지만 본질적으로 고구려 부흥 세력을 지원한 것도 결국 신라가 황해도 지역을 장악하기 위한 일환에 불과했을지 모른다.

고구려 부흥 세력의 역량이 부족할 경우 신라가 전면에 나서 당군과 싸울 수밖에 없었다. 실제 석문 전투에서 당군과 전면전을 벌여 패배한 이후 신라가 황급히 당에 사죄사를 파견하는 한편 군사 전략을 방어 중심으로 전환한 것도 석문 전투에 그만큼 기대를 많이 걸었기 때문일 것이다.

결국 신라가 고구려 부흥 세력을 지원한 것도, 석문 전투에 대규모 병력을 투입한 것도 대동강 이남 영토를 확보하기 위한 과정에서 발생했다고 할 수 있다. 하지만 석문 전투 패배로 신라군의 황해도 장악 계획은 좌절되고 말았다.

석문 전투의 패배와 고구려 부흥운동

문무왕은 석문 전투에서 신라군이 대패하자 김유신에게 대비책을 물었다. 김유신은 "당나라 사람들의 모계謀計를 헤아릴 수 없사오니 장졸로 하여금 각기 요해처要害處를 지키게 해야겠습니다"라고 답했다. 신라의 전략은 석문 전투 이전까지 공세적이었다. 하지만 석문 전투 이후 주요 요충지를 수비하는 방어 전략으로 전환되었다.

석문 전투에서 패배한 신라는 다음 달인 672년 9월 억류 중이던 당군을 송환하며 사죄사를 파견했다. 당을 향해 저자세로 소극적인 모습을 보인 것이다. 이와 더불어 신라는 석문 전투 패배 이후 한산주에 주장성을 완성하고, 673년 2월에는 서형산성을 증축하고, 9월에는 국원성·북형산성·소문성·이산성·주양성·주잠성·만흥사산성·골쟁현성 등을 쌓았다. 신라 전역에서 대대적인 축성 작업을 단행한 것이다.

　석문 전투 이후 신라·고구려 부흥 세력은 예성강·임진강·한강 유역에서 당과 치열한 공방전을 벌였다. 672년 겨울 고간은 횡수橫水에서 신라군을 물리쳤고, 673년 윤5월 이근행은 호로하瓠瀘河(임진강) 서쪽에서 고구려 부흥 세력을 격파했다. 호로하 전투에서 고구려 부흥 세력 수천 명이 당군의 포로가 되었으며 나머지 무리는 신라로 흘러들어갔다. 673년 호로하 전투 이전에는 고구려 부흥 세력과 신라군이 협조해서 함께 당군에 맞섰다. 하지만 이제 고구려 부흥 세력이 거의 소멸되어 신라군은 단독으로 당군과 싸워야 했다.

　673년 9월 당군이 말갈·거란과 함께 신라 북변北邊을 공격했다. 신라는 아홉 번의 전투를 치르며 당군 2,000여 명을 처단했다. 당시 호로하·왕봉하王逢河(한강)에 빠져 죽은 당군은 셀 수 없이 많았다고 전한다. 673년 겨울에는 당군이 우잠성(황해도 금천), 대양성(강원도 금강), 동자성(경기도 김포)을 공격해 함락시켰다. 이후 당군이 더 남하하지 못하면서 전장은 교착상태에 빠지게 되었다. 671년부터 시작된 당군의 한반도 진격은 673년을 고비로 일단락되었고 이 시기에 고구려 부흥운동도 막을 내렸다.

672년 신라는 석문 전투에서 패배하면서 위기에 처했다.

9장

신라의
총체적 위기

사죄사 파견

672년(문무왕 12년) 8월 석문 전투 패배는 신라 사회를 뒤흔들어 놓았다. 석문 전투가 끝난 다음 달인 9월에 신라는 당에 사죄사를 파견했다.

왕이 앞서 백제가 당나라에 가서 하소연하고 군사를 요청해 우리를 공격했을 때, 일의 형세가 급하게 되어 황제에게 사실을 아뢰지 못하고 군사를 일으켜 그들을 쳤다. 이 때문에 당나라 조정에 죄를 얻게 되었다. 마침내 급찬 원천原川과 나마奈麻 변산邊山, 붙잡아 머물게 하였던 (당나라) 병선兵船 낭장 겸이대후, 내주萊州 사마 왕예王藝, 본열주本烈州 장사長史 왕익王益, 웅진도독부 사마 예군禰軍, 증산曾山 사마 법총法聰, 그리고 군사

170명을 보냈다.

신라는 사죄사로 급찬 원천과 나마 변산을 보내는 동시에 억류하고 있던 병선 낭장 겸이대후, 내주 사마 왕예, 본열주 장사 왕익, 웅진도독부 사마 예군, 증산 사마 법총 그리고 당군 포로 170명을 보냈다. 그간 포로로 잡아둔 당의 관리와 병사들까지 모두 송환한 것이다.

이뿐이 아니었다. 표문表文을 올려 죄의 용서를 빌었다. 표문의 서두는 "아무개는 머리를 조아리고 또 조아리며 죽을 죄를 지었고 또 지었습니다"라고 되어 있다. 아울러 은 3만 3,500푼, 구리 3만 3,000푼, 침針 400개, 우황牛黃 120푼, 금 120푼, 40승포升布 6필, 30승포升布 60필을 바쳤다. 그야말로 굴욕적이었다.

신라는 669년 4월 무렵 옛 백제 영토 일부를 점령하고 난 후 당에 사죄사를 파견한 적이 있다. 그리고 672년 8월 석문 전투에서 대패한 후 다시 당에 사죄사를 파견했다. 또 『구당서』 권220 신라전에 따르면, 675년 매소성買肖城 전투를 전후해 당군이 승리하자 신라가 사죄사를 파견했다고 기록되어 있다. 이렇듯 신라는 당과의 전황이 불리해질 때마다 사죄사를 파견해 당과의 긴장관계를 완화시키고자 했다.

전쟁 중 당이 신라의 사죄사를 받아들인 이유는 명확하지 않다. 신라에서는 견당사遣唐使로 파견된 후 출세가 보장되는 경우가 많았기 때문에 위험을 무릅쓰고 당으로 건너가는 사례가 종종 있었다. 나아가 이는 당 내부의 실상과 허실을 파악하는 통로가 되기도 했다. 당의 입장에서도 제한적이기는 하지만 정보를 수집하고 불리한 여론을 달래려는 명분 쌓기 내지는 전열 정비를 위한 시간 벌기 차원에서 신라의 사죄사를 받아들였을 가능성이 있다.

나당전쟁기 신라는 수시로 사죄사를 파견하며 당을 향해 자세를 낮추었다. 이러한 신라의 태도를 외교적 굴욕이라고 볼 수도 있다. 하지만 신라는 669년 사죄사 파견 후 오골성 공격을 준비했고, 672년 사죄사 파견 후 전국의 축성 작업을 단행했다. 675년 사죄사 파견 후에는 임진강 일대에서 당군의 공세를 성공적으로 방어했다. 신라의 사죄사 파견과 방어 준비는 신라의 상황에 맞게 적절하게 구사되었다.

신라가 사죄사를 파견하고 대량의 조공품을 당에 바친 이유는 당군의 공세를 완화하려 한 조치였다고 평가된다. 이후 673년 9월까지 1년여 동안 당군은 신라를 제대로 공격하지 않았다. 신라 문무왕이 사죄사를 파견함으로써 당의 공격을 늦추는 성과를 거두었다고 볼 수도 있다.

김유신 사망

『삼국사기』에는 672년 "이 해에 곡식이 귀하고 기근饑饉이 있었다"라고 기록되어 있다. 당군과의 전투에서 패하고 사죄사와 함께 다량의 물자를 헌납한 상황에서 신라 내 식량 사정마저 어려움에 처했다. 673년 1월에는 큰 별이 황룡사와 재성在城 중간에 떨어졌다. 황룡사는 수도 경주를 대표하는 사찰이며 재성은 궁성인 월성月城을 의미한다. 예로부터 별이나 혜성의 등장은 부정적 의미를 상징하곤 했다. 6월에는 대궁大宮 뜰에 나타난 호랑이를 잡아 죽였다. 불길한 기운이 신라 전반으로 확산되던 중 결정적인 사건이 발생했다.

7월 1일 김유신이 사망한 것이다. 김유신은 사제私第의 정침正寢에서 사망했는데, 향년 79세였다고 전한다. 문무왕이 부음을 듣고 크게 슬퍼하며 부의賻儀로 채백綵帛 1,000필과 조租 2,000석을 주어 장례에 쓰게 했다. 더불어 군악軍樂 고취수鼓吹手 100명을 보냈다고 전한다.

김유신을 금산원金山原에 장사 지내게 하고 유사有司에 명하기를 비碑를 세워 김유신의 공명功名을 기록하라 했다. 또 민호民戶를 지정해 묘소墓所를 지키게 했다고 한다. 김유신 묘는 왕릉과 마찬가지로 면석과 탱석을 사용한 호석護石 구조를 취했고 회랑을 따라 난간석을 둘렀다. 호석에는 십이지신상十二支神像이 부조되어 있는 김유신 묘는 전형적인 신라 왕릉 형식을 갖추고 있다. 제42대 흥덕왕興德王(재위 826~836) 때 김유신은 흥무대왕興武大王으로 추존되었다.

잠시 시간을 거슬러, 660년 나당연합군의 백제 공격이 시작되던 때로 다시 가보자. 당군 13만 명은 금강 하구 기벌포로 진입하고 신라군 5만 명은 탄현을 지나 황산벌로 나아갔다. 김유신은 황산벌에서 계백을 물리친 후 당군 진영으로 이동했다. 김유신과 신라군 장수가 도착하자 당군의 분위기가 싸늘했다. 김유신은 진영 안으로 들어가지도 못한 채 군문軍門 앞에서 소정방과 마주쳤다. 소정방은 신라군이 약속한 날짜를 어겼으니 신라 독군 김문영의 목을 베겠다고 했다. 김유신은 여러 군사들을 바라보며 소리쳤다. "대장군[소정방]이 황산에서의 싸움은 보지도 않고 단지 기일에 늦은 것만 죄로 삼으려 하니, 나는 죄 없이 욕됨을 받을 수 없소이다. 반드시 먼저 당나라 군사와 싸움을 결단한 후에 백제를 쳐부수겠소!"

김유신이 군문에서 부월斧鉞(도끼)을 부여잡자 그의 성난 머리털이 꼿꼿이 서고 허리에 찬 보검은 저절로 칼집에서 튀어나왔다고 한다. 부월은 문무왕이 김유신에게 하사한 것, 다시 말해 국왕에게서 권한을 위임받았다는 증거다. 이로써 전장에 나아간 장수는 국왕의 명령을 거치지 않고 직접 신상필벌을 할 수 있으며 경우에 따라 교전할 수 있는 권한이 주어졌다. 보검이 튀어나왔다는 것은 김유신과 주변 장수들이 칼 손잡이를 잡으며 전투 태세를 갖춘 상황을 묘사한 것으로 보인다.

소정방의 우장군이던 동보량董寶亮이 소정방에게 속삭였다. "신라 군사들이 장차 변심할 것 같습니다." 결국 소정방은 어쩔 수 없이 김문영의 죄를 없던 것으로 했다. 이러한 내용이 실제 대화 내용이었는지는 알 수 없다. 다만 백제 공격 과정에서 신라와 당 사이에 알력이 있었던 것은 분명하다. 김유신은 부당한 처우에 반발했고 부하를 살리기 위해 연합국과의 전쟁도 불사하겠다는 결연한 의지를 보였다. 이를 본 김문영과 신라 장수들은 김유신을 향한 충성을 가슴 깊이 새겼음에 분명하다.

유능한 장수는 불리한 전황을 바꾸고 약한 전력으로도 전쟁을 승리로 이끌 수 있다. 김유신은 유능한 장수였다. 솔선수범으로 병사의 사기를 진작시키고 부하들에게 신뢰를 내보여 어려운 작전에서 성공을 거두고, 부하를 살리려는 강한 의지를 드러냄으로써 충성을 유도했다. 김유신이라는 지도자의 존재는 신라를 지탱하는 힘이었다.

김유신은 신라에 귀순한 가야 왕족의 후손이었기에 신라 진골귀족에게서 적지 않은 시기와 견제를 받아왔다. 하지만 끊임없는 노력과 성찰을 통해 실력으로 승부했다. 진평왕, 선덕여왕, 진덕여왕, 태종무열왕, 문무왕까지 다섯 임금을 모셨고, 신라의 삼국통일에 결정적인 역할을 했다. 김유신은 왕족이 아님에도 흥무대왕으로 추존되는 유일한 신하가 되었다. 이러한 김유신이 세상을 떠난 것은 신라의 기둥 하나가 무너져 내린 것과도 같았다.

대토의 모반

673년 7월 김유신이 사망하자 신라 지도층에 균열이 발생했다. 김유신이 사망한 그 달에 아찬 대토大吐가 모반을 꾸몄다. 대토는 비밀리 당과 접촉해 당 측에 붙으려다가 발각되어 사형당했고 그의 처자식은 천민으로 편입되었다. 신라 내부의 불안과 당의 공작이 작용한 결과였다. 김유신 사망에 이은 귀족의 이반은 당시 급박했던 신라의 상황을 고스란히 내보인다.

신라 귀족 내부의 친당파 문제는 이때가 처음이 아니었다. 660년 백제가 멸망하고 웅진도독부가 들어섰으며 668년 고구려가 멸망하고 안동도호부가 들어섰다. 이러한 과정에 당은 지속적으로 신라 귀족을 회유해 포섭하려 했다. 「답설인귀서」는 고구려 멸망 이후 한산주도독漢山州都督 박도유朴都儒가 당과 모의해 모반을 계획하다가 처형당한 일을 전하고 있다.

박도유는 668년 고구려 원정 당시 군관軍官·용장龍長과 함께 한성주행군총관漢城州行軍摠管으로 임명되었다. 이후 김인문·천존과 함께 일선주一善州 등 7군郡과 한성주漢城州 병력을 거느리고 당의 군영으로 향했다. 한산주 병력을 거느린 점에서 볼 때 박도유는 한산주도독이었을 가능성이 높다. 그는 주州의 장관인 도독으로 광역행정구역인 주 전체의 병마권兵馬權을 장악했다고 볼 수 있다.

박도유가 한산주도독으로 임명된 시기는 정확히 알 수 없다. 하지만 665년 취리산 회맹 결과 혼인 결속의 이행 과정에서 웅진도독부의 백제 여인과 혼인하면서 한산주도독이 되었을 가능성이 있다. 박도유의 반신라 행위는 정치적으로 매우 중요한 사건이었다. 취리산 회맹의 결과로 진행된 혼인 결속 중 신라 측 당사자인 박도유가 웅진도독부의 회유로 신라를 배반한 것이다.

주살誅殺 당시 박도유의 직책은 한성도독이었다. 한성은 고구려 원정을 위한 전진기지였기 때문에 군사적 문제가 가장 중요하게 작용했음을 알 수 있다. 668년은 신라와 당이 고구려 원정을 실행한 시점으로, 신라군의 편성과 운용 과정에서 박도유가 불순한 행동을 한 것으로 추정된다. 박도유는 고구려 멸망 이후 신라는 당의 영향에서 벗어날 수 없을 것이라 판단하고 당에 협조했을 지도 모른다.

668년 박도유 반란 사건 이후 5년 만인 673년에 대토의 반란 사건이 일어났다. 두 사건의 배후에는 모두 당이 개입되어 있었다. 대토

의 반란 사건은 672년 8월 석문 전투 패배와 이후 행해진 대대적인
축성 작업, 그리고 673년 7월 김유신의 사망 등으로 신라 내부 민심
이 크게 동요하고 있었음을 반영한다.

김유신金庾信(595~673). 삼국통일의 주역으로
나당전쟁이 한창이던 673년에 사망하였다.

10장

신라의
방어 체계 강화

신라의 대규모 축성

672년 석문 전투 패배 이후 문무왕과 김유신이 나눈 대화에는 그들의 절박한 심정이 묻어난다.

> 대왕이 이 소식을 듣고 유신에게 '군사의 실패가 이러하니 어쩌면 좋은가'라고 물었다. 유신이 답하기를 '당인唐人의 모계를 헤아릴 수 없으니, 장졸로 하여금 각기 요해처를 지키게 해야겠습니다'라고 하였다.

673년(문무왕 13년) 2월 신라는 서형산성西兄山城을 증축했다. 서형산성은 수도 경주 서쪽에 위치한 성이다. 현재 경주시 서악동에 위치하며 둘레는 2.9킬로미터다. 서형산성에서 서쪽으로 가면 영천—

대구, 북쪽으로 가면 영천—의성으로 이어진다. 적이 수도로 남침해 온다면 지형상 주요 공격로는 경주의 서쪽이 될 수밖에 없다. 서형산 성은 건천과 남산 일대의 여러 성을 유기적으로 연결할 수 있는 위치다.

이듬해인 674년 8월 문무왕은 서형산 아래에서 대규모 열병식을 거행했다. 834년 9월 흥덕왕도 서형산 아래에서 대규모 열병식을 거행했다. 서형산 앞에는 '서악들'이라 불리는 넓은 들이 있어 대규모 열병식을 행하기에 적합하다. 서형산성은 군사적 상징성이 큰 전략 요충지였던 것이다.

673년 7월 1일 삼국통일의 주역 김유신이 사망하자 배신자가 나왔다. 아찬 대토가 모반해 당에 귀부하려 했으나 사전에 발각되어 대토는 사형당하고 처자식은 천민으로 편입되었다. 8월에 신라는 파진찬 천광天光이 중시로 임명된 것을 계기로 정치를 일신했다. 이후 전국에 대대적인 축성 작업이 진행되었다. 같은 달 사열산성沙熱山城을 증축했다.

9월에는 국원성國原城, 북형산성北兄山城, 소문성召文城, 이산성耳山城, 수약주首若州의 주양성走壤城, 달사군達舍郡의 주잠성主岑城, 거열주居列州의 만흥사산성萬興寺山城, 삽량주歃良州의 골쟁현성骨爭峴城을 쌓았다. 673년 2월부터 9월까지 증축되거나 신축된 성은 10곳이었다. 672년 8월에 축성된 주장성까지 포함한다면 11곳이다.

신라는 단기간에 대대적인 축성 작업을 진행했다. 각 성의 위치를 확인해보자. 주장성은 경기 광주, 서형산성은 경북 경주, 사열산성은 충북 제천, 국원성은 충북 충주, 북형산성은 경북 경주, 소문성은 경북 의성, 이산성은 경북 고령, 주양성은 강원 춘천, 주잠성은 강원 고성, 만흥사산성은 경남 거창, 골쟁현성은 경남 양산이다.

가장 먼저 축성된 주장성은 현재 남한산성이 위치한 곳이다. 남한산성 행궁지行宮地 발굴조사에서 대형 건물지와 기와가 나왔는데 672년에 축성된 주장성의 창고 건물로 추정되고 있다. 현재 남한산성은 외성外城과 옹성甕城을 제외한 원성의 둘레가 7,545미터로 이는 4,360보라는 수치에 어느 정도 부합한다. 신라가 쌓은 주장성이 현재 남한산성의 원형이 되었던 것이다.

대형 산성의 경우 축성 기간이 수년에서 길게는 수십 년까지 걸린다. 672년에 완성된 주장성은 나당전쟁이 개시되면서 축조되기 시작했을 가능성이 크다. 시기와 위치 그리고 규모를 감안하면 전방 지역의 거점성 기능을 할 수 있다. 673년 증축된 서형산성은 왕경 지역의 거점성으로 활용되었다.

신라의 방어 체계

석문 전투 이후 10여 곳에 축성이 이루어졌다. 신라 왕경의 외곽 방어망이 완성되고 지방 주요 요충지 방어도 강화되었다. 산성은 적군의 진군 시간을 지체시키는 최고의 수단이 될 수 있다. 전략적으로 점령해야 하는 산성을 그냥 지나칠 경우 보급과 퇴각의 위험이 높아진다. 그렇다고 일일이 전부 점령하면서 진군하기에는 많은 시간과 병력이 소모된다. 이런 맥락에서 신라는 기존 성곽 외에 새롭게 성을 쌓아 방어력을 향상시켰던 것이다.

신라는 신축 성곽과 기존 성곽을 연계해 방어선을 설정했다. 당시 신라에는 삼국시대에 축성된 수많은 성곽이 존재했기에 단순하게 방어선을 구분하기는 쉽지 않다. 경기 지역만 해도 350개가 넘는 성곽이 분포했고 이 가운데 230여 개가 삼국시대에 축성된 것으로 알려져 있다.

제1방어선은 당군과 경계를 이룬 임진강이었다. 칠중성(적성)이 가장 중요한 거점성 역할을 했다. 그 후방에 주장성(광주), 주양성(춘천), 주잠성(고성)이 축조되면서 제2방어선이 자연스럽게 형성되었다. 국원성(충주), 사열산성(제천), 만흥사산성(거창)이 축조되면서 소백산맥 일대 제3방어선이 강화되었다. 다시 소문성(의성), 이산성(고령), 골쟁현성(양산)이 축조되면서 경상도 내륙에 제4방어선이 형성되었다.

마지막으로 서형산성과 북형산성이 경주 외곽에 축조되면서 왕경 방어가 완비되었다. 경주는 동서남북에서 적이 진입할 수 있다. 월성 동쪽에는 명활산성, 서쪽에는 작성·부산성, 남쪽에는 남산토성·남산신성·고허성, 북쪽에는 구성·양동리성이 자리잡고 있다. 서쪽에 서형산성과 동쪽에 북형산성을 축조하면서 왕경 방어를 더욱 굳건히 했다. 이렇듯 신라는 5단계에 걸친 방어선을 편성해서 당군의 남하에 대비했다.

나당전쟁이 격화되고 당의 대규모 침공이 예상되는 시점에서 당군의 주요 침공로는 북쪽이 될 수밖에 없었다. 당군이 임진강을 돌파하면 한강 유역에서 막아야 한다. 당군이 한강 유역을 장악하면 충청도 지역을 거쳐 경상도로 남하하게 된다. 이 루트가 당군의 핵심 공격로라 할 수 있다. 이 방향으로 주장성, 주양성, 국원성, 사열산성, 소문성 등이 축성된 것이다. 만흥사산성과 이산성은 서쪽에서 접근하는 당군을 막아서는 거점이 될 수 있다. 골쟁현성은 해로를 통해 서남쪽에서 접근하는 당군을 저지하는 역할을 할 수 있다.

신라는 수도 경주를 중심으로 축차적으로 방어선을 설정하고 전방위적으로 방어를 강화했다. 신라는 석문 전투 이후 전략을 공격에서 방어로 전환했다. 수많은 성곽을 활용해 당군의 진군 속도를 늦추며 장기전에 대비한 것이다. 이는 곧 석문 전투의 후유증이 그만큼 컸음을 반증한다.

임진강·한강 유역 공방전

9월, 대아찬 철천이 병선 100척을 거느리고 서해를 지켰다. 철천이 어느 곳을 방어했는지는 알 수 없다. 다만 당군의 공격에 대한 정보가 입수되었음에 분명하다. 곧 당군이 말갈·거란 군사와 함께 북변을 침범해 왔다. 당시 신라와 당의 경계는 임진강이었기에, 당군은 신라의 임진강 방어선을 무너뜨리고자 했다.

당나라 군사가 말갈과 거란 군사와 함께 와서 북쪽의 변경을 침범하였는데, 무릇 아홉 번 싸워서 우리 군사가 이겨 2,000여 명을 목 베었다. 당나라 군사 중에서 호로와 왕봉 두 강에 빠져 죽은 사람이 셀 수 없을 정도로 많았다.

신라와 당이 총 9번 맞붙었고 신라가 결국 승리했다. 당군 2,000여 명이 죽었으며 당군 가운데 호로·왕봉 두 강에 빠져 죽은 자가 셀 수 없이 많았다. 호로하는 임진강, 왕봉하는 한강으로 비정된다. 임진강과 한강 하구 일대에서 접전이 벌어진 것이다. 익사한 경우가 많은 것으로 보아 수군 활동이 병행되었을 가능성이 크다. 여기에 미리 대비하고 있던 철천의 수군 부대가 동원되었을 것이다.

이해 겨울, 당군은 옛 고구려 지역의 우잠성牛岑城을 공격해 함락했다. 우잠성은 황해도 금천으로 비정된다. 거란·말갈 군사는 대양성大楊城과 동자성童子城를 공격해 함락했다. 대양성은 강원도 금강, 동자성은 경기도 김포로 비정된다. 이 역시 임진강과 한강 하구 일대에서 신라군과 당군이 치열한 전투를 벌였음을 말해준다.

신라는 이때 처음으로 외사정外司正을 두었는데, 주州에 2명, 군郡에 1명이었다. 외사정은 지방 행정 관리와 감찰을 위한 직위였다. 신라 본토에서 당과의 본격적인 대결이 벌어지기 시작하자 지방 관리를 강화하기 위함으로 여겨진다. 또 다시 수병戍兵(수비병)을 설치했다. 수병은 660년 백제를 멸망시킨 뒤 없었다가 이때 지방 방어를 강화하기 위해 다시 도입한 것이다.

673년 당군이 임진강·한강 일대를 광범위하게 공격해 온 것은 무위로 돌아갔다. 당군은 공세를 더는 지속할 수 없었다. 만일 이때 신라의 임진강 방어선이 붕괴되었다면 신라의 방어선은 한강으로 재조정되었을 것이다. 이제 신라는 한숨을 돌렸고, 당은 재정비할 필요가 있었다.

11장
나당 간
숨 고르기

당의 유인궤 임명

674년(문무왕 14년) 1월, 당은 유인궤를 계림도행군대총관으로 임명했다. 그리고 위위경衛尉卿 이필李弼과 우령군대장군 이근행으로 하여금 그를 보좌케 했다. 유인궤는 이미 대사헌大司憲과 우상右相에 임명되었던 인물이니, 당의 재상급 인사를 사령관으로 한 대규모 신라 원정군이 편성된 것이다.

왕이 고구려의 배반한 무리를 받아들이고 또한 백제의 옛 땅을 차지해 사람을 시켜 지키게 하자 당나라 고종이 크게 화를 내어 조서로 왕의 관작을 삭탈削奪하였다. 왕의 동생 우효위원외대장군右驍衛員外大將軍 임해군공臨海郡公 김인문이 당나라의 서울[京師]에 있었는데, (그를) 신라의 왕으로 세우고 귀국하게 하였다. 좌서자동중서문하삼품左庶子同中書門下三品 유인궤를 계림도대총관으로 삼고, 위위경 이필과 우령군대장군 이근행이 보좌하게 하여 군사를 일으켜 치게 하였다.

신라가 고구려 유민을 받아들이고 옛 백제 영토를 차지해서 당 황제가 크게 노했기 때문이라는 것이다. 당 고종은 문무왕의 관작官爵을 없애고 문무왕의 동생 김인문을 신라 국왕으로 삼아 귀국케 했다. 그런데 이 신라 원정군은 674년에는 아무런 활동을 보이지 않았다. 이들이 실제 한반도에 등장하는 것은 이듬해인 675년 2월의 일이다.

'행군대총관'은 여러 행군총관을 거느리게 된다. 보통 1개 행군이 수천 명에서 3만 명 정도로 편성된다. 표준 행군의 경우 2만 명이다. 행군대총관은 앞서 투입된 고간, 이근행, 설인귀 등의 행군총관을 총괄할 수 있는 자리다. 새로 편성된 원정군의 목표는 '계림鷄林' 정벌이었다. 유인궤는 이 신라 원정군 총사령관, 곧 행군대총관으로 임명되어 복수의 행군을 거느리고 신라 본토를 정벌하기 위해 나섰다.

유인궤가 674년 1월에 신라 원정을 위해 당의 수도 장안長安을 출발했다고 보는 견해가 있다. 유인궤의 신라 원정군은 요동에 주둔하면서 당 조정의 명령을 기다렸다는 것이다. 하지만 당군 수만 명이 요동에서 1년간 아무것도 하지 않으면서 대기한다는 것은 상정하기 어렵다. 수만 단위 병력을 동원한 상태에서 유지하는 것 자체가 비효율적인 일이다. 오히려 장거리 원정에다가 대규모 행군이었기 때문에 행군 편성과 준비에 상당한 시일이 소요되었다고 보는 것이 합리적이다.

『자치통감資治通鑑』상원원년上元元年 조에 따르면, 위위경 이필은 674년 9월에 연회 중 사망하고 만다. '폭졸暴卒'이라고 되어 있는데, 폭졸은 죽음의 원인이 의문스러울 때 사용하는 경우가 많다. 이필은 정쟁政爭 과정에서 암살된 것으로 보인다. 여하튼 이는 계림도행군 부장副將 역할을 수행하던 이필이 여전히 당의 수도에 머물고 있었다는 것으로 674년에는 당의 신라 원정군이 움직이지 않았음을 반증한다. 674년 1월 행군 편성 명령이 하달되자 상반기에는 원정 준비를 하고 하반기에 본격적으로 이동을 시작한 것으로 보인다.

안압지 조성과 열병식 거행

674년 2월, 신라는 기이한 행동을 한다. 궁궐 안에 연못을 파고 산을 만든 후 그곳에 화초를 심고 진기한 새와 짐승을 풀어놓았다. 바로 안압지雁鴨池다. 전쟁이 끝나지 않은 상황에서 신라가 여유를 부리고 있는 것처럼 보인다. 혹자는 자신감의 표현이라고도 한다. 한 달 전 당은 대규모 행군을 편성한 시점에 신라는 한가로이 연못이나 만들고 있는 것이다.

2월에 궁궐 안에 연못을 파고 산을 만들어 화초를 심고 진기한 새와 기이한 짐승을 길렀다.

안압지는 당과의 전쟁이 한창인 시기에 조성되었다. 전쟁 수행과 연못 조성은 상당히 모순된 것처럼 보인다. 하지만 안압지는 전쟁과 무관하지 않다. 안압지 조성은 용龍 신앙과 신선神仙 신앙이 반영된 호국 염원 사업이었다. 안압지 자체는 동해東海를 상징하고 연못 내 섬 세 개는 동해 가운데 있는 삼신산三神山을 표현한 것이다.

백제 무왕武王(재위 600~641)도 634년 3월 궁궐 남쪽에 못을 파고 삼신산의 하나인 방장선산方丈仙山을 상징하는 섬을 만들었다. 676년 2월 조성되기 시작한 부석사浮石寺 또한 문무왕의 호국 정신에 따라 창건된 사찰이다. 부석사는 호국 사찰로서 용 신앙적 요소가 사찰 조영에 깊이 반영되어 있다. 안압지와 부석사는 모두 당의 침략에 직면한 신라인의 염원이 담긴 조영물이었던 것이다. 674년 2월 안압지 조성은 전쟁과 모순된 상황이 아니라 큰 전쟁을 앞둔 신라에서 자연스럽게 나타난 결과였다.

8월, 신라는 경주 서형산西兄山에서 대대적으로 열병식을 거행했다. 열병식은 병사들의 전쟁 준비 상태를 확인하고 국왕의 군사통수권을 대내외에 드러내는 행사다. 신라는 여름까지 당과 별다른 전투가 없었다. 하지만 곧 대규모 전투가 벌어질 것이라는 위기감이 있었다.

9월에 신라는 의안법사義安法師를 대서성大書省으로 삼아 민심을 수습하고자 했다. 또 앞서 귀부한 안승을 보덕왕報德王으로 삼았다. 670년에 안승을 고구려 왕으로 봉했다가 이때 다시 보덕왕으로 삼은 것이다. 673년 이후 고구려 부흥 세력은 황해도에서 기반을 상실하고 신라에 의탁했다. 신라가 안승을 보덕왕으로 삼은 것은 상징적인 행위였다.

9월에도 열병식이 거행되었다. 문무왕은 영묘사靈廟寺 앞길에 직접 행차해 열병식과 아찬 설수진薛秀眞의 육진병법六陣兵法을 관람했다. 육진병법은 육화진법六花陣法으로 파악된다. 하나의 원진圓陣을 다섯 방진方陣이 꽃잎처럼 둘러싸고 있는 진법이다. 나당전쟁 이후 김유신의 후손 김암金巖이 농한기에 농민들에게 육진병법을 실시했다는 기록도 남아 있다. 신라는 당에 맞서기 위해 대규모 병력을 동원하여 조직적인 진법 훈련을 실시했던 것이다.

당의 서역로 회복

670년대 초반 토번은 천산남로天山南路와 청해青海 지역 등을 장악했다. 670년 안동도호로 있던 설인귀가 나사도행군대총관이 되어 토번 전선에 투입되었다. 하지만 7월 대비천 전투에서 크게 패하며 제명당했다. 반면 토번은 대비천 전투 승리 후 서역西域 지배권을 강화해 나갔다. 672년에는 토번이 토욕혼土谷渾 지역을 병합해 당과 직접 대치하기에 이르렀다.

하지만 서역에 대한 토번의 지배력은 그리 공고하지 못했다. 당은 다시 서역 탈환에 적극적으로 나섰다. 673년에서 675년 사이 서역은 다시 당의 영향권 아래로 들어왔다. 당은 실크로드로 이어지는 서역 일대를 포기할 수 없었기에 당의 서역 정책을 정면으로 위협하던 토번에 지속적으로 대응해나갔다.

서역 재탈환의 중심은 서역 동북부 지역이었다. 투르판Turpan 분지, 즉 이주伊州, 서주西州, 정주庭州였다. 이곳은 당의 서역 경영 전진기지였고 군사적으로 동일한 권역이었다. 특히 서주는 지리적 위치뿐 아니라 인구면에서도 중요한 위치를 차지했는데 하서河西 지역의 통치 중심인 양주凉州 다음으로 호구 수가 많았다.

670년대 토번이 세력을 확장한 주전장은 토욕혼이 위치한 청해 일대였다. 청해를 사이에 두고 당과 쟁탈전을 벌이느라 토번은 서역에 장기간 대규모 군대를 투입할 수 없었다. 당 또한 이 시기 서역에 대규모 주둔군을 유지하지 않았다. 서역 일대의 군사 행동은 주로 서주와 하서 지역 병력에 기반했기 때문이다. 당과 토번 쌍방 어느 쪽도 서역에 대한 절대우위를 점할 수 없었다. 서역을 장악하기 위해 당과 토번은 장기간 전투를 벌였다. 이것이 안서安西 4진鎭의 폐치廢置가 반복된 주된 이유였다.

670년 4월 안서 4진을 토번에게 빼앗기자 당은 전열을 가다듬었다. 7월 대비천 전투에 투입된 설인귀가 패하자 9월에 다시 강각姜恪을 투입했다. 설인귀 대신 토번 전선에 투입된 강각은 이듬해인 671년 시중侍中으로 임명되었다. 이는 그가 토번 전선에서 만족할 만한 성과를 거두었음을 의미한다. 대비천 전투 패배 후 제명된 설인귀와 대비되는 장면이다. 강각은 672년 2월에 사망했다. 『구당서舊唐書』에는 강각이 '하서진수河西鎭守'하다가 사망한 것으로 되어 있다. 당이 토번 전선에 지속적으로 병력을 유지시켜 왔음을 짐작할 수 있다.

한편 당은 홍려경鴻臚卿 소사업蕭嗣業을 서역에 투입했다. 홍려경은 홍려시鴻臚寺의 장관이다. 당 주변의 외국과 이민족 군장들은 빈번히 당에 사절을 파견했는데 이 사절과 관계된 업무를 홍려시가 담당했다. 서역은 당 본토에서 상당히 떨어져 있었고 주변의 돌궐이나 토번의 침입이 상존하는 곳이었다. 이런 이유로 당과 서역 여러 소국 간 이해관계가 상당히 복잡했다. 당은 서역을 경영하기 위해 단순히 무력으로만 밀어부친 게 아니라 홍려시를 통한 회유책도 병행했다. 당군과 홍려시의 노력으로 서역 일대의 세력 판도가 재편되기에 이르렀다.

673년 12월 궁월弓月과 소륵疏勒이 당에 입조해 항복 이후 당의 기미 지배를 수용했다. 이는 서역에서 토번 세력이 축소되었음을 의미한다. 674년 12월에는 우전于闐과 파사波斯가 입조했다. 『구당서』 소륵도독부 조에 따르면 상원중上元中에 소륵도독부를 두었다고 되어 있다. 상원 연간은 674년에서 676년 사이다. 670년 토번에게 함락된 안서 4진 중 소륵을 당이 회복했음을 알 수 있다.

675년 1월에는 우전에 비사도독부毗沙都督府가 다시 설치되었다. 당이 서역에서 토번 세력을 축출하고 지배력을 강화하기 위해 꾸준히 노력한 결과였다. 이렇듯 서역로 회복에 주력하던 당이 674년 1월에 유인궤를 계림도행군대총관에 임명한 것이다. 당은 서역도 한반도도 포기할 수 없었다.

당 고종高宗(628~683). 백제와 고구려 멸망 이후 신라까지 점령하고자 하였다.

12장

결전을 향해

칠중성 전투와 장안의 평화 사절

675년(문무왕 15년) 1월, 신라는 여러 관청에 구리로 만든 인장印章을 배부했다. 이는 중앙과 지방 행정의 체계화 과정으로 이해할 수 있다. 하지만 이 시기는 당과의 결전을 앞둔 전시 상황이었다. 이러한 상황에 비추어 볼 때 인장 수여는 또 다른 의미를 가질 수 있다. 즉 나당전쟁이라는 전시 체제에서 각 기관장의 사기를 고무시키고 국왕의 권한을 공식적으로 일부 위임하기 위해 인장을 배부했을 가능성이 크다. 전시 체제에서 각 기관장의 자율성을 어느 정도 보장하고 급변하는 상황에 보다 빠르고 효율적으로 대응하기 위한 조치였던 것이다.

2월에 유인궤가 칠중성七重城에서 우리 군사를 깨뜨렸다. 유인궤는 병사를 이끌고 돌아가고 조서로 이근행을 안동진무대사安東鎭撫大使로 삼아 경략經略하게 하였다. 왕이 사신을 보내 특산물을 바치고 또한 사죄하자 황제는 용서하고 왕의 관작을 회복시켰다.

2월, 드디어 유인궤의 신라 원정군이 한반도에 나타났다. 임진강 방어선의 군사 요충지 칠중성이 당군에게 무너졌다. 유인궤는 칠중성을 공격한 후 일부 군사를 거느리고 당으로 돌아갔다. 당은 유인궤 대신 이근행을 안동진무대사로 삼아 신라를 공격케 했다.

칠중성은 해발 149미터 중성산重城山에 위치하면서 임진강 일대의 광활한 평야 지대를 한눈에 감제할 수 있다. 칠중성 앞 임진강은 수심이 얕아 특별한 장비 없이 건널 수 있다. 지리적으로 칠중성은 동북쪽과 서북쪽으로 통하는 교통의 분기점이자 남진 통로의 합류점이며 한강 하류 지역으로 연결될 수 있는 전략적 요충지였다.

칠중성 전투 패배 이후 문무왕은 급히 당에 사신을 보냈다. 사죄사였다. 당 황제는 문무왕의 죄를 용서하고 앞서 삭탈했던 관작을 다시 회복시켜 주었다. 새롭게 신라 국왕으로 책봉되었던 김인문은 다시 당으로 돌아가 임해군공臨海君公에 봉해졌다. 이로써 신라와 당 사이에 화해 분위기가 조성되는 듯 보였다. 하지만 신라와 당 사이에 달라진 것은 아무것도 없었다. 신라는 옛 백제 영토에서 전혀 물러나지 않았고 오히려 북방 경계를 강화했다.

같은 시기 당에 토번의 사신이 도착했다. 『자치통감』에 따르면, 675년 1월 토번은 대신 론토혼미論吐渾彌를 당에 보내 화친을 청했다. 1월에 토번의 평화 사절이 장안을 방문한 직후 2월에 칠중성 전투가 벌어졌다. 그러므로 토번 전선이 안정되었기 때문에 당이 신라를 공격했다고 보는 견해도 있다. 신라 원정군이 요동에 장기간 대기하고 있다 장안에 평화 사절이 도착한 직후 칠중성을 공격했다는 것이다.

당이 토번의 평화 사절을 받아들였다면 어느 정도 맞는 이야기일 수 있다. 한데 당은 화친을 거부했다. 『구당서』에는 "토번이 그 대신 론토혼미를 보내 화친을 청했으나 허락하지 않았다不許"라고 되어 있다. 당 고종은 토번의 화친을 받아들이지 않고 불허했다. 이는 곧 토번에게 공세적 입장을 견지하겠다는 의미다.

670년대에 토번은 실크로드로 통하는 서역 일대를 장악하고 672년 당과의 완충지대인 토욕혼을 병합했다. 당은 토번을 향한 적대감을 누그러뜨리지 않았다. 앞서 언급했듯이 당은 675년 1월까지 토번에 지속적인 압력을 가해 서역로를 재탈환해 나갔다. 한편으로 674년 한 해 동안 신라 원정을 준비한 것이다.

674년에 당군이 한반도를 향한 뚜렷한 공격을 퍼부은 적이 없는 것은 사실이다. 그렇다고 해서 그 원인을 서역의 정황 때문이라고 단정 짓기는 곤란하다. 당은 670년 이후 토번과 신라 전선을 동시에 유지하고자 했다. 675년까지 당의 대외 군사 전략은 공세의 지속이었다.

유인궤와 이근행의 임무

　나당전쟁이 발발하자 당은 고간과 이근행을 투입했다. 670년 고간의 동주도행군과 이근행의 연산도행군이 편성되었다. 이들은 671년 안시성을 비롯한 요동 지역의 고구려 부흥운동을 진압하고 한반도로 남하했다. 671년에서 673년에 걸쳐 황해도와 임진강 일대에서 신라와 치열한 접전을 벌였다. 하지만 전선은 임진강 전선을 중심으로 고착되었다. 이를 타계하기 위해 당은 674년 유인궤를 계림도행군대총관으로 삼아 대규모 원정군을 편성했다.

　675년 당의 신라 원정군이 한반도에 도착하기 이전 상황을 살펴보자. 671년 당의 조운선 70여 척이 신라군에게 피해를 입었고 100여 명이 포로로 잡혔다. 672년 한시성·마읍성 전투 이후 백수성 전투에서 신라군에게 수천 명이 사살되었다. 673년 임진강과 한강 일대 전투에서 신라군에게 2,000여 명이 사살되었다. 구체적으로 확인되는 당군의 병력 피해만 헤아려도 최소 5,000명 이상, 많게는 1만 명 이상으로 볼 수도 있다.

　고간과 이근행이 이끌던 병력은 4만 명이었다. 이들이 한반도에 투입되어 병력 충원 없이 지속적으로 전투에 참가했다고 가정해보자. 기록에 나타난 직접적인 병력 손실 외에 부상, 질병, 탈영 등으로 인한 간접적인 손실도 상당히 컸을 것이다. 최초 고구려 부흥운동을 진압하기 위해 투입된 이들이 병력 충원이나 교대 없이 신라 원정을 지속한다는 것은 거의 불가능한 일이다. 당 조정도 이 사실을 충분히 알고 있었을 것이다.

새롭게 한반도로 투입된 유인궤는 칠중성 전투 이후 곧 일부 병력을 이끌고 당으로 귀국했다. 유인궤가 인솔해서 귀국한 병력이 과연 자신이 편성해서 한반도로 투입한 병력인지 아닌지 생각해볼 필요가 있다.

원래 당은 원정이나 전투가 끝나면 행군을 해산해 순차적으로 복귀하게 한다. 하지만 당 고종 시기부터는 그렇게 하지 못했다. 대부분의 행군은 현지에 남아 점령지 주둔군이 되었다. 명칭은 행군行軍에서 진군鎭軍이나 진수군鎭守軍으로 변경되었다. 행군총관行軍摠管은 진군총관鎭軍摠管, 진군대사鎭軍大使, 진수사鎭守使 등으로 바뀌었다.

유인궤 귀국 후 이근행이 안동진무대사安東鎭撫大使로 임명되었다. 여기에서 주목할 것은 이근행의 직함이 '진무대사鎭撫大使'라는 점이다. 원정을 위한 행군이 아니라 방어적 성격의 '진鎭'이 편성된 것이다. 행군이 임시로 조직되는 정벌 부대라면 진수鎭守는 주둔해서 방어하는 성격을 지닌다. '군사軍使'는 진수를 통괄한다는 의미다.

당의 진수 연한은 1년이다. 하지만 경우에 따라 길게는 2년에서 4년까지 주둔하기도 한다. 고간과 이근행의 행군은 670년에 편성되어 671년부터 675년까지 작전을 수행했다. 투입된 지 벌써 4년을 초과하고 있었다.

유인궤가 한반도로 인솔해 온 병력은 신라 본토 원정이 목적이었다. 고간과 이근행의 행군 목적이던 고구려 부흥운동 진압이 아니었다. 유인궤는 이전에 투입된 고간과 이근행의 행군 병력을 인솔해 귀국했을 가능성이 크다. 유인궤는 새로 편성된 병력을 이근행에게 인계하고 이전에 투입된 병력을 인솔해 먼저 귀국했다. 이근행은 새

로운 병력을 보충받은 동시에 진무대사로서 한반도 경략을 담당하게
된 것이다.

당군의 대규모 상륙 작전

한동안 잠잠하다가 가을이 되자 당군이 다시 침입한다는 첩보가
전해졌다. 당군은 거란병과 말갈병까지 동원해 대대적으로 공격을
준비했다. 신라는 9군軍을 출동시켜 침입에 대비했다. 당시 신라와 당
사이 전선은 임진강 선이었다. 신라는 당의 주요 접근로인 한강 하구
수로와 도하 가능한 칠중성을 중심으로 병력을 배치했을 것으로 보
인다.

가을 9월에 설인귀가 숙위학생宿衛學生 풍훈風訓의 아버지 김진주金眞珠
가 본국本國에서 목 베여 죽임을 당하였으므로, 풍훈을 길 이끄는 사람으
로 삼아 천성泉城을 공격해 왔다. 우리 장군 문훈文訓 등이 맞서 싸워 이
겼는데, 1,400명을 목 베고 병선兵船 40척을 빼앗았다. 설인귀가 포위를
풀고 달아나자 전마戰馬 1,000필을 얻었다.

675년(문무왕 15년) 9월, 당군의 공세가 시작되었다. 설인귀는 숙위
학생 풍훈을 향도嚮導로 삼아 천성을 포위 공격했다. 천성은 임진강
과 한강이 합류하는 지점에 위치한 파주 오두산성烏頭山城으로 비정
되고 있다. 당에서 숙위하던 풍훈은 아버지 김진주가 신라에서 처형

된 것에 앙심을 품고 있었다. 김진주는 앞서 662년 신라의 백제 부흥 운동 진압 시 병을 핑계로 출병하지 않았다는 이유로 처형된 것이다.

설인귀 부대의 공격을 신라 장군 문훈이 성공적으로 막아냈다. 당군 1,400명을 처단하고 병선 40여 척을 탈취했다. 결국 설인귀는 천성의 포위를 풀고 철수했으며 당군이 물러남에 따라 추가로 전마 1,000필을 노획했다.

천성 전투는 신라와 당의 대규모 접전을 앞둔 전초전이었다. 천성 전투의 성격을 파악하는 것은 중요할 수밖에 없는데, 천성을 공격한 설인귀 부대를 보급함대로 보는 견해가 있다. 전마 1,000필을 노획한 점으로 미루어 설인귀 부대가 전마 공급 임무를 수행하던 함대라는 것이다. 설인귀 함대는 한강 하구 천성을 장악하고 임진강 수계를 통해 매소성에 주둔하던 당군에게 재보급을 진행하려 한 것이다. 그러나 천성 전투에서 당군이 패배함으로써 매소성 주둔 당군에게 재보급이 무산되었고, 결국 매소성 전투 패배로 이어졌다는 것이다.

설인귀는 숙위학생 풍훈을 향도로 삼아 천성을 공격했다. 이를 두고 당이 반신라적 인물과 세력을 규합해 신라를 공격했다고 볼 수도 있다. 하지만 675년 무렵 친당파親唐派는 대부분 제거되었기 때문에 그 세력이라고 해봐야 미미한 수준이었다. 당은 나당전쟁 이전부터 백제와 고구려를 공격할 때 대규모 함선을 거느리고 서해안 일대로 수차례 공격해 온 경험이 있기에 굳이 풍훈을 길잡이로 삼을 이유가 없었다.

그럼에도 설인귀가 풍훈을 길잡이로 삼은 이유는 무엇이었을까? 풍훈의 아버지 김진주는 하슬라주(강릉) 장관, 병부령兵部令, 대당총관大幢摠管 등을 역임했다. 그야말로 군사통이었다. 김진주가 군사 업무에 능통했던 점으로 볼 때 그 아들 풍훈도 자연스레 아버지를 따라 군사적 식견이 어느 정도 있었을 것이다.

서해에서 강화도를 거쳐 한강으로 진입하는 해역은 조류와 강물의 흐름이 매우 빠르다. 한강·임진강·예성강 등이 흘러 모이고 주변에 섬이 많아 물길이 복잡하다. 게다가 밀물과 썰물의 조차가 커 현지인이 아니고서는 통과하기 어렵다. 서해안의 복잡한 지형과 해류를 감안해 일단 한강 하구 일대로 진입한 후 다시 신라 내륙으로 진군하는 데 풍훈의 도움을 받으려 한 것으로 보인다.

그런데 당군이 천성을 장악하더라도 임진강 수계를 통한 보급은 거의 불가능하다. 물론 임진강의 고랑포高浪浦까지 배가 거슬러 올라갈 수는 있다. 하지만 임진강은 수심이 얕고 서해안의 간조와 만조의 영향을 받는 불안정한 수계다. 결정적으로 배가 임진강을 거슬러 올라갈 수 있는 한계 지점인 고랑포 일대에 칠중성이 있다. 앞서 675년 2월 당군이 칠중성을 함락했지만 이 시기 다시 신라가 장악하거나 영향을 미치고 있었다. 9월에 매소성 일대에 주둔하고 있던 당군이 칠중성을 다시 공격하기 때문이다.

그렇다고 한다면 당의 보급 선단이 칠중성에서 하역한 후 다시 매소성까지 육로로 이동해야 한다. 하역 장소를 확보하지 못한 상태에서 안전이 보장되지 않는 수계를 따라 보급품을 이동시킨다는 것은 납득하기 어렵다. 기본적으로 보급부대가 후방에서 지원하지 않고 전투부대가 위치한 곳보다 더 위험한 곳으로 상륙을 감행한다는 것 자체가 전략상 모순이다.

천성 전투에서 신라가 획득한 전선은 '병선兵船'이었다. 671년 신라가 공격했던 '조선漕船'이 아니었다. 또 신라가 노획한 전마 1,000필은 병선 40여 척을 공격해 수습한 것이 아니다. 설인귀가 포위를 풀고 달아남에 따라 획득한 것이다. 이 전마는 천성 일대에서 상륙해 천성을 포위 공격하던 당의 기병이 철수하면서 버리거나 미처 함선에 태울 수 없었던 것으로 보아야 한다.

675년 9월에 발생한 천성 전투는 보급을 위한 목적으로 실행된 것이 아니다. 기록 그대로 당군이 대규모 상륙전을 감행한 것이다. 설인귀 함대는 보급 선단이 아니라 전투 선단이었다. 천성 전투는 임진강과 한강 일대에 사전 방어 준비를 해둔 신라의 승리였다.

문훈文訓. 신라의 장군으로 675년 천성 전투에서
설인귀가 이끄는 당군을 물리쳤다.

13장

매소성 전투와
신라의 승리

매소성 전투와 당군의 규모

675년(문무왕 15년) 9월 29일, 신라와 당의 대규모 부대가 격돌했다. 매소성 전투다. 매소성의 위치는 경기도 연천 대전리大田里산성으로 비정되고 있다. 해발 138미터에 위치하며 둘레는 700미터 정도로 작은 편이다. 하지만 성 부근에 넓은 들판이 있어 대군을 수용하기 용이하다. 또 도하가 용이한 한탄강에 연해 있는 교통의 요지다. 한탄강을 따라 서쪽으로 이동하면 칠중성으로 이어지고 육로를 따라 남하하면 양주와 북한산성으로 이어진다. 『삼국사기』에는 다음과 같이 기록되어 있다.

이근행이 군사 20만 명을 거느리고 매소성에 주둔하자 우리 군사가 이를 공격해 쫓아버리고 전마戰馬 3만 380필을 얻었으며, 그외 병장기兵仗器 노획도 이와 같았다.

『삼국사기』 기록에 따르면, 매소성 전투에 투입된 당군은 무려 20만 명이었다. 신라군이 이들을 공격해 전마를 3만 필 가까이 획득했다는 것은 엄청난 대승이다. 하지만 많은 사람들이 매소성 전투에 당군 20만 명이 투입된 것은 엄청난 과장이라고 본다. 당군의 병력은 고간과 이근행이 이끌던 4만 명이 전부라는 것이다.

매소성 전투에 투입된 당군 병력을 추산해보자. 신라는 매소성 전투 이후 전마 3만 380필을 획득했다. 또 그에 상응하는 병장기를 노획했다. 노획한 말을 통해 병장기를 획득했음을 알 수 있다. 3만여 필은 전투용 전마가 아니라 수송용 태마駄馬였다. 단순히 3만여 필이 아니라 3만 380필이라고 되어 있어 신빙성이 높다. 태마를 3만 필 가까이 보유한 병력의 규모를 상정해보자.

첫째, 전투 참가 인원이 전원 당의 부병府兵이라고 보는 경우다. 전투 편제 시 10명당 태마 6필을 보유해야 한다. 태마 3만 필을 보유한 병력 규모는 5만 명이다. 이들이 모든 태마를 버렸다는 가정 하에 5만 명으로 볼 수 있다.

둘째, 전투 참가 인원에 당군과 번병이 혼재한 경우다. 기본적으로 당군은 모든 태마를 버리고 도보로 이동하고 말갈병과 거란병은 말을 타고 이동한다. 그렇다면 당군 5만 명과 번병 수만 명이 될 것이다.

셋째, 전투 참가 인원이 말갈병과 거란병 위주의 번병인 경우다. 기병 위주의 번병은 식량과 무구류를 개인 휴대한다. 태마는 많이 필요하지 않다. 따라서 3만 필 이상의 태마가 버려졌다면 앞의 두 경우보다 더 많은 병력이 동원되었을 가능성이 크다.

어느 경우를 가정하더라도 최소 5만 명 이상이라는 결과가 나온다. 매소성에 주둔한 병력은 기병 위주였을 가능성이 크다. 하지만 전원이 기병이었을 리는 없다. 당·말갈·거란 혼성군 가운데 말갈의 경우 보병적 성향도 강한 편이다. 또 전원이 개인적으로 말을 보유했다는 보장도 없으며, 이들이 모두 말을 버렸다고 볼 수도 없다.

신라가 획득한 태마에서는 병장기만 발견되었다. 매소성 전투 이후 곧 적목성·석현성 등에서 전투가 발생한다. 그렇다면 당군이 최소한의 식량과 공성 장비를 실은 태마는 보유하며 이동했다고 볼 수 있다. 매소성 전투 이후 발생한 전투는 주로 공성전이었다. 이들 중 적지 않은 병력이 보병이었음을 알 수 있다.

당군은 고간·이근행의 4만 명이 전부가 아니었다. 새롭게 편성한 유인궤의 신라 원정군이 주력이었다. 유인궤는 계림도행군대총관이었다. 당시 한반도에 활동하던 행군총관은 고간, 이근행, 설인귀 등이었다. 최소 확인되는 행군만 3개이며 이들만 해도 6만 명이 넘는다. 여기에 복수의 행군을 지휘하는 유인궤가 인솔해 온 병력이 최소 4만 명 이상이다. 그렇다면 당군의 규모는 최소 10만 명이 넘는다는 이야기다. 여기에는 안동도호부 산하 병력과 지원부대 병력은 포함되어 있지 않다.

당은 660년 백제 원정 시 13만 명, 668년 고구려 원정 시 30여만 명, 679년 돌궐 반란 진압 시 30만 명, 684년 이경업 반란 진압 시

30만 명을 동원했다. 이런 맥락에서 볼 때 신라를 멸망시켜 한반도 전체를 장악하려던 당의 입장에서 20만 명을 동원했을 가능성은 충분하다.

매소성 전투에 당군 20만 명이 투입되었다고 문면 그대로 받아들이기는 곤란할 지도 모른다. 하지만 나당전쟁 7년간 투입된 당군의 전체 규모가 20만 명이라는 것은 충분히 수긍된다. 매소성은 나당전쟁에서 가장 핵심 전장이었다. 나당전쟁의 상징적 전투인 매소성 전투에 당군 20만 명이 동원되었다고 기록한 것은 그리 과장되었다고 볼 수 없다.

사죄사 파견과 방어 강화

매소성 전투 직후 신라는 당에 사신을 보내 방물方物을 바쳤다. 신라는 전쟁 기간 내내 당에 사죄사를 파견했다. 669년 옛 백제 영토를 일부 차지하고 나서 사죄사를 파견했고, 672년 석문 전투에서 패배하고 나서 다시 사죄사를 파견했다. 675년 칠중성 전투와 매소성 전투를 치른 후 또 사죄사를 파견했다. 신라는 당과의 전황이 여의치 않을 때마다 사죄사를 파견해 당과의 긴장관계를 완화시키고자 했다.

신라는 수시로 사죄사를 파견해 당에게 저자세를 취했다. 이를 외교적 굴욕으로 볼 수도 있다. 하지만 신라는 669년 사죄사 파견 후 오골성 공격을 준비했고 672년 사죄사 파견 후 전국적인 방어망을 구축했다. 675년 사죄사 파견 후에는 당군의 파상 공세를 성공적으로 막아냈다. 7년에 걸친 전쟁에서 신라는 국제적으로 고립된 상황이었다. 하지만 군사적 공세와 외교적 유화책을 상황에 맞게 적절히 구사했다.

안북하安北河를 따라 관성關城을 설치하고 또한 철관성鐵關城을 쌓았다.

당에 사신을 파견한 신라는 다시 안북하를 따라 관성을 설치했다. 또 철관성을 쌓았다. 안북하와 관성의 정확한 위치를 두고는 여전히 논란이 있다. 다만 신라 동북 변경에 위치했다고 보는 것은 대체로 일치한다. 즉 신라는 비열홀이 있던 안변 일대 방어를 강화한 것이다.

당군의 공격 의도

매소성 전투 이후 당군은 파상 공세로 나왔다. 말갈병이 아달성阿達城을 공격하자, 성주城主 소나素那가 맞서 싸우다 전사했다. 당군이 거란병·말갈병과 함께 칠중성을 공격했다. 성이 함락되지는 않았지만 소수少守 유동儒冬이 전사했다. 말갈병이 적목성赤木城을 포위한 후 함락했다. 현령縣令 탈기脫起가 백성을 거느리고 끝까지 항전하다가 모두 전사했다. 당군이 석현성石峴城을 포위한 후 함락했다. 현령 선백仙伯·실모悉毛 등이 맞서 싸우다가 전사했다.

당군이 공격한 아달성은 강원 이천, 칠중성은 경기 적성, 적목성은 강원 회양으로 비정된다. 모두 임진강 이남에 위치한 성이다. 하지만 석현성의 위치는 미상이다. 경기 개풍이나 황해 곡산으로 보는 견해도 있다. 하지만 개풍이나 곡산은 모두 임진강 이북에 위치하고 있어 납득하기 어렵다.

당시 신라와 당의 전선은 임진강을 중심으로 형성되어 있었다. 당군은 임진강을 넘어 공격을 진행했다. 석현성은 임진강 이남에 위치하는 동시에 한강 이북에 위치한 성으로 볼 수 있다. 석현성은 서쪽으로 오두산성(경기 교하), 북쪽으로 칠중성(경기 적성)·매소성(경기 연천), 남쪽으로 북한산성(서울 광진)을 연결할 수 있는 양주 일대로 추정된다. 현재 양주시 장흥면에는 석현리와 석현천이라는 지명이 남아 있다.

392년(진사왕 8년) 고구려 광개토대왕廣開土大王(재위 391~412)은 백제의 석현성 등 10여 성을 공격해 함락했다. 이에 한강 이북의 여러 부락이 고구려에 귀속되었다. 석현성은 임진강과 한강 사이의 주요한 내륙 거점성이었음을 알 수 있다. 이후 고구려는 해상 거점성이던 관미성關彌城을 함락하고 한강 일대를 장악했다.

393년(아신왕 2년) 백제는 석현성 등 5성을 회복하기 위해 관미성을 포위했다. 관미성의 위치는 교동도, 오두산성, 강화도 등 다양하게 비정되고 있다. 하지만 백제는 보급 문제로 물러나고 말았다. 석현성과 관미성은 한강 이북을 고수하는 데 결정적인 거점으로 상호 관련성이 크다는 사실을 알 수 있다.

675년 당군의 공격 전술을 살펴보자. 먼저 설인귀 함대는 한강 하구의 거점인 천성을 공격했다. 이근행의 육군은 임진강과 한강 사이의 내륙 거점을 공격했다. 당군의 행보는 392년 고구려가 한강 일대를 확보할 때와 유사하다. 일련의 전투는 당군의 공격 계획 아래 체계적으로 진행된 것으로 보인다.

만약 당군의 공격 의도대로 실행되었다고 가정해보자. 설인귀는 한강 하구 일대를 접수하고 이근행은 한강 이북의 거점을 장악하게 된다. 그렇게 되었다면 신라와 당의 전선은 임진강에서 한강으로 조정될 수밖에 없다. 675년 9월 매소성 전투와 이어지는 전투들은 신라의 임진강 방어선을 붕괴시키기 위함이었다. 천성 전투와 매소성 전투는 당군의 수륙 양면 작전의 일환이었다. 하지만 고구려와 달리 당군은 천성 전투와 칠중성 전투에서 패했다.

신라의 임진강 방어선이 완전히 붕괴하지 않은 상태에서 곳곳에서 전투가 벌어졌다. 신라군과 당군은 크고 작은 전투를 18회 치렀다. 결국 신라군이 승리했다. 당군 6,047명의 목을 베고 전마 200필을 노획했다. 신라군의 방어전이 성공을 거두었다.

매소성 전역과 신라의 기습

매소성 전투에서 신라는 태마 3만 필을 노획했다. 적어도 그 숫자를 상회하는 전사자가 발생해 당군이 결정적 타격을 입었다고 보는 견해도 있다. 하지만 매소성 전투 자체로만 본다면 전사자 기록이 없어 전투의 승패를 가늠하기 어렵다.

당군을 인솔한 이근행은 매소성 전투 이후 어떠한 처벌도 받지 않았다. 676년에는 청해에서 토번을 물리쳐 공을 세우기도 한다. 이에 이근행은 매소성 전투에서 패하지 않았다거나 입은 손해가 처벌받을 만큼 크지 않았다고 주장하는 견해도 있다. 나아가 당군은 단순히 철수하려던 상황이었다고 보기도 한다.

천성 전투 패배로 매소성에 주둔하던 당군에 대한 재보급이 실패했고 이에 따라 전의를 상실했다는 견해는 성립하기 어렵다. 당군은 매소성 전투 이후 오히려 공세를 강화했기 때문이다. 매소성을 중심으로 주둔하던 당군은 같은 달 천성 전투가 개시되자 집결지 행동을 완료했다. 집결지는 차후 행동을 준비하기 위해 집결하는 장소다. 명령을 하달하고 전투 편성을 완료하며 정비를 실시하고 보급품을 지급한다.

매소성 전투를 전후한 접전지는 6곳이다. 천성(경기 교하), 매소성(경기 연천), 아달성(강원 이천), 칠중성(경기 적성), 적목성(강원 회양), 석현성(경기 양주). 당군은 말갈병과 거란병을 거느린 혼성군이었다. 당은 공성 능력이 뛰어난 당군을 중심으로 칠중성과 석현성을 공격하고 기동력이 뛰어난 번병을 중심으로 아달성과 적목성을 공략케 했다. 아달성은 강원 북부 서단에 위치하고 적목성은 강원 북부 중동부에 위치한다. 당은 번병으로 하여금 임진강 상류 지역에 해당하는 강원 북부 일대를 장악하고자 했다. 당군은 한강 유역을 차지하기 위해 주력부대와 분견대로 나누어 이원화 작전을 펼쳤다.

675년 매소성 전투를 전후한 당군의 행동은 서로 유기적으로 연결되어 있다. 천성 전투부터 매소성, 아달성, 칠중성, 적목성, 석현성 전투까지 일련의 군사 활동은 전투보다 큰 개념인 '매소성 전역戰役'이라 부를 수 있다. 당군은 철저한 공격 계획 하에 해상 거점성인 천성을 공격하고 내륙 거점성인 칠중성·석현성을 공격했다. 일부는 강원 북부와 함경도 일대를 장악하고자 했다.

이렇듯 당군 주력이 공세를 위한 행동을 개시하자 신라가 그 틈을 이용했다. 매소성 자체에는 10만 명이 넘는 당군이 주둔할 수 없다. 매소성은 연천 일대에 넓게 포진한 대규모 당군의 총사령부가 위치한 곳일 것이다. 공격 작전을 준비하고 불리할 때에는 퇴각해서 자체 방어를 할 수 있는 곳이 작전기지다. 신라는 당군의 총사령부이자 작전기지였던 매소성을 점령한 것으로 보인다. 당군이 공격을 개시한 사이 신라군이 매소성을 기습적으로 접수한 것 같다. 그렇기 때문에 직접적인 전투 기록이 없고 자세한 전황도 알 수 없다. 신라가 노획한 전마 3만 필에 대한 구체적 기록만 남은 것이다.

3만 필 이상의 태마와 그에 상응하는 병장기는 보급물자였다. 일단 당의 공세가 시작되었지만 중장기적으로 전투를 지속하기는 곤란했다. 기록에는 나오지 않더라도 병장기 외에 적지 않은 보급물자를 탈취당했을 것이다. 신라의 후방 보급기지 타격은 공세를 진행하던 당군에게 큰 영향을 끼칠 수밖에 없었다. 매소성 전투에서 신라군이 승리함으로써 전세는 완전히 신라쪽으로 기울었다.

매소성 전역戰役. 신라는 675년 매소성 전역에서 승리하면서 전쟁의 승기를 잡았다.

14장

기벌포 전투와
당군의 철수

기벌포 전투 전개

676년(문무왕 16년) 11월, 당은 금강 하구의 기벌포를 공격했다. 675년 9월 매소성 전투를 전후해 임진강을 중심으로 나당 간의 전선이 형성된 상황이었다. 더구나 매소성 전투 이후 당군은 더는 공세를 지속하지 못하고 철수를 고려해야 하는 입장이었다. 그런데 당군이 돌연 남쪽의 기벌포를 공격해 온 것이다.

기벌포는 백제 수도인 부여 방어를 위해 탄현炭峴과 함께 가장 중시되던 지역이다. 또한 금강 하구에 위치한 기벌포를 장악하면 서해를 남북으로 양분할 수 있었기 때문에 서해 제해권과 관련해서도 빼놓을 수 없는 군사 요충지라고 할 수 있다. 기벌포에서 금강을 따라 거슬러 올라가면 백제 도성都城과 직접 연결된다. 금강은 병력 수송과 군수물자 보급로 역할을 하기 때문에 백제를 장악하기 위해서는 먼저 금강 하구의 기벌포를 장악해야만 했다.

『삼국사기』에는 기벌포 전투에 대해 다음과 같이 전하고 있다.

> 겨울 11월에 사찬 시득이 수군[船兵]을 거느리고 설인귀와 소부리주 기벌포에서 싸웠는데 연이어 패배하였다. 다시 나아가 크고 작게 22번 싸워 이기고 4,000여 명을 목 베었다.

처음 시득의 수군과 설인귀의 수군이 기벌포에서 전투를 벌여 신라군이 패하고 말았다. 하지만 신라 수군이 다시 나아가 22회 전투를 벌여 승리하면서 4,000여 명을 처단했다. 신라군의 승리였다. 다만 기록상으로 신라군과 당군의 규모는 정확히 알 수 없다.

사찬 시득이 기벌포에 주둔하면서 당군을 맞이한 것이 아니라 시득이 설인귀 함대와 전투를 벌이기 위해 기벌포로 이동했을 가능성이 높은데, 이는 '다시 나아갔다又進'는 문구를 통해 짐작할 수 있다. 660년 7월 백제 원정 시 소정방이 벌인 기벌포 전투 상황과 675년 9월 설인귀가 주도한 천성 전투 상황과는 전혀 다르다. 660년 기벌포 전투와 675년 천성 전투에서는 당 수군이 주둔하고 있던 신라군을 공격했다. 하지만 676년 기벌포 전투에서는 신라군이 주둔하고 있던 당군을 공격한 것으로 보인다.

그렇다고 한다면 당군이 기벌포 일대를 공격한 것이 아니라 기벌포 일대에 이미 정박 및 주둔하고 있었다는 말이 된다. 신라 수군은 1차 접전에서 당군에게 패배한 후 다시 당군을 공격했다. 이렇게 볼 때 기벌포 전투는 당군이 수세적 입장이고 신라군이 공세적 입장을 견지했을 것으로 판단된다.

이렇듯 공세적 입장을 취하던 신라 수군의 규모는 정확히 알 수가 없다. 다만 수군을 이끈 사찬 시득의 관등이 8품인 것으로 보아 시득이 지휘한 함선 수는 100척 이하였을 가능성이 높다. 660년 태자·유신·진주·천존 등이 병선 100척을 이끌고 소정방을 맞이한 것과 673년 대아찬(5품) 철천 등이 병선 100척을 인솔한 것을 감안할 필요가 있다. 사찬 시득이 단독으로 이끌던 수군은 이보다 소규모였을 것으로 판단된다. 기벌포 전투에서는 당군보다는 신라가 공세적 입장을 취했으며, 당군과 신라군의 규모는 알 수 없지만 신라 수군 규모는 100척 이하였던 것으로 여겨진다.

22회에 걸친 대규모 수전이 과연 발생할 수 있었는가를 살펴보자. 기벌포 전투 당시 최초 접전은 대규모 수전이 발생한 것으로 파악할 수 있지만 이후 발생한 전투는 다르게 이해할 수 있다. 당시 당 수군은 대규모 전투와 병력 수송을 위한 누선樓船으로만 구성된 것이 아니었다.

대규모 원정군을 전술에 부합되게 효율적으로 운용하자면 다양한 병선으로 편성하는 것은 당연한 이치다. 당 수군은 대형선 누선, 중형선 투함鬪舰, 소형선 몽충艨衝, 구급선 주가走舸, 정찰선 유정遊艇, 특수선 해골海鶻 등 병선 6종류를 보유하고 있었다. 이들을 적절히 조합해 함대를 구성했음에 틀림없다.

당 수군과의 전투는 당연히 누선을 중심으로 하는 대규모 접전으로 펼쳐졌을 것이다. 이와 더불어 소규모 병선을 이용한 게릴라식 전투도 적잖이 발생했을 것으로 판단된다. 또한 당과 신라가 맞붙은 전투가 해상에서만 벌어졌다고 단정할 수 없다. 육상과 수상에서 동시다발적으로 소규모 전투가 발생했을 가능성이 높다. 그렇게 본다면 22회에 걸친 전투가 발생했다는 기록을 단순히 부정하기는 어렵다.

신라 수군은 당시 최강대국의 선진 함대를 맞아 22회에 걸친 집요한 공격으로 4,000여 명을 사살하는 전과를 올렸다. 통상 1개 행군의 병력이 2만 명인 것을 감안하면 그 5분의 1에 해당하는 병력을 사살한 것이다. 기벌포 전투 이후에는 서해상에서 당군의 어떠한 군사 활동도 감지되지 않는다. 이는 곧 신라 수군이 기벌포 전투를 계기로 서해 제해권을 완전히 장악했다고 할 수 있다. 또한 당 수군이 이미 대양 함대를 구성한 반면 신라 수군은 연안 함대에 머물고 있었다. 이를 감안하면 최초 접전에서 패배한 후 전술을 전환해 유연하게 대처한 점은 신라 수군의 쾌거라 할 수 있다.

기벌포 전투 배경

『삼국사기』 신라본기에 따르면, 신라가 671년 7월 옛 백제 영토에 소부리주를 설치하고 도독을 두었다고 한다. 그런데 『삼국사기』 지리지 부여군 조에는 672년 소부리군所夫里郡에 총관摠管을 두었다는 기사가 있다.

671년 소부리주가 먼저 설치되어 도독이 임명되었으나 옛 백제 영토가 완전히 장악되지 않은 상태에서 적지 않은 반발에 부딪혔을 것이다. 따라서 이듬해 소부리주의 핵심 지역인 소부리군에 군사적 성격이 강한 총관을 둔 것으로 이해하는 것이 옳을 듯하다.

여기에서 주목해야 하는 것은 671년 소부리주가 설치되었지만 이 지역에 대한 신라의 장악력이 672년까지 완전하지 않았다는 점이다. 672년 2월 신라가 웅진도독부의 가림성을 공격했지만 점령했다는 기사가 없다. 비록 소부리주가 백제의 주요한 지역이긴 하지만 옛 백제 영토 전역은 아니다.

이 시기에는 당의 장수 고간과 이근행에 의해 나당전쟁이 본격화되고 신라의 전세가 어려웠다. 신라가 옛 백제 영토를 전반적으로 장악했더라도 민심 이반이나 동요가 상당했을 것이다. 이는 신라 내부에서 673년 7월 아찬 대토가 모반해 당에 붙으려는 사건이 발생한 점으로도 유추 가능하다. 당시 옛 백제 영토의 민심은 무척 어지러웠던 것으로 보인다.

이와 관련해 백제 부흥군이던 흑치상지의 묘지명을 살펴보자. 흑치상지는 673년 이후 대방주장사帶方州長史·사반주제군사沙泮州諸軍事·사반주자사沙泮州刺使·웅진도독부熊津都督府 사마司馬 등에 임명된 것으로 기록되어 있다. 이러한 직명은 모두 옛 백제 영토의 웅진도독부와 그 예하 7개 주와 관련 있다. 물론 흑치상지가 당시 옛 백제 영토에 직접 파견되어 실무를 담당했는지는 의문이다. 하지만 부여융과 함께 당군의 편에 선 흑치상지가 위와 같은 직명을 받았다는 것은 시사하는 바가 크다. 나당전쟁이 본격화되고 옛 백제 영토의 민심이 동요하는 상황에서 부여융·흑치상지를 비롯한 백제 유민 출신 당 귀순

자들의 활동이 직·간접적으로 재개되었을 가능성이 상당히 높다.

677년 2월 당은 요동 지역을 개편하고자 했다. 『구당서』와 『자치통감』에는 당시 백제의 상황을 "시백제황잔時百濟荒殘", "시백제본지황훼時百濟本地荒毀"라고 표현하고 있다. 백제 지역이 660년 백제 멸망 이후 백제 부흥운동 그리고 나당전쟁의 전장이 되면서 10여 년간 전란으로 인해 피폐해졌음을 의미하는 것으로 보인다. 토지를 비롯한 생산 기반의 피폐가 그 지역에 거주하는 인구 감소로 이어지는 것은 당연한 이치다.

또한 백제 유민은 고구려 유민과 달리 차별대우를 받았다. 대야성 전투 같은 신라와 백제 간 오랜 악감정, 백제 부흥군과의 3년에 걸친 투쟁, 당에 의해 성립된 부여융의 괴뢰정권 등으로 인해 신라는 고구려에 비해 백제를 차별했다. 따라서 백제 유민은 신라의 차별과 생산 기반의 황폐화 그리고 매소성 전투의 신라군 승리 등으로 인해 옛 백제 영토를 향한 미련을 버릴 수밖에 없었을 것이다. 당시 백제 유민 입장에서는 신라에 순종하거나 타국으로 이주하는 것 말고는 선택할 수 있는 게 없었다.

기벌포 전투 성격

『통전通典』 백제전에는 백제 멸망 후 옛 백제 영토는 신라에게 점령당했으며 성방城傍의 나머지 무리는 점차 줄어들고 약화되어 돌궐과 말갈로 흩어졌다고 전한다. 부여융이 옛 백제 영토로 돌아가고자 했지만 돌아가지 못한 때는 677년 2월이다. 그렇다면 옛 백제 영토의 유민이 돌궐과 말갈에 흩어져 들어간 시기는 677년 이전 시기가 된다.

말갈은 옛 고구려 영토라고 볼 수 있어 백제 유민이 북쪽 지방으로 이주했다고도 볼 수 있다. 하지만 돌궐은 신라가 한강 유역을 장악하고 있었기 때문에 직접 갈 수 없다. 그러므로 백제 유민이 바다를 건너 요동을 거쳐 이주했을 가능성이 있다.

이는 676년 2월 웅진도독부가 요동반도의 건안고성建安古城에 옮겨지는 것과 무관하지 않을 것이다. 물론 이러한 백제 유민의 이주가 꼭 677년 이전의 어느 한 시기라고 단정지을 수는 없다. 하지만 675년에서 676년을 전후해 상당수의 이주가 이루어졌음은 부인할 수 없다. 매소성 전투에서 신라군이 승리함에 따라 나당전쟁에서 당군의 패색이 짙어졌다. 백제 유민 중에서도 반신라적 인물은 당군 철수와 더불어 당으로의 이주를 고려했을 것으로 보인다.

이러한 맥락에서 기벌포 전투의 성격을 새롭게 추정할 필요가 있다. 당시 당은 적지 않은 병력과 유이민을 이송하기 위해 방어 태세를 갖추고 대규모 접전을 회피하며 병선 보전에 주력했을 것으로 추정된다. 또한 기벌포 일대에 집결하고 있던 당군을 비롯한 백제 유민은 신라에 투항할 의사가 없었다. 그렇기에 신라 입장에서는 이들을 포로로 삼기보다는 즉시 사살했을 것이다.

기벌포 전투는 병선·장수·군수품 등의 피해는 없고 4,000여 명을 사살한 것만 기록되어 있다. 실제 전투는 수전뿐 아니라 육전도 병행했을 가능성이 높다. 사살자 중에는 기벌포 일대로 집결하던 당 잔류군과 구舊백제군 그리고 반신라 백제 유민도 상당수 포함되었을 것이다. 그렇기 때문에 기벌포 전투에서 병선 손실이나 포로에 대한 기록은 없고 신라가 사살한 4,000여 명의 기록만 남게 된 것이다.

최초 접전에서 신라가 패한 것에서 알 수 있듯이 신라 수군과 당 수군과는 현격한 전력 차이가 있었던 것으로 보인다. 당은 수隋를 이어 지속적으로 수군을 활용해 고구려를 공격했다. 이후 백제와 고구려를 멸망시킬 당시에도 대규모 수군을 운용했다.

이에 반해 신라는 663년에 병부兵部에서 선부船府를 독립시켰다. 나당전쟁 이후에는 그 필요성을 절감해 678년에 선부령船府令을 두어 선부를 강화시켰다. 이런 맥락에서 볼 때 신라 수군 수준이 당에 비해 체계화되지 못한 상태였다고 할 수 있다. 그럼에도 신라 수군은 지형과 기상을 잘 이해하고 전술을 변환시켜 당군을 끈질기게 공격했다. 그만큼 신라 수군의 사기가 높았고 훈련이 잘되어 있었음을 방증한다고 할 수 있다.

불타는 당의 누선樓船과 신라 기병. 676년 기벌포 전투로 나당전쟁은 종결되었다.

15장

전쟁의 종결과
전후 수습

신라의 논공행상

신라는 660년 백제와 668년 고구려를 멸망시키고 승리를 자축하며 주연酒宴을 베풀고 논공행상論功行賞을 실시했다. 나당전쟁은 신라와 당이 한반도에서 벌인 전투이기 때문에 원정군인 당을 신라가 막아냈다는 점에서 신라가 승리했다고 볼 수 있다. 그런데 나당전쟁 종결 후 신라가 주연을 베풀거나 논공행상을 실시했다는 기록은 없다. 당시 신라는 전쟁의 여운이 가시지 않은 데다 당의 재침공 가능성이 높았다. 그렇기 때문에 승리를 크게 자축하지 않은 것으로 보인다.

이와 관련해 나당전쟁이 종결된 다음해인 677년(문무왕 17년) 3월에 신라가 좌사록관左司祿館을 처음 설치한 점이 주목된다. 사록관은 관리의 녹봉祿俸과 녹읍祿邑을 관장하면서 이를 체계적으로 정리하는 업무를 수행했다. 680년에는 우사록관右司祿館이 설치되었다고 기록되어 있다. 이는 기존의 사록관司祿館을 좌·우로 나눈 것이라고 볼 수 있다. 따라서 677년에 설치했다는 좌사록관의 원래 이름은 '사록관'이었을 것이다.

나당전쟁 종결 후 신라에서 직접적인 논공행상이 확인되지는 않다. 하지만 간접적으로 이러한 루트를 통해 논공행상이 진행되었을 가능성이 높다. 『삼국사기』 김유신전(하)을 보면, 김유신의 아들 원술이 675년 매소성 전투에 참여해서 힘껏 싸운 이후 공功과 상賞이 있었다는 내용이 있다. 원술은 부모에게 용납되지 않은 것을 한스럽게 여겨 관직에 나아가지 않고 세상을 떠났다고 전한다. 그 시기가 매소성 전투 직후인지 아니면 그 이후 어느 시기인지는 분명하지 않다. 하지만 국가적 차원의 포상이 진행된 사실은 분명히 확인할 수 있다.

당의 정치 변동

신라와 마찬가지로 당도 논공행상을 시행했다는 직접적인 내용은 확인하기 어렵다. 나당전쟁이 종결된 시기는 676년 11월이다. 이때 당은 상원上元에서 의봉儀鳳으로 개원改元을 단행하고 대사大赦를 행했다. 이는 나당전쟁이 종결되는 시기와 정확히 일치하기 때문에 주목해볼 만한 일인데, 『구당서』를 비롯한 중국 측 기록에는 다음과 같이 전한다.

11월 임신壬申, 진주陳州 완구宛丘에서 봉황鳳凰을 보았다고 함에 상원上元 3년을 의봉원년儀鳳元年으로 고치고 대사大赦하였다. 경인庚寅, 이부상서史部尚書 이경현李敬玄을 중서령中書令으로 삼았다. 12월 무오戊午, 도도道를 나누어 사신을 파견하였는데, 재상宰相 내항來恒은 하남도河南道, 설원초薛元超는 하북도河北道, 좌승左丞 최지제崔知悌 등은 강남도江南道로 보내 순무巡撫케 하였다.

당시 당은 676년 11월과 12월 크게 세 가지 사안이 있었다. 첫째, 11월에 개원을 실시하고 대사를 행했다. 둘째, 이부상서 이경현을 중서령으로 삼았다. 셋째, 12월에 내항·설원초·최지제 등을 하남도·하북도·강남도의 순무사巡撫使로 파견했다. 이를 하나씩 구체적으로 살펴보자.

첫째, 당은 676년 11월 개원과 대사를 실시했다. 개원과 사赦는 정치·경제·사회 등 여러 목적에 따라 수시로 시행되는 것이기 때문에 큰 의미를 부여하기는 쉽지 않다. 또한 당 고종 후반기에는 황후인 무측천이 권력을 행사하던 시기라서 개원과 사赦가 상당히 빈번히 이루어졌다.

'사赦'는 법률적 규제를 정치적인 판단에 따라 자의적으로 완화 내지 무력화시키는 것이다. 따라서 초법적인 사赦는 납득할 만한 이유 없이 이루어질 수 없기에, 주로 황실 또는 국가적으로 경하할 만한 사안이 발생할 경우 실시되었다. 가뭄·수해·해충 등 전반적인 재난이 발생할 경우 민심을 수습하기 위해 실시되기도 했다. 사赦는 주로 황제나 황족이 관련되는 경우가 많고 군대·제사·자연재해·정치 문제 등으로 인해 실시되곤 했다.

676년 11월의 사赦는 개원과 동시에 이루어졌다. 당 전기에 사赦와 개원이 동시에 이루어진 경우는 두 차례, 661년과 663년에도 있었다. 하지만 그 시기 사赦의 규모는 일부 지역에 국한되는 '곡사曲赦'였다. 당대唐代 사면赦免은 크게 네 가지로 구분할 수 있는데, '사赦'는 대상 범위가 비교적 작은 경우, '대사大赦'는 대상 범위가 아주 큰 경우, '곡사曲赦'는 특정 지역에서만 시행한 경우, '덕음德音'은 특수한 사유로 특정인에게만 시행한 경우다. 이렇게 볼 때 676년 11월 전국적인 규모의 사赦를 실시한 것은 충분히 주목할 만한 일이다.

당시에 대사大赦와 개원이 동시에 시행된 이유는 통치자의 입장에서 개원과 은사를 한꺼번에 실시함으로써 개원이나 은사를 통해 얻을 수 있는 정치적 파급 효과를 배가시켜 극적인 분위기를 끌어내기 위함이었을 것이다. 그렇다면 당이 676년 11월에 정치적 분위기를 쇄신하고자 한 사실만은 분명하다고 하겠다.

둘째, 당은 이경현을 중서령으로 임명했다. 676년 11월은 외부의 침입 혹은 자연재해가 발생하지 않았다. 하지만 이경현이 중서령이 되는 정치적 변동이 감지된다. 이것은 무엇을 의미할까? 당 고종 시기 한반도와 토번을 비롯한 대외 원정과 전쟁이 빈번했고 이 과정에서 군부 출신 인사의 영향력이 점차 확대되었다. 당 고종 후기 대표적인 군부 세력은 백제·고구려 원정에 출전했던 유인궤, 오랫동안 병부상서를 역임하고 토번전에 출전했던 강각, 고구려 원정에 출전했던 학처준郝處俊, 공부상서工部尙書를 역임하고 토번전에 출전했던 염립본閻立本 등이다. 이들은 대외 전쟁에서의 성공을 발판으로 정계 요직을 차지하기 시작했다.

허경종許敬宗은 이미 660년대 후반부터 이들을 향해 상당한 경계심을 나타냈다. 결국 허경종 세력의 반발을 막기 위해 유인궤가 허경종과 동시에 670년 하야下野하기에 이르렀다. 하지만 대외 전쟁이 지속됨에 따라 허경종 세력은 점차 약화되고 군부 세력은 강화되었다.

전쟁에서 전공을 세우고 나면 으레 포상이 뒤따르게 마련이다. 하지만 나당전쟁이 종결된 676년 11월 군부 세력에 대한 포상은 전혀 없었다. 그런데 반反군부 세력인 허경종 계통의 이경현이 중서령으로 임명되었다. 물론 이경현이 중서령이 되었다고 해서 당장 군부 세력이 약화되었다고 단정지을 수는 없다. 다만 상대적으로 반군부 세력이 중용되었다는 사실만은 부인할 수 없다. 이것은 나당전쟁의 결과가 군부 세력에게 긍정적으로 작용하지 못한 사실을 반증하는 것이다. 나당전쟁을 주도한 군부 세력이 나당전쟁에서 큰 역할을 하지 못했거나 결과적으로 패배했음을 시사한다.

셋째, 당의 재상급 인사가 3도道를 순무했다. 당은 676년 11월 개원 및 대사를 실시하고 다음 달인 12월에 내항·설원초·최지제를 하남도·하북도·강남도로 보내 민심을 수습케 했다. 676년 12월 자연재해나 반란 등 별다른 이변이 없던 이들 지역에 재상급 인사로 하여금 순무케 했던 것이다.

당대唐代에는 여러 도에 걸친 대규모 순무를 몇 차례 실시했지만 나당전쟁 직후 시기처럼 재상급 인사가 순무사로 파견되지는 않았다. 재상급 인사가 순무사로 파견된 경우가 있기는 했어도 파견된 도는 한 곳에 한정되었다. 따라서 재상급 인사가 여러 곳을 동시에 순무하는 것은 당 전체를 통틀어 보아도 극히 이례적인 일이었다고 할 수 있다.

이 시기는 676년 윤3월 토번이 대대적으로 당 내지를 침입한 후 8월에 또다시 침입한 때였다. 그러므로 하남도·하북도·강남도보다는 토번의 침입으로 직접 피해를 입은 농우도隴右道와 검남도劍南道를 순무해야 자연스럽다. 당은 왜 토번의 침입과 관련 없는 동부 지역을 순무해야 했을까? 이를 두고, 토번에 대처하기 위한 하남도·하북도·강남도 병력 동원의 사전 작업으로 볼 수도 있다. 하지만 이듬해 토번전에는 관내도關內道와 하동도河東道 병력이 동원되었다. 따라서 676년 12월 순무는 토번의 침입과는 무관함을 알 수 있다.

나당전쟁 당시 한반도에 투입된 당군은 당·말갈·거란의 혼성군이었다. 고간·이근행의 병력 및 유주幽州·병주幷州 병력은 주로 하북도에서 충원되었다. 오吳·초楚의 수군은 강남도에서 동원되었다. 그리고 이들의 수송과 군수물자를 담당한 곳은 산동 일대, 즉 하남도였다. 이들 3도道가 당이 676년 12월에 실시한 순무 지역과 정확히 일치한다는 점은 주목할 만한 일이다.

당의 전후 수습

당은 서쪽 토번 전선에는 토번과 가까운 농우도·검남도·관내도 병력을 동원해 대처했다. 동쪽의 신라 전선에는 하북도 관할 병력을 동원하고 강남도 관할 수군을 포함시키는 수륙 병진水陸竝進 전술을 사용했다.

중국은 수隋 이후 수륙 양면 작전과 선박을 활용한 상륙 작전을 실시해 육로 교통과는 상관없이 전방위 공격이 가능해졌다. 방어자 측면에서는 전선의 광범위한 확대로 불안 요인이 가중되고 전선 구축 균형 관계에 균열이 생기게 되었다. 육로 공격의 한계를 극복하기 위해 실행된 수륙 병진 전술은 나당전쟁에서도 여지없이 운용되었다. 이러한 수륙 병진 전술을 행하기 위해 병력을 충원한 행정구역이 바로 하남도·하북도·강남도였던 것이다.

당은 고구려 원정과 나당전쟁을 거치면서 동북 지역 각 민족을 융합하게 되었다. 그 결과 농경 위주의 민족이 쇠락하고 유목 위주의 민족이 발호하는 계기를 맞이했다. 그리고 나당전쟁을 전후해 당군의 군사 전략은 공세에서 수세로 전환되었다.

당이 나당전쟁에서 승리하지 못한 것은 분명한 사실이다. 이렇게 본다면 나당전쟁은 당에게 있어 물질적·정신적으로 상당한 영향을 미쳤다고 할 수 있다. 당은 나당전쟁이 종결되고 한반도에 투입된 병력이 속속 귀국하자 다음 달인 12월에 별다른 이변이 없던 하남도·하북도·강남도를 순무한 것이다.

수隋는 589년 남쪽의 진陳을 멸망시키고 남북통일을 이루었다. 이 시기에도 통일전쟁 후 민심 수습을 위해 순무사를 파견한 적이 있다. 당은 676년 11월 개원과 대사를 단행하고 12월에는 전쟁 후 민심을 달래고자 순무사를 파견한 것이다.

종합해보자. 당의 676년 11월과 12월 국정쇄신 시도는 나당전쟁으로 발생한 피해를 최소화하려는 의도였을 것으로 판단된다. 전쟁 패배는 백성의 당 조정을 향한 반감과 민심 이반으로 연결될 가능성이 높기 때문에 조기에 수습하지 않으면 안 된다. 이를 위해 11월 개원과 대사를 실시해 긴장을 완화하고 반군부 세력인 이경현을 중서령으로 삼아 정국의 분위기를 환기하려 했던 것이다.

특히 나당전쟁에 병력과 군수 지원 업무를 담당한 하남도·하북도·강남도의 민심을 수습하고 전쟁 후유증을 조기에 무마하는 것은 당조정이 당면한 과제였을 것이다. 당시 토번의 위협이 상존해 있는 상태였기 때문에, 당은 더는 신라 원정을 추진할 수 없었다. 결국 나당전쟁의 패배를 인정하고 현실을 직시할 수밖에 없었다.

신라 병사兵士. 모든 전쟁은 이름 없는 수많은 병사의 희생으로 치러진다.

2부 · 나당전쟁의 이해

1장

나당전쟁과 삼국통일전쟁을 어떻게 불러야 할까

삼국통일전쟁과 '7세기 중후반 동북아시아전쟁'

나당전쟁을 일컫는 용어로 '대당전쟁對唐戰爭'·'신당전쟁新唐戰爭'이라는 표현도 있다. '대당對唐'은 당을 기준으로 하는 용어로 당에 대한 주체가 모호하기에 '신라의 대당전쟁'처럼 부연 설명이 필요하다. 중국 및 일본 학계에서는 '당라전쟁唐羅戰爭'이라 표현한다. 그리고 나제동맹·나려동맹·나일관계·나당동맹·나당연합이라는 용어가 일반적으로 쓰이고 있다. 따라서 일반적으로 통용되고 있고 대등한 의미를 지니는 '나당전쟁'이 적절한 용어로 여겨진다.

삼국통일전쟁은 한국사에서 가장 큰 영향을 끼친 전쟁 중 하나라고 할 수 있다. 삼국통일로 인해 우리나라는 현대 국가 가운데 가장 이른 시기에 모습을 드러낸 국가 중 하나가 되었다. 이러한 삼국통일전쟁의 마지막을 장식하는 것이 바로 나당전쟁이다. 나당전쟁은 백제와 고구려가 멸망한 후 신라와 당이 한반도의 주도권을 놓고 670년부터 676년까지 벌인 전쟁이다. 나당전쟁은 우리 민족 생존을 위한 항전抗戰이라는 점에서 그 의의가 크다.

최근 역사학계에서는 '삼국통일전쟁'이라는 용어가 화두다. 당시 전쟁은 신라의 통일전쟁이 아니라 동북아 여러 국가가 참가한 국제전이라는 것이다. 이에 '7세기 중후반 동북아시아전쟁'이라 불러야 한다는 움직임이다. 또 통일은 사전적으로 원래 하나였던 것이 나누어졌을 경우 이를 다시 합칠 때 사용한다면서 '삼국통일'이라는 용어를 사용할 수 없다는 것이다.

삼국통일전쟁에 당이나 왜 등 동북아시아 국가들이 참가한 것은 분명하다. 그래서 앞선 논리를 따른다면, 명이나 일본이 참가한 임진왜란은 '16세기 후반 동북아시아전쟁'이라고 불러야 한다. 또 미국이나 중국 등이 참가한 6.25전쟁은 '20세기 중반 동북아시아전쟁'이라고 불러야 한다. 임진왜란과 6.25전쟁이 국제전이라는 것은 누구나 알고 있다. 국제전이라는 것은 전쟁의 '성격'이지 그것이 전쟁의 '명칭'이 되어서는 곤란하다.

물론 임진왜란이나 6.25전쟁이라는 명칭도 완벽한 명칭이라고는 할 수 없다. 하지만 한국인이 한국사를 인식하기 위해서는 어떤 사건이 우리 역사에서 어떤 의미를 지니는지 규정하는 것으로 명칭이 설정되어야 마땅하다. 7세기는 우리 역사에서 볼 때 삼국이 존재하던 시기에서 신라 하나만 남는 시기로 전환되는 획기였다. 이 시기 전쟁을 단지 '국제전'이라는 성격에 주목해 '7세기 중후반 동북아시아전쟁'이라고 부를 수는 없다.

또 앞선 논리대로라면 진시황은 중국을 통일한 적이 없다. 은주시대는 영역 한계가 있었고 춘추전국시대 각국은 서로 다른 국가였으며 당연히 중화민족이라는 개념도 없었다. 진시황 이전에 중국이 하나였던 적이 없기 때문에, 중국 최초의 통일이라는 개념은 성립할 수 없는 것이다. 나아가 복장 통일, 행동 통일, 색깔 통일 등과 같은 말도 쓸 수 없다. 하지만 실제 사전의 통일 용례에는 '여러 가지를 하나로 합친다'라는 의미도 있다.

삼국통일 관련 신문기사에는 "고구려가 통일했어야 한다", "신라는 외세를 끌어들여 동족 국가를 멸망시켰다", "신라 때문에 만주 벌판을 잃어버렸다"라는 댓글이 어김없이 달린다. 심지어 "신라는 민족의 원흉이자 매국노다"라는 표현도 등장한다.

660년 백제가 멸망한 것은 나당연합군에 대응하지 못했기 때문이다. 660년 이전 백제는 신라 공격에 주력하느라 당군이 서해를 건너 진군해 올 것이라는 점을 간과했다. 실제 당군이 덕물도에 도착한 시점에서는 국론이 분열되어 방어 계획 수립에 실패했다. 공격과 방어 개념에서 볼 때 나당연합군 18만 명을 상대한 백제군 6만 명은 충분히 대적할 만한 병력 비율이었다. 또한 신라군과 당군은 합군하지 않고 각각 행군해서 백제 수도로 향했기 때문에 각개격파 당할 가능성도 높았다.

668년 고구려 멸망에는 고구려 권력층의 내분이 결정적 역할을 했다. 연개소문 사망 후 연남생이 최고 권력자 자리에 올랐지만 다른 아들들의 반발로 권좌에서 밀려났다. 고구려 멸망 직전 연남생은 고급 군사 정보와 함께 자기 세력 하의 성읍을 당에 바치며 투항했다. 연개소문의 동생 연정토는 자기가 거느린 성읍과 함께 신라에 투항했다. 나당연합군 공격 이전에 이미 고구려 북방과 남방 전선에 구멍이 뚫려버린 것이다.

고구려, 백제, 신라는 삼국통일 이전까지는 민족이나 공동체 개념이 없었다. 당이나 왜와 마찬가지로 서로 다른 국가였고 오히려 직접 피해를 입히는 철천지 원수였다. 알고 보면 고대 사회에서 '외세'를 가장 많이 끌어들인 것은 백제였다. 백제는 수시로 왜를 한반도로 끌어들여 신라를 공격했고 중국 왕조에 고구려를 공격해달라고 사신을 파견하곤 했다. 우리는 이런 백제를 '매국노'의 원조라고 부르지 않는다.

신라가 외세를 끌어들여 백제와 고구려를 멸망시킨 점은 분명하다. 또한 영토적으로 대동강 이남에 한정된 점은 안타까운 사실이 아닐 수 없다. 하지만 그건 어디까지나 현대인의 사고다. 오늘날 시각으로 당시 신라 입장을 판단해서는 곤란하다. 7세기 신라에게는 당과 왜는 물론 백제와 고구려도 모두 '외세'였다.

과거 역사는 당연히 현재적 의미를 추구해야 그 생명력을 얻는다. 과거 당대인의 고민과 노력을 배우고 과오가 있다면 반성의 계기로 삼아야 한다. 하지만 현재의 정치·종교·지역 감정을 투영해 과거 역사를 비틀어 보아서는 곤란하다. 현재의 잣대로 과거를 재단해서는 안 된다.

고려의 통일이 진정한 통일인가

"고려는 외세의 간섭과 도움 없이 독자적 힘으로 후삼국을 아우르고 다수의 발해인을 받아들임으로써 진정한 통일을 이루었다. 고려의 통일은 이후 남북이 분단되기까지 하나의 국가 체제를 유지해오는 시발점이 되었다."

대형 출판사가 발간한 교양서의 고려 통일 대목이다. '신라의 통일은 물리적 통일에 불과하기에 고려의 통일이 진정한 통일'이라는 입장이다. "신라는 신라인과 신라인이 아닌 자들에 대한 구별과 차별로인해 물리적 통합 수준을 넘어서지 못했다. 그 결과 신라 말 새로운 통합의 구호로 백제와 고구려가 등장하기 시작했다"라고 평가되기도 한다. 이러한 인식은 현행 한국사 교과서의 서술 내용과 크게 다르지 않다.

고려의 통일이 진정한 통일이라는 근거는 크게 세 가지다. 첫째, 외세를 끌어들이지 않았다. 둘째, 후삼국을 아울렀다. 셋째, 다수의 발해인을 받아들였다. 하나씩 살펴보자.

첫째, 고려도 외세를 끌어들였다. 후삼국 시기 고려의 왕건은 후백제와의 결전을 앞두고 대군을 편성했다. 이때 왕건군의 중군中軍에는 흑수黑水·철리鐵利 경기병 9,500명이 동원되었다. 흑수와 철리는 주로 만주 일대에 거주하던 말갈족이다. 이들은 당에 비해 규모는 작았어도 엄연히 외부 세력임에는 틀림없다.

둘째, 후삼국은 통일신라에서 비롯되었다. 후백제는 신라 무관출신이던 견훤甄萱(재위 892~935)이 전라도 일대에서 건국한 나라다. 후 고구려는 신라 왕족의 후손으로 추정되는 궁예弓裔(재위 901~918)가 강원도 일대에서 건국한 나라다. 후백제나 후고구려 모두 통일신라 영역(대동강~원산만 이남)을 벗어나지 않고 있다. 물론 인적 구성도 통일신라인이었다.

셋째, 신라도 다수의 고구려 유민을 받아들였다. 고구려가 멸망하기 전 신라는 고구려의 연정토가 이끄는 3,500여 명을 받아들였다. 또 고구려 멸망 후에는 부흥운동을 일으킨 안승 세력을 옛 백제 지역으로 이주시키며 '보덕국'이라는 국호를 주고 안승을 왕으로 삼았다. 신라의 영향 하에 있던 국가였지만 엄연히 다수의 고구려 유민을 받아들인 것은 분명하다.

이렇게 볼 때 신라의 통일과 고려의 통일은 큰 차이가 없어 보인다. 신라 북방에 발해가 새롭게 건국한 사실에 차이가 있을 뿐이다. 만약 고려시대에 발해의 후손을 자처하는 국가가 나타나 만주 일대를 장악했다면 고려의 통일도 불완전한 것이 되고 만다. 이는 조선의 경우도 마찬가지다.

신라는 삼국을 통일하며 옛 백제 영토와 고구려 남부를 차지해 영토가 200퍼센트 정도 늘어났다. 고려는 신라 영토에서 북방으로 25퍼센트 정도 영역을 넓혔다. 조선은 고려 영토에서 다시 북방으로 약 25퍼센트 영역을 넓혔다. 이 가운데 조선은 4군 6진 개척에 엄청난 시간과 노력을 기울여 압록강~두만강 선을 확정했고 이것이 바로 우리의 현재 국경이다.

삼국통일 이후 신라가 더 북진하지 않은 점은 아쉬운 대목일 수밖에 없다. 하지만 단 시간 내에 가장 많은 영토와 인구 변화를 가져온 것은 신라다. 완전히 다른 3국을 만족할 수는 없을지라도 하나의 공동체 단위로 만든 것만은 인정해야 한다. 고려는 통일신라에서 분리된 3국을 다시 통합한 것이며 조선은 고려에서 영토를 좀 더 확장한 것 뿐이다.

신라의 삼국통일

현대 국가의 기본 요소는 국민, 영토, 주권이다. 고대의 경우 현재보다 인구밀도가 낮아서 그런지 물적 요소보다 인적 요소가 강조되는 경향을 보인다. 신라의 삼국통일을 설명하면서 영토적 한계를 지적한다면 고려나 조선도 지탄받아야 마땅하다. 신라, 고려, 조선 모두 만주 지역을 상실했기 때문에 우리가 만주 지역을 확보할 때까지 우리나라의 진정한 통일은 없다는 말이다.

삼국을 통일한 신라가 고구려인과 백제인을 차별했다는 이야기로 되돌아가보자. 솔직히 장기간 전쟁을 통해 피흘려 장악한 영토와 그곳 백성을 차별하는 것은 동서고금 당연한 이치다. 전쟁 후 평등하게 대우하면 전사상자가 생존한 국내에서 먼저 비판받을 것이다. 사실 그렇게 평등과 평화를 지향한다면 애초부터 싸우지도 않았을 것이다.

676년 삼국통일 전후에 피정복민 차별은 당연한 결과다. 그러나 이러한 인식을 신라 말까지 끌어오는 것은 무리다. 후백제가 900년에 건국했으니 이는 삼국통일 이후 224년 뒤의 일이다. 참고로 수십 개 왕조가 흥망을 거듭한 중국 역사를 빗대어보자. 중국 각 왕조의 지속 시기를 보면, 청淸 296년, 명明 276년, 전한前漢과 요遼가 각각 209년에 불과하고 나머지는 채 200년을 넘기지 못했다. 광복 이후 대한민국의 존속 기간은 80년도 안 되었다. 통일신라 224년이 얼마나 긴 시간인지 가늠이 되지 않는가? 30년을 한 세대로 본다면 일곱 세대가 지나야 하는 것이다.

삼국이 하나가 된 이후 200여 년 동안 언어와 문화의 동질성은 강화될 수밖에 없었다. 통일신라에서 고려로 넘어가는 시점까지 외부의 큰 침략도 없었고 영토 변화도 그렇게 크지 않았다. 통일신라에서 느슨했던 공동체 의식은 고려시대에 무수한 외침을 받으면서 견고해졌다. 고려에서 조선으로 넘어가는 것도 외침이 아니라 위화도 회군이라는 내부 변동이 결정적이었다. 이러한 맥락을 두루 살피며 신라가 이룩한 삼국통일의 의미를 되새길 필요가 있다.

2장
한반도 방기론과
종번론은 무엇일까

국외의 나당전쟁 연구 동향

나당전쟁 관련 기록은 『삼국사기』에 가장 자세히 서술되어 있다. 12세기에 간행된 『삼국사기』는 신라의 삼국통일을 긍정하고 있으며 이후 15세기의 『동국통감東國通鑑』과 18세기의 『동사강목東史綱目』도 신라—고려 정통론에 입각해 쓰였다. 그런데 일부 실학자들이 신라의 일통삼한一統三韓, 즉 삼국통일을 부정하고 나섰다. 나당전쟁 이후 신라가 삼국의 전 영토를 아우르지 못한 데다 698년 발해가 건국됨으로써 신라의 '통일'은 불완전하다는 것이다. 이러한 논의는 현재까지도 진행 중이다.

근대 이후 나당전쟁을 본격적으로 검토한 이는 일제 시기 일본 학자 쓰다 소키치津田左右吉와 이케우치 히로시다. 쓰다 소키치는 옛 백제·고구려 영토는 당 본토에서 거리가 멀어 교통이 불편하고 유민들이 복종하지 않았는데 이러한 허점을 신라가 이용해 '병탄倂呑'했다고 보았다. 또한 『삼국사기』에 신라가 승리한 것으로 기록된 매소성 전투는 신빙할 수 없다고 했다. 이케우치 히로시는 나당전쟁을 신라와 당이라는 국가 대 국가 간 전쟁으로 본 것이 아니라 신라의 욕심으로 인해 당이 정벌을 단행한 것으로 인식했다. 즉 검모잠의 '반란反亂'을 지원한 신라가 당이 차지하고 있던 옛 백제 영토를 '침략'했기 때문에 당이 이에 대한 조치로 신라를 '정벌'하게 되었으며, 이후 안동도호부가 요동으로 이동하면서 한반도는 '방기放棄'되었다는 것이다.

중국의 저명한 학자 천인커陳寅恪는 토번의 발호로 당의 서북 지역이 위급해지자 동북 지역을 경영할 여력이 없었기 때문에 당은 동북 지역에 소극적인 정책을 취할 수밖에 없었고, 결국 한반도를 방기하게 되었다고 했다. 이러한 쓰다 소키치·이케우치 히로시, 천인커의 관점은 이후 일본과 중국 학계의 일반적인 견해로 자리 잡았다. 서구 학계에서도 대체로 이와 유사한 맥락에서 나당전쟁을 이해했다. 국외 학계 입장은 고구려 멸망 후 신라가 옛 백제 영토를 '침략'하자 당이 신라를 '정벌'하면서 전쟁이 시작되었고 토번의 발호로 당이 신라를 '방기'함으로써 전쟁이 종결되었다고 정리할 수 있다.

이러한 '한반도 방기론'의 기저에는 일본 제국주의 식민사관이 깔려 있음을 주지해야 한다. 쓰다 소키치와 이케우치 히로시는 대표적인 만선사학자滿鮮史學者다. 고구려 부흥운동은 상대적으로 중시하는 한편 신라의 당에 대한 활동은 축소 혹은 왜곡했다. 만선사관에서는 만주사와 조선사가 동등한 지위를 차지하고 있지 않다. 만주사가 규정적·중심적이고 조선사는 그에 부속적·종속적 지위를 가진다. 즉 '반도半島'는 대륙과 해양의 중간 지점에 완성되지 않은 지역이며 그곳에 거주하는 사람들은 미숙한 국민성을 가지고 있어, 대륙의 중국과 해양의 일본이라는 두 강국 사이에 끼어 강고한 독립국을 만들 수 없으며 항상 강국의 눈치를 보는 사대주의를 통해 국가를 유지했다고 한다. 따라서 한국 고대국가의 역사는 만주 세력의 남진南進과 일본 세력의 북진北進 속에서 부수적으로 존재한 역사로 간주되는 것이다. 이는 한국사를 타율성론에 입각해 서술함으로써 한국의 자주성·주체성을 없애고자 한 의도라고 할 수 있다.

중국 학자가 일제의 식민사관을 그대로 따라 한국사를 인식한 것은 근대 중화주의中華主義 강화와 더불어 일어난 특이한 변화 중 하나다. 중국의 동양사 연구자 왕통링王桐齡은 한漢·당唐의 '정벌'을 강조해 중국 세력의 남진 구도로 파악하고 임나任那를 거점으로 하는 일본 세력의 북진과 아울러 중일병진中日竝進 구도라는 근대 중국의 한국사 인식 체계를 수립했다. 중국의 교육사상가 황옌페이黃炎培는 일제의 식민사관을 아무런 비판이나 검증 없이 그대로 수용해 식민사관이 중화사관과 전혀 모순되지 않으며 오히려 상호 상승작용하면서 결합되었다고 했다. 양자는 상호 간 논리적 친화관계를 바탕으로 필요에 따라 서로 차용하면서 상호 전환될 수 있는 관계에 있었던 것이다. 비록 천인커가 1920년대 왕통링·황옌페이의 역사 인식과 직접적인 연결고리가 없다고 하더라도 그들의 사관史觀은 천인커가 한국사를 바라보는 관점에 적지 않은 영향을 미쳤을 것이다.

그렇기 때문에 나당전쟁을 바라보는 중일 학계의 관점은 신라와 당 사이에 발생한 전투 자체에 대한 논의보다는 전쟁 개시 및 종결의 배경 문제에 초점이 맞추어질 수밖에 없었다. 만선사관에 따르면 '반도'의 신라는 '만주'의 고구려보다 열세여야 하고, 중화사관에 따르면 고구려를 멸망시킨 당이라는 세계 제국에 의해 반도의 소국이 '정벌' 당해야 한다. 결국 이러한 입장에서는 고구려보다 '열등'한 신라가 당시 최강대국 당에 승리한다는 것은 상정하기 어려울 수밖에 없다. 따라서 나당전쟁 후 안동도호부가 요동으로 이동하고 당의 세력이 한반도에서 물러나게 되는 것은 신라의 역할보다는 토번의 발호라는 외부적 요인으로 설명해야 자연스러운 것이 된다.

국외 연구 가운데 당이 한반도에서 물러난 원인으로 신라의 역량 강화를 언급한 연구도 있으나 소수 견해에 불과하다. 대부분 고구려 유민의 저항, 보급로 제한, 병력 부족 등을 간략히 언급하고 있을 뿐이다. 중국의 수당사 연구자 한성韓昇은 한반도를 장기간 직접 점령 통치하는 것의 의미가 퇴색되고 내·외의 제약으로 인해 한반도에서 후퇴한 것으로 파악했으며, 또 다른 수당사 연구자 왕샤오푸王小甫는 당이 원래부터 한반도에 영토적 야심이 없었다고 했다. 이렇듯 국외 학계의 연구는 대부분 신라와 당이라는 국가 간 충돌 자체를 중심으로 접근하는 것이 아니라 전쟁의 배경 혹은 당의 상황에 초점이 맞추어져 있다.

2부 • 나당전쟁의 이해

국내 나당전쟁 연구 동향

국내 학계의 나당전쟁에 관한 입장은 국외 학계 견해와 전혀 다르다. 이기백은 신라가 검모잠의 부흥군을 원조해서 당의 축출을 꾀했고 옛 백제 영토로 군대를 출동시켜 부여융의 백제군과 당군을 각처에서 격파했으며 매소성 전투를 위시한 한강 유역 전투에서 당군 축출에 성공했는데, 이같이 신라가 당의 침략을 무력으로 물리치고 독립을 쟁취했다는 사실은 커다란 의의를 지닌다고 했다.

이병도는 검모잠 세력이 당 세력을 축출하려는 신라군과 합세해서 눈부신 활동을 계속했고 이에 요동에 있던 당군이 한반도로 남하해 고구려의 남계南界와 신라의 북계北界에서 나려羅麗 연합군과 싸웠으며 치열한 전투를 거쳐 드디어 676년 요동으로 철수하고 말았는데, 이것은 결국 당 세력의 패배를 의미하는 것이라고 했다.

미국 학자 존 제이미슨John C. Jamieson은 『삼국사기』가 많은 부분에서 중국 자료를 편입해놓았기에 한국과 중국 관계를 연구하는 데 있어 실망스러운 점이 적지 않지만, 당 태종과 고종 시기만은 『삼국사기』가 공헌한 바가 크다고 했다. 특히 그는 나당전쟁에 투입된 당장唐將을 분석하면서 당시 한반도에서 발생한 일련의 사건에 관해 중국 측 기록은 불완전하고 부정확하다고 지적했다.

이후 국내 학계에서는 『삼국사기』를 중심으로 나당전쟁을 이해하는 것이 일반화되었다. 이는 1950년대부터 한국적 주체성 찾기가 일어나 1960년대에 민족을 공개적으로 드러내고 민족의 우수성을 역사 차원으로 끌어올리고자 한 사회 기조와 궤를 같이 한다. 따라서 신라의 삼국통일과 나당전쟁은 비록 영토적 한계는 있지만 민족 생존을 위한 항전抗戰이라는 점에서 그 의의가 크다. 신라는 외세를 능동적으로 이용했고 자율적으로 그들을 축출시켰으므로 자력에 의해서 통일을 완수했다는 점이 강조되었다.

이러한 나당전쟁 연구는 1990년을 전후하여 본격적인 궤도에 오른다. 민덕식은 나당전쟁의 원인을 개괄하고 최대 격전 장소인 매소성의 위치 비정을 중심으로 검토했으며, 허중권은 나당전쟁의 전투 양상을 계량화하기도 했다. 이호영이 일련의 연구를 집성해서『신라삼국통합新羅三國統合과 여·제패망원인연구麗·濟敗亡原因硏究』를 펴냄으로써 나당전쟁 연구는 전체적인 체계가 잡히게 되었다. 안국승은 매소성을 경기도 연천의 대전리산성으로 비정했으며, 노태돈은 오골성 전투가 요동에서 발생한 사건임을 명확히 하고 나당전쟁 개전 시점을 669년으로 설정했다. 이러한 기존의 연구 성과를 바탕으로 서인한은『나당전쟁사』를 발간하기에 이른다.

이후 나당전쟁 연구는 2000년대 들어 국내 학자 서영교에 의해 새로운 전기를 맞이한다. 서영교는 나당전쟁의 전개가 서역西域의 전황과 맞물려 돌아갔다고 파악해 한반도에 국한된 시야를 동아시아 전체로 확대할 필요가 있음을 주장했다. 669년 9월 토번이 천산남로를 급습하자 670년 4월 설인귀가 이끄는 당의 주력군이 서역으로 총 투입되었고, 이에 670년 3월 신라군이 압록강 이북으로 진출할 수 있었으며, 675년 9월 매소성에 주둔하던 말갈족 출신 이근행이 말갈병을 이끌고 서역으로 이동하자 이듬해 나당전쟁은 종결되었다는 것이다. 즉 '약소국' 신라는 서역 상황을 예의 주시하다가 당군 주력이 서역으로 이동하자 전쟁을 감행할 수 있었고, 이후 당군 주력이 이근행을 따라 서역으로 이동해서 나당전쟁이 종결되었으므로 종전終戰은 매소성 전투 승리의 산물이 아니며 국제적 상황이 낳은 의도하지 않은 결과였다는 것이다.

종번론의 등장

중국의 수당사 연구자 바이건싱拜根興은 나당전쟁 연구에 있어 몇 가지 문제점을 지적하고 다양한 중국 측 자료를 소개하고 정리하여 나당전쟁 연구에 새로운 활력을 불어넣었다. 바이건싱은 675년 매소성 전투는 전투 기록이 불완전한 점으로 미루어 볼 때 신라가 승리한 전투가 아니며, 이때는 이미 당의 서북 변경이 위험해졌기 때문에 당군이 철수하면서 매소성 전투가 발생했다고 이해했다. 또한 676년 설인귀는 상주象州에 유배중이어서 전투에 참여할 수 없었으므로 기벌포 전투 역시 국내 학계 입장 그대로 받아들여서는 안 된다고 했다. 즉 나당전쟁 연구의 중점은 매소성 전투나 기벌포 전투가 아니라 그 이전 상황이어야 한다는 것이다.

이후 바이건싱은 나당전쟁 연구의 문제점을 다시 언급하며, 나당전쟁 결과는 전쟁 후 신라가 다시 당에 신속臣屬해서 나당 간 군신관계가 성립되었기 때문에, 나당 모두의 승리로 보아야 한다는 '당라종번론唐羅宗藩論'을 제시하기도 했다. 나당전쟁이 끝나고 오래지 않아 양국은 '종번宗藩'관계를 다시 수립했을 뿐 아니라 당과 주변 민족 국가의 종번관계에서 모범을 보이기도 했기 때문에, 나당 양국이 각자의 목적을 달성했다고 보는 것이다.

실제 신라는 나당 간 종번관계를 부인하지 않았으며, 나당전쟁 과정에서도 조공·책봉의 외교 시스템은 붕괴되지 않았다. 비록 조공·책봉 제도가 종주국과 번국이라는 상하 위계질서로 규정되어 있다고는 해도 그것은 추상적이고 관념적인 이념에 불과하다. 실제로는 서로의 독자성을 인정하는 나름대로 합리적인 국제관계였다. 따라서 나당 간 종번관계가 다시 수립되어 신라가 당의 세계 질서를 벗어나지 못했기 때문에 나당전쟁 결과가 양자 모두의 승리라고 보는 견해는 타당하지 않다.

근자에 노태돈은 삼국통일전쟁을 다루며 나당전쟁에도 많은 지면을 할애해 '한반도 방기론'에 부정적인 견해를 피력했다. 즉 나당전쟁은 669년 4월 무렵 시작되었으며, 670년 3월 신라군이 요동으로 진출하므로 토번은 나당전쟁 개전과 구체적인 관계가 없음을 지적했다. 노태돈은 나당전쟁 개전은 별다른 제3의 변수가 없는 가운데 일차적으로 신라의 정세 판단과 전쟁 의지에 따라 진행된 것이라고 보았다.

3장

나당전쟁을 어떻게
이해해야 할까

일본 학계의 나당전쟁 인식

하야시 다이스케林泰輔는 메이지 시기에 '조선사(한국사)' 연구를 개척한 인물로, 『조선사朝鮮史』(1892), 『조선근세사朝鮮近世史』(1901), 『조선통사朝鮮通史』(1912) 등의 저서를 통해 한국에 대한 인식 뼈대를 구축했다.

하야시 다이스케가 조선사 연구의 토대를 마련한 인물이라고 한다면, 시라토리 구라키치白鳥庫吉는 이를 확대·재생산한 인물이다. 시라토리 구라키치는 1886년 도쿄제국대학을 졸업하고 가쿠슈인대학과 도쿄제국대학에서 학생들을 지도했다. 일본과 조선을 중심으로 아시아 전반적인 역사와 문화 등을 연구한 시라토리 구라키치를 적극적으로 이어받은 이들이 쓰다 소키치와 이케우치 히로시다.

쓰다 소키치는 1891년 도쿄전문학교(현 와세다대학)를 졸업하고 시라토리 구라키치의 지도를 받았다. 이후 1908년 남만주철도주식회사(만철)에서 만주와 조선의 역사·지리를 연구했다. 만철은 순수하게 철로를 놓는 회사가 아니라 일본이 대륙을 침략하기 위해 설립한 싱크탱크Think Tank였다. 시라토리 구라키치가 주도한 만철의 만주와 조선의 역사·지리 연구는 1914년에 도쿄제국대학으로 이관되었다. 이후 쓰다 소키치는 와세다대학에서 교편을 잡았다.

이케우치 히로시는 도쿄제일고등학교를 거쳐 1904년 도쿄제국대학을 졸업했다. 이후 도쿄제국대학에서 학생들을 가르치며 조선사 연구에 주력했다. 물론 만철의 만주·조선의 역사·지리 연구에도 적극적으로 참여했다. 이케우치 히로시의 연구는 『만선사연구滿鮮史研究』(1951~1979)라는 제목으로 5권이 발간되었다. 이 외에 만선사를 강조한 인물로 이나바 이와키치稲葉岩吉가 있다. 이나바 이와키치는 고등학교 졸업 후 중국에서 유학했으며 1909년부터 만철에서 만주와 조선 역사를 연구했다.

신라를 바라보는 일본과 중국 학계의 시선은 비슷하다. 특히 신라와 당이 직접 무력 충돌을 벌인 나당전쟁에 대한 인식은 거의 일치한다. 근대 이후 나당전쟁은 대표적 만선사학자인 쓰다 소키치와 이케우치 히로시에 의해 본격적으로 검토되었다.

쓰다 소키치는 "옛 백제와 고구려 지역은 당 본토에서 거리가 멀어 교통이 불편했다. 그곳 유민은 당에 복종하지 않았으며 이러한 허점을 이용해 신라가 병탄했다"라고 보았다. '병탄'은 남의 재물이나 영토를 함부로 자신의 것으로 만들었다는 뜻이다. 신라가 옛 백제·고구려 지역을 장악한 것은 바람직하지 않은 행동이라는 것이다. 나아가 그는 "『삼국사기』에 매소성 전투에서 신라가 승리한 것으로 기록된 것은 믿을 수 없다"라고 했다. 신라가 당을 이기는 것은 있을 수 없다는 말이다.

이케우치 히로시는 "당이 차지하고 있던 옛 백제 지역을 신라가 침략했기 때문에 당이 신라를 정벌하게 되었다"라고 했다. '정벌'은 죄가 있는 무리를 군사를 동원해 공격한다는 뜻이다. 신라가 욕심을 부렸고 당이 이러한 신라를 징벌했다는 것이다. 670년 설오유 부대가 요동을 공격한 것을 두고 "2만 명 병력이 멀리 압록강을 건너 요동 방면으로 공격하는 것은 상정하기 어렵다"라고 하면서 압록강을 대동강으로 바꾸었다. 역사서에 압록강이라고 기록된 것을 임의로 바꾸어 신라의 역할을 축소해버린 것이다. 그리고 그는 "안동도호부가 요동으로 이동하면서 한반도는 방기되었다"라고 했다. 한마디로, 나당전쟁 결과 당이 물러난 것이 아니라 당이 스스로 물러나면서 한반도가 방치되었다는 주장이다.

중국 학계의 나당전쟁 인식

이러한 식민사관 논리는 중국에서도 그대로 재현되었다. 중국 학자 천인커는 『당대정치사술논고唐代政治史述論稿』(1922)에서 다음과 같이 언급했다. "토번의 발호로 당의 서북 지역이 위급해지자 동북 지역을 경영할 여력이 없었다. 이로 인해 당은 동북 지역에 대해 소극적인 정책을 취할 수밖에 없었고 결국 한반도를 방기하게 되었다.”기본적으로 이케우치 히로시의 한반도 방기론에 동조하면서 토번을 언급했다. 이와 같은 시각은 일본과 중국 학계의 일반적인 견해로 자리매김했고 서구 학계도 이와 비슷한 맥락에서 이해하고 있다.

왕통링은 『동양사東洋史』(1922)에서 한漢과 당唐의 정벌을 강조했다. 한 무제武帝(재위 기원전 141~기원전 87)는 고조선을 멸망시키고 그 자리에 '한사군漢四郡'을 설치했고, 당 고종은 고구려를 멸망시키고 안동도호부를 설치했다. 중국 세력이 남진해서 한반도 북부에 영향력을 행사한 것으로 보았다. 이와 더불어 일본 세력이 북진해서 한반도 남부에 '임나일본부任那日本府'를 설치한 것으로 인식했다. 한마디로 한반도의 북부는 중국, 남부는 일본의 영향 하에 있었다는 말이다. 중국과 일본이 함께 한반도로 진출하는 구도로 파악한 것이다. 왕통링에 의해 근대 중국의 한국사 인식 체계가 수립되었다. 일제의 식민사관과 똑같은 맥락이다.

황옌페이는 『조선朝鮮』(1922)에서 식민사관을 아무런 비판이나 검증 없이 그대로 수용했다. 중국 중심의 중화사관과 식민사관은 서로 충돌하지 않았고 오히려 서로 상승 작용하면서 결합되었다. 논리에 따라 중국 세력의 남하와 일본 세력의 북진은 서로 차용할 수 있는 위치였던 것이다. 왕통링은 식민사관을 이용해서 한국사를 인식하는 구도를 정착시켰고 황옌페이는 이를 보급시키는 데 큰 역할을 했다.

이렇듯 나당전쟁에 관한 중국과 일본 학계의 견해는 대체로 비슷하다. 나당전쟁을 이해함에 있어 토번의 성장을 고려하지 않고 신라의 승리만을 강조하는 것은 문제가 있다. 하지만 전쟁 자체에 관심을 두는 대신 외부적 요인만 찾는 것은 더 큰 문제다. 식민사관 속에서 한반도는 중국 대륙을 이길 수 없다. 열등한 신라가 최강대국 당을 이길 수 없다. 아니, 이겨서는 안 된다.

나당전쟁 인식의 한계

일본과 중국 학계는 나당전쟁 자체에 큰 관심이 없었다. 어떻게 당이 신라 원정을 그만두게 되었는가에만 초점을 맞추어 결국 그 이유로 토번의 성장을 주목한 것이다. 당의 서쪽에서 토번이 성장했기 때문에 당은 병력을 한반도에서 철수시켰을 뿐이다. "나당전쟁은 신라가 승리한 것이 아니라 당이 한반도를 방기했기 때문에 끝날 수 있었다." 이것이 중일 학계의 논리다. 여기에서는 신라의 역할이 없다. 신라는 당의 심기를 건드려 정벌당했고 토번 때문에 운 좋게 살아남았을 뿐이라는 시각이다.

하지만 실제는 어떠한가? 신라는 압록강을 건너 당을 선제공격했고 7년간 당의 공세를 막아내면서 국가를 유지했다. 당은 그 사이 20만 명을 동원해 신라를 공격했고 결국 원하는 성과를 거두지 못했다. 강력한 고구려는 멸망시켰지만 약해빠진 신라는 굴복시키지 못한 것이다. 나당전쟁 직후 당은 대대적인 사면 조치를 취하고 나당전쟁과 연관된 동부 지역에 전례 없는 대규모 위문 활동을 했다. 정치계에서는 군부 세력이 실권을 잃고 반군부 세력인 이경현이 재상으로 임명되었다.

나당전쟁에 투입된 당의 가장 고위 인사는 유인궤였다. 유인궤는 재상이면서 감수국사監修國史였다. 역사서를 감수하는 역할이었다. 중국 역사서에 백제와 고구려를 멸망시킨 일은 자세하게 실려 있지만 나당전쟁에서 패했다는 기록은 없다. 시간이 지나면서 나당전쟁을 둘러싼 중국의 기억은 희미해져갔다.

중국 역사서 『자치통감』은 기록이 자세하기로 유명하다. 봄·여름·가을·겨울 매 계절마다 한 번은 꼭 기록을 남겼다. 이것이 편수 원칙이다. 하지만 675년 9월부터는 아무런 기록이 없다. 『구당서』와 『신당서』도 동북 지방에서 혜성이 등장했다는 얘기밖에 없다. 이 시기는 바로 나당전쟁의 분수령이 된 매소성 전투가 발생한 때다. 물론 신라가 승리한 전투다. 미국 학자 존 제이미슨은 이렇게 말했다. "『삼국사기』가 기본적으로 중국 역사서를 많이 인용하지만 나당전쟁 기간만은 중국 기록보다 더 자세하다."

중국과 일본 입장에서는 이러한 사실을 굳이 강조하거나 언급할 필요가 없었다. 이와 관련해 구체적인 연구가 진행된 적도 없다. 예나 지금이나 신라가 당을 이기는 것은 상상할 수도 없는 일이니까. 현재 중일 학계의 나당전쟁 인식은 한국 학계의 연구 성과를 일부 반영하면서 조금씩 변화를 보이지만 근본적인 틀은 크게 바뀌지 않고 있다. 이에 앞서 일반인의 나당전쟁에 대한 관심이 더욱 필요한 때다. 나당전쟁 인식은 중국의 동북공정, 일본의 역사 왜곡과 맞닿아 있기 때문이다.

4장

신라는 백제만
통합하려 하였을까

백제 통합론의 근거

일반적으로 7세기 신라가 옛 백제와 고구려 남부를 통합해서 삼국을 통일했다고 본다. 그런데 일부 학자들은 신라의 삼국통일은 요동 지역을 아우르지 못했기 때문에 삼국통일이 아니라 백제 통합에 불과하다고 한다. 실제 신라는 나당전쟁 이후 대동강 이남만 영유했을 뿐 요동으로 진출하지 못했다. 이러한 결과만 놓고 볼 때 후자의 견해가 타당한 듯 여겨질 수도 있다. 하지만 오늘날의 입장과 7세기 신라의 입장을 동일 선상에서 파악해서는 곤란하다. 옛 백제 및 고구려 영토에 대한 당시 신라의 상황을 고려해야 한다는 것이다.

백제 통합론의 주요 근거로는 나당전쟁의 주 전선이 임진강을 중심으로 형성된 점과 나당전쟁 후 신라가 적극적으로 북진하지 않은 점 두 가지를 들고 있다. 즉 대동강 이남에서 임진강 이북의 옛 고구려 영토를 신라가 장악하지 않았다는 것이 논의의 핵심이다. 실제 나당전쟁의 주요 전장인 매소성·칠중성 전투가 모두 임진강을 중심으로 발생했으며, 나당전쟁 후에도 신라는 예성강 일대까지만 장악한 채 대동강 이남의 옛 고구려 영토로는 적극적으로 진출하지 않았다. 하지만 이는 어디까지나 전쟁의 경과와 결과를 두고 접근하는 이해방식이라고 할 수 있다.

백제 통합론의 한계

나당전쟁 과정을 면밀히 보면 신라가 단순히 백제 통합을 위해 당과 전쟁을 벌인 것은 아니라는 사실을 확인할 수 있다. 다시 말해 신라가 백제 통합만이 목적이었다면 이해하기 힘든 부분이 존재한다.

첫째, 668년 고구려 멸망 후 안동도호부로 귀속된 비열홀(안변) 지역을 신라는 실질적으로 장악하고 당에게 반환하지 않았다. 신라 입장에서 볼 때 옛 백제 영토 장악이 목적이었다면 당과 직접적 충돌을 야기할 수 있는 비열홀 문제로 당을 자극할 필요가 없다. 왜냐하면 옛 백제 영토는 비열홀과 비교도 되지 않을 만큼 넓고 인적·물적 자원이 풍부하기 때문이다. 신라가 당의 지시를 따르지 않고 비열홀을 지속적으로 장악한 것은 당과의 전쟁을 염두에 둔 것이라 할 수 있다.

둘째, 670년 3월 나·려 연합군을 형성해 요동을 선제공격할 필요가 없다. 왜냐하면 당과 직접 무력 충돌을 일으켜 신라가 당의 주적이 된 것을 굳이 상기시킬 필요가 없기 때문이다. 다시 말해 고구려부흥운동을 간접적으로 지원하고 당의 눈치를 봐가면서 옛 백제 영토만 빠르게 장악하고 난 후 신라의 입장을 당에 호소해 동의를 구하는 편이 훨씬 수월하기 때문이다. 한편으로 신라가 옛 백제 영토를 장악하기 위해 시간 벌기에 나섰다고 볼 수도 있다. 그러나 신라군이 대동강 선을 넘는 것과 압록강 선을 넘는 것은 전혀 다른 의미를 지닌다. 신라군이 압록강을 도하해 요동으로 진출했다는 사실은 신라가 당과의 전면전도 불사하겠다는 의미로 받아들여야 한다. 당과의 전면전이라고 한다면 당의 한반도 내에서의 이권, 즉 옛 백제 영토와 고구려 영토를 신라가 무력으로 되찾겠다는 의지가 반영되어 있는 것이다.

셋째, 671~673년 사이 나당 간 무력 충돌은 주로 황해도 평야지대를 중심으로 이루어졌다. 이 시기 신라는 평양 인근의 한시성·마읍성, 평양 남쪽의 백수성·한성 등에 고구려 부흥 세력과 협조해 병력을 배치해 두었다. 이는 신라가 고구려 멸망 후 비열홀을 지속적으로 장악한 것과 마찬가지다. 669년 이후 대동강 이남의 옛 고구려 영토에도 영향력을 행사하고자 한 것으로 파악할 수 있다. 물론 고구려부흥 세력을 지원한다는 명목 하에 신라군이 파병되었을 가능성이 농후하다. 하지만 신라가 고구려 부흥운동을 지원한 것은 그 이면에 옛 고구려 영토에 대한 신라의 영향력을 확대하기 위한 의도가 깔려 있음을 주지해야 한다.

넷째, 신라가 황해도 평야지대에 대규모로 파병한 것 자체가 전략상 문제가 있다. 기본적으로 신라가 황해도에 대규모 병력을 보내 고구려 부흥 세력을 직접 지원하는 것은 비효율적이다. 왜냐하면 670년대 초반 아직 옛 백제 영토가 완전히 장악되지 않은 상황에서는 고구려 부흥 세력을 간접 지원하고 예성강 내지는 임진강 방어선을 고수하는 것이 효율적이다. 하천과 도하 지점을 중심으로 방어전을 펼친다면 보다 적은 병력으로 보다 효율적인 방어가 가능함에도 굳이 당과의 야전을 결행한 점은 그 시사하는 바가 크다. 즉 신라가 옛 백제와 고구려 양 전선에 주력 병력을 파병해 당과 전면전을 치른 사실은 신라가 옛 고구려 영토에도 관심이 있었음을 대변한다.

신라의 북진 문제

이러한 점을 가지고 총체적으로 파악해보면, 신라가 단순히 옛 백제 영토만 통합하고자 한 것은 아니었다고 여겨진다. 물론 신라가 옛 고구려 영토를 차지하겠다는 구체적 의지 표명이나 군사 행동을 하지는 않았다. 그렇지만 최소한 대동강 이남에서 원산만에 이르는 선을 확보하고자 시도한 것은 분명하다. 그리고 신라가 북진 의지가 없었다기보다는 당의 실력을 체감한 후 신라의 현실적 역량을 인지하고 더는 당을 자극하지 않았다고 보는 게 올바를 것이다. 신라에게는 장기간 전쟁으로 인해 피폐해진 국내 상황과 옛 백제 및 고구려 남부와 유민을 융화하는 것도 큰 고민거리였다. 즉 당과의 전쟁을 벌여 본래 신라 영토를 2배 이상 늘린 입장에서 굳이 당을 자극하며 또다시 전란으로 몰고갔을 때 취할 수 있는 실익이 크게 없었던 것이다.

신라는 영토 확보를 한반도 내로 국한시킴으로써 당과의 전면전을 피할 수 있었다. 물론 오늘날 관점에서 보면 아쉬운 대목이 아닐 수 없다. 신라의 북진은 나당전쟁의 재점화를 의미한다. 이에 따라 전란 피해가 많았던 압록강과 대동강 사이 완충지대가 자연스럽게 형성될 수 있었던 것으로 보인다. 나당전쟁 이후 신라와 당은 이 완충지대를 서로 암묵적으로 유지함으로써 우호관계를 깨트리지 않은 것이다.

실제 신라는 최초 대동강 이남을 장악하고자 고구려 부흥 세력을 지원하고 황해도에 대규모 정규군을 파병하기도 했다. 하지만 황해도 일대에서 당군을 막아내는 것에 실패하여 당군의 남하에 따라 신라의 방어선도 점차 내려왔다. 672년에는 대동강 선에서 전투가 발생했지만 673년에는 임진강과 한강에서 전투가 발생하기에 이르렀다. 이후 전투는 임진강 선을 중심으로 고착되었다. 이에 당은 임진강 선을 돌파하기 위해 매소성 전투에 대군을 투입시켰으나 신라의 성공적 방어로 인해 실패하고 말았다. 이후 당의 군사 전략이 전환되고 기벌포 전투를 마지막으로 나당전쟁은 종결된 것이다.

나당 간 결정적 전투가 임진강 선에서 이루어졌다고 해서 신라가 임진강 이남만 고수하고자 했다고 보는 것은 문제가 있다. 매소성 전투 시 당군의 공세로 임진강 선이 무너졌다면 차후 방어선은 한강선이 되었음에 분명하다. 여기에서 우리는 670년대 초반 신라가 대동강 선과 황해도 평야 지대에서 직·간접적으로 군사 활동을 전개한 사실을 상기할 필요가 있다. 만약 670년대 초반 전투에서 신라와 고구려 부흥 세력이 당군의 남하를 황해도에서 저지할 수 있었고 당군의 남하가 더 이루어지지 않았다면 나당 간 경계는 기본적으로 대동강 선을 중심으로 이루어질 수밖에 없었을 것이다. 나아가 고구려 부흥 세력과 신라군의 북진도 가능했을지 모른다. 하지만 실제 당은 대규모 부대를 계속 남하시켰고 675년에는 당 군부의 실세 유인궤까지 신라 원정군에 투입하며 나당전쟁에 강한 의지를 보였다.

나당전쟁 이후 신라는 새롭게 통합된 영토를 정비하고 유지하는 데 상당한 시간이 소요되었을 것이다. 장기간 전란으로 인한 직·간접적인 피해는 물론 염전厭戰 사상도 팽배해 있었을 것이다. 이러한 상황에서 신라는 나당전쟁 이후 더는 북진하지 않았다. 한편으로는 임진강 이북의 피폐함도 적지 않은 영향을 미친 것으로 보인다. 만약 신라가 과감하게 북진을 단행할 경우 당과의 전면 충돌을 또다시 상정해야 한다. 득보다는 실이 많은 상황이 벌어질 수 있었다.

신라는 국력의 한계로 요동 방면까지 군사 작전을 본격적으로 벌일 수 없었던 것 같다. 여기에서 주목해야 할 것은 앞서 살펴보았듯이 신라의 전쟁 목적 자체가 시종일관 백제 통합에만 한정된 것은 아니었다는 점이다. 따라서 단순히 나당전쟁의 주요 전장이 임진강 선에 형성되었으므로 신라의 목적이 백제 통합이었다는 입장은 재고되어야 한다.

5장

나당전쟁 개전 시점을
어떻게 보아야 할까

당군과 말갈병 구분

일반적으로 670년 3월에 발생한 오골성 전투를 나당전쟁의 개전
開戰으로 인식하고 있다. 다수가 670년을 개전 시점으로 보는 가운데
669년으로 보는 견해와 671년으로 보는 견해가 나와 있다. 672년으
로 보는 견해도 제시되었다. 최근 나당전쟁 개전 시점을 두고 '신설'이
대두되어 점차 확산되는 경향이다.

2017년 중국의 수당사 연구자 차오링曹凌은 "말갈병이 친당 세력
일 가능성은 농후하지만 말갈병과 교전한 사실을 신라와 당 사이에
전쟁이 발발했다는 의미로 보기 어렵다"라고 주장했다. 또 신라군이
승리했지만 당군이 도착한 후 군대를 철수한 점에서 볼 때 "신라는
당과 직접 대결을 피하면서 전투에 나서고 싶어 하지 않았으며, 당군

과 말갈병은 별도 군대였다"라고 파악했다. 그는 "671년에 당의 계림 도행군이 편성되므로 '670년 말'에 나당전쟁이 시작되었다"라고 정리 했다. 즉 그는 671년 설인귀의 계림도행군이 투입되는 시점을 나당전 쟁 개시로 보는 것이다.

2019년 차오링은 이러한 논지로 국내 대학에서 박사학위를 취득 했다. 박사학위 논문에서는 신라가 고구려 부흥군과 연합해 말갈 을 공격한 이유를 두고 "신라가 신라와 당 사이에 완충지대를 만들 어 북쪽 변경의 안정을 확보하기 위해서"라고 했다. 즉 신라가 고구려 부흥군을 이용하기는 했지만 당군과의 직접 대결은 회피하면서 완 충지대를 설정하고자 했다는 것이다.

이러한 관점은 지극히 당 중심의 접근방식이다. '670년 말'에는 아 무런 교전도 없었는데 어떻게 그것을 전쟁 개시라고 할 수 있을까? 단순히 당이 신라의 옛 백제 영토 점령 사실을 인지하고 원정군을 '편성'한 사실에만 주목하고 있는 것이다. 당시 옛 백제 영토는 엄연 히 웅진도독부로 당의 영토였지 제3의 영역이 아니었다. 그렇다면 당 이 원정군을 편성한 시점이 아니라 신라가 당의 영토, 즉 안동도호부 나 웅진도독부를 공격한 시점을 기준으로 삼아야 하지 않을까? 다시 말해 신라의 공격 시기를 전쟁의 개시로 보는 게 더 타당하지 않냐 는 것이다.

670년 3월 시점에 신라가 군이 당의 영역인 안동도호부 깊숙이 진 출해 완충지대를 만들 필요가 있었을까? 그때 신라는 웅진도독부가 설치된 남쪽의 옛 백제 영토도 장악하지 못한 상태였다. 이런 상황에 서는 고구려 부흥 세력을 간접 지원하고 예성강 내지는 임진강 방어선을 고수하는 것이 효율적이다. 그럼에도 이제껏 한 번도 가보지 못한 요동까지 완충지대를 만들기 위해 무려 1만 명에 달하는 병력을 파병하는 것은 대단한 결심이 필요한 일이다.

신라가 당과의 직접 대결을 회피하고자 했다면 당을 자극할 수 있는 무장 정병 1만 명을 당의 안동도호부 영역을 관통해 북상시키는 것은 불가능하다. 겉으로 동맹국이긴 하지만 허가 없이 무장 병력 1만 명이 불법으로 당의 영역을 500킬로미터 이상 통과해야 했기 때문이다. 신라가 당과의 교전을 원치 않는다고 하면서 무장 병력 1만 명을 동원한다는 것 자체가 어불성설이다. 만약 신라가 오골성 일대에서 말갈이 아니라 당군을 먼저 만났다면 어떤 변명을 할 수 있었을까?

신라와 당의 관계

국내 학계에는 "신라가 직접 전투를 벌인 대상은 말갈이고 당병과는 싸우지 않았기에 신라는 670년 6월까지 당에게 협력적이었다고 볼 여지가 있으며, 오골성 전투는 신라와 당 사이 교전이라고 확신할 수 없다"라고 보는 견해도 있다. "신라와 당의 관계는 670년 7월 신라가 웅진도독부를 직접 공격한 시점에 변화했으며, 신라의 웅진도독부 공격이야말로 나당전쟁의 발발을 알리는 행위"라는 관점이다. 즉 오골성 전투는 당과의 교전이 아니므로 신라의 옛 백제 영토 점령이 나당전쟁의 개시라는 입장이다.

정리하면 오골성 전투에 등장한 말갈은 당군 휘하 부대가 아니라 고구려 부흥운동과 연계된 세력이며, 신라군은 친親신라 인물인 고연무와 연합해 고구려 부흥운동 세력을 공격했다는 이야기다.

이러한 주장대로라면 신라는 반당적 말갈 세력을 당 대신 소탕해 준 셈이고 신라와 당의 관계는 적대적이지 않다고 할 수 있다. 하지만 상식적으로 생각해보자. 당이 요청하지도 않았는데 신라가 멋대로 무장 병력을 동원해 말갈을 소탕해도 되는 것일까? 또 고연무를 친신라 인물로 본다면 범신라군이 무려 2만 명에 달하는 지경에 이른다. 이래도 당이 아무런 경계나 의심을 하지 않았을까?

반당적 말갈을 소탕하기 위해 신라가 임의로 북상했다고 보는 것은 무리다. 당은 '연변緣邊의 관새關塞를 넘어 번인蕃人에게 사사로이 금지된 병기兵器를 준 경우 교絞에 처했다.' 다시 말해 당에서는 개인이 변경을 지나 이민족에게 무기를 넘겨주기만 해도 사형에 처했다. 그런데 신라 무장 병력 1만 명이 허가없이 안동도호부 영역을 지나 북상했다.

신라군은 3월에 말갈병과 먼저 싸워 승리를 거두었고 4월에 당병이 도착하자 물러나 백성白城을 지켰다. 『삼국사기』 원문에는 '말갈병'이 '선지先至'하고 '당병'이 '계지繼至'했다고 되어 있다. 말갈병과 당병 그리고 선지와 계지가 대응하고 있음을 알 수 있다. 또 신라가 말갈병과는 맞서 싸우고 당병과는 후퇴해 방어했으므로, 말갈병과 당병은 모두 신라에게 적대적이었음을 알 수 있다. 다시 말해 말갈병과 당병은 같은 세력임을 쉽게 짐작할 수 있다.

오골성 전투 당시 신라가 당과의 교전을 의도적으로 피하고 반당

2부 • 나당전쟁의 이해

말갈 세력만 공격했다고 가정해보자. 그렇다고 한다면 교전 후 신라는 반당 말갈 세력을 공격했기 때문에 후퇴해 방어할 것이 아니라 당군과 합류해 말갈을 협공한 후 전공에 대한 포상을 받아야 할 것이다. 하지만 신라는 당과 합류하지도 않았고 당에게서 포상을 받지도 않았다.

오골성 전투의 의미

이러한 연구를 수용해 오골성 전투에서 신라와 당의 교전은 없었다고 보는 견해가 끊이지 않고 제시된다. "고구려 무리가 서로 다시 반叛하자 조서를 내려 설인귀를 계림도행군총관으로 삼아 경략經略하게 했다"라는 『구당서』의 기록과 "고구려의 남은 무리가 반叛하자 계림도총관이 되었다"라는 『신당서』의 기록을 근거로 삼아, 설인귀의 계림도행군 편성은 고구려 부흥 세력 때문이라는 주장도 있다. 이를 바탕으로 신라와 당의 최초 교전은 672년 8월 석문 전투라고 인식하기도 한다.

『구당서』·『신당서』의 기록만 보면 고구려 부흥운동 세력 때문에 설인귀가 계림도행군총관에 임명된 것으로 이해할 수도 있다. 하지만 고구려 부흥운동 세력 때문에 행군총관에 임명된 것은 동주도행군총관 고간과 연산도행군총관 이근행이다. 설인귀는 동주도 및 연산도와는 차별화된 계림도행군총관이었다.

672년 8월 이전에 이미 신라는 여러 차례 당군과 충돌했다. 670년

3월 오골성 전투에서 '말갈'과 교전했고, 671년 1월 설구성 전투에서 '말갈'과 교전했으며, 671년 6월 석성 전투에서 '당병'과 교전했다. 설령 말갈병과 당병이 연관 없는 별개 세력이라고 가정하더라도 671년 6월 석성 전투에서 신라군과 당군이 교전한 사실은 변함없다. 따라서 672년 석문 전투가 신라와 당의 최초 교전이라고 보는 것은 무리가 따른다.

신라와 당의 충돌은 '인식상'의 문제가 아니라 '현실상'의 문제다. 물론 당의 입장에서 신라군을 고구려 부흥군이라고 인식했을 가능성도 완전히 배제할 수 없다. 하지만 그것은 어디까지나 당의 시각일 뿐이다. 신라 입장에서는 당과의 전면전을 감수해야 했다. 당이 신라군을 고구려 부흥군이라고 인식하든지 아니면 단순한 지원군으로 인식하든지 간에 신라는 당과의 무력 충돌을 염두에 두고 대규모 병력을 파병한 것이다.

정리하면 당이 신라의 공격을 인식했는지 안 했는지는 중요한 부분이 아니다. 당의 인식 여부는 지극히 당 중심의 사고방식일 뿐이다. 설령 당의 입장에서 '당라전쟁'이 아니라 '고구려 부흥군 진압'이라고 인식했을 지라도 신라 입장에서는 엄연히 '나당전쟁'이었다. 당시 신라는 이미 전쟁을 결심하고 병력을 동원해 전투를 시작했다는 점이 핵심이다.

6장

말갈병 참전을
어떻게 이해해야 할까

말갈병의 이미지

670년 4월에 편성된 고간·이근행의 행군이 한반도로 남하하면서 670년대 초반 황해도 일대에서 신라군과 격전이 벌어진다. 특히 672년 석문 전투로 인해 신라는 전략 전술의 변화가 발생하는데, 이 시기 이후 공세에서 수세로 전환한 것으로 볼 수 있다. 일반적으로 석문 전투에 투입된 주력은 말갈 기병으로 알려져 있다.

석문 전투와 기병을 중점적으로 검토한 연구에서는 말갈병을 주력으로 하는 유목 기병의 대거 출현으로 신라군은 야전에서 실패하고 요충지 방어 위주로 전략이 변화했다고 한다. 그리고 보병 위주의 당군과 기병 위주의 말갈이 합쳐진 번한蕃漢 혼성군의 위력은 대단해서, 진법陳法을 훈련받은 한인漢人과 기마술에 뛰어난 번인蕃人이 절묘하게 결합된 막강한 당군을 신라가 정규전에서 당해낼 수 없으며, 평지에서 정면 대결할 경우 승산이 없다고 한다. 또한 산성을 중심으로 벌어진 산악전에 익숙한 신라로서는 당의 기병을 맞이해 기병으로 대처하는 데 있어 수적으로나 기술적으로 열세였음에 틀림없으며, 이에 신라는 황해도·경기도 평야지대에 대규모로 출현한 당·말갈 기병을 막아내기 위해 장창보병長槍步兵을 조직했다고 본다. 정리하면 나당전쟁기에 신라군이 맞서 싸운 실질적인 대상은 당군이라기 보다 당에 이끌려 온 말갈·거란병이며, 특히 대부분 말갈 기병이라는 것이다.

석문 전투 이후 수성전·소규모 전투 위주로 전투 양상이 바뀌고 석문 전투로 인해 신라의 전략 전술이 전체적 측면에서 수세로 전환된 것은 사실이다. 그런데 석문 전투 과정을 면밀히 살펴보면, 당군에 의해 이끌려 온 말갈과 거란을 기병으로 단정짓기에는 몇 가지 의문점이 존재한다.

말갈병의 병종

8월에 당군이 한시성과 마읍성을 공격하여 이기고, 군사를 백수성으로부터 500보쯤 떨어진 곳까지 전진시켜 군영을 설치하였다. 그러자 신라 군사와 고구려 군사가 이들에 맞서 싸워 수천 명을 목 베었다. 고간 등이 후퇴하자 석문까지 뒤쫓아가 싸웠는데, 우리 군사가 패하여 대아찬 효천, 사찬 의문·산세, 아찬 능신·두선, 일길찬 안나함·양신 등이 죽었다.

당군이 말갈과 함께 석문의 들에 주둔하니 왕이 장군 의복·춘장 등을 보내 방어케 하였는데, (이들은) 대방의 들에 군영을 설치하였다. 이때 장창당만이 따로 주둔하다가 당군 3,000여 명을 만나 그들을 잡아 대장군의 진영으로 보냈다. 이에 여러 당幢에서 함께 말하기를 "장창당이 홀로 진을 쳤다가 성공하였으니 반드시 후한 상을 얻을 것이다. 우리가 모여 있는 것은 한갓 수고로울 뿐이다"라고 하면서 드디어 각각 자기 군대를 갈라 분산하였다. 당군이 말갈과 함께 (우리 군사가) 미처 진을 치지 아니한 틈을 타서 공격하니 우리 군사가 크게 패하여 장군 효천·의문 등이 죽었다.

『삼국사기』 신라본기와 김유신열전 기록은 석문 전투의 진행 과정을 잘 보여주고 있다. 백수성 인근 전투에서 승리한 신라군은 당군을 추격했고, 당군은 석문 들에 주둔했다. 그런데 진영을 달리하고 있던 장창당이 당군 3,000명을 포로로 잡자 다른 부대가 장창당의 공을 시기하여 진영을 분산했다. 그 틈을 타 당군과 말갈병이 공격했고 신라군은 대패하기에 이르렀다.

석문 전투의 1차적 패배 원인은 당군과 말갈병의 파상 공격에 따른 외부요인이 아니었다. 신라군 내부의 공명심에서 비롯된 것이라 할 수 있다. 신라군은 말갈병을 비롯한 당군과의 접전에서 결코 약하지 않았으며, 야전 즉 평지전에서 강한 면모를 보였다. 따라서 비록 석문 전투에서 신라군이 막대한 전력 손실을 입고 전략과 전술이 변화된 것은 사실이지만 신라군이 당군과의 정규전 혹은 정면 전투에서 이길 수 없었다는 견해는 재고의 여지가 있다.

그리고 『삼국사기』는 당의 공격 주체를 당·말갈·거란이라고 명확하게 구분해서 기록하고 있다. 석문 전투에서 패배한 신라군을 추격한 것은 '말갈병'이 아니라 '당군'이다. 말갈병 주력이 기병이라면, '보병' 위주의 당군이 아니라 '기병' 위주의 말갈병이 추격전에 나서야할 것이다. 이는 『삼국사기』 「설인귀서」에서 확인되는 고간의 '한기漢騎'와 이근행의 '번병蕃兵'이라는 표현에서도 알 수 있다. 이를 통해 볼때 당군은 주력이 기병이며 번병은 오히려 보병적 성격을 취했을 가능성도 있다.

왕이 대아찬 철천 등을 보내 병선 100척을 거느리고 서해를 지키게 하였다. 당군이 말갈·거란병과 함께 북쪽 변경을 침범하여 왔는데, 무릇 아홉 번 싸워 우리 군사가 이겨 2,000여 명을 목 베었고, 당군 중 호로와왕봉 두 강에 빠져 죽은 사람이 셀 수 없을 정도로 많았다.

위 사료는 673년 당군의 공세를 전하는 『삼국사기』 신라본기 내용이다. 이케우치 히로시는 673년 9월 당의 공세에 앞서 철천이 수군을 이끌고 서해로 진수했고 이후 신라군과 당군의 전투가 임진강과한강 하류 일대에서 이루어진 점으로 미루어 이때의 말갈·거란병을수군으로 파악한 바 있다.

일반적으로 호로하는 임진강, 왕봉하는 한강에 비정된다. 당시 당군이 임진강이나 한강을 건너거나 하류를 거쳐 상륙하는 데 있어 당수군의 협조가 뒷받침된 것으로 보인다. 호로·왕봉하 전투 이후 말갈병은 경기 김포에 위치한 동자성童子城을 함락시킨다. 동자성은 한강 하류에 위치하기 때문에 도보로 도하할 수 있는 위치가 아니므로 상륙전이 감행되었을 것이다.

아울러 675년 2월 유인궤는 칠중성 전투 후에 말갈병으로 하여금 '바다로 나아가[浮海]' 신라의 남경南境을 공격케 했다. 남쪽 경계의 정확한 위치는 알 수 없지만 전선이 임진강 선에 형성된 점을 감안하면 한강 하류 일대로 추정할 수 있다. 그런데 여기에서 바다를 통해 공격한 것으로 보아 이는 말갈병의 상륙전임을 알 수 있다. 이렇듯 말갈병이 나당전쟁기에 적지 않은 상륙전을 감행한 것은 사실이다. 물론 기병이 상륙전을 수행할 수 없다는 이야기가 아니다. 하지만 적지에 상륙을 감행하고 성전城戰을 수행하기에는 지형적 특성상 기병보다 보병이 유리했을 것이다.

이후에도 말갈병은 아달성·적목성을 공격했는데, 이들 말갈병을 당군의 공세와 무관하다고 보는 견해도 있다. 하지만 이들의 공세는 광주산맥 이북 지역을 장악하려는 당군의 전략에서 비롯된 것으로 보아야 할 것이다. 이 지역은 강원도 내륙으로 말갈병의 주력이 기병이라면 기동하기가 곤란하다. 그리고 여기에서도 성전城戰이 이루어진 점을 감안하면 말갈병의 병종兵種이 단순히 기병 위주로 구성되지는 않았음을 방증하는 사례라고 판단된다. 말갈 중에는 유목 세력하에 있던 부部가 있는 반면 흑수말갈黑水靺鞨처럼 보병전에 뛰어난 부部도 있었다. 실제로 말갈족은 여러 곳에 흩어져 거주했기 때문에 하나의 세력이라고 보기 어렵다.

따라서 나당전쟁기에 당군에게 부용되어온 말갈병을 두고는 보다 신중한 접근이 필요하다. 말갈은 여러 부部로 나뉘어 있었기에 이들이 수행한 전투 유형으로만 봐서 단순히 기병이라고 단정지어서는 안 된다. 당군은 중국 동부 지역에서 동원된 혼성군이었으며, 674년 에는 유인궤의 계림도대행군이 편성되어 주로 성전을 수행하며 상륙 전도 감행했다. 이러한 한반도 주둔군을 유인궤 귀국 후 이근행이 대 신해 이끌게 되었다. 따라서 당군은 고간·이근행의 행군 병력 외에 여러 병원兵員으로 구성되어 있었음을 알 수 있다. 성전 위주로 전투 를 수행하던 당군을 말갈족 출신 이근행이 인솔하게 되었다고 해서 당군의 주력을 단순히 말갈 기병이라고 인식해서는 곤란하다.

7장

번장과 객장의
의미는 무엇일까

말갈족 출신 이근행

이근행은 말갈족 출신이기 때문에 말갈족을 대표하는 '번장蕃將'으로 받아들이는 것은 자연스럽다. 이를 바탕으로 나당전쟁에 투입된 말갈병이 말갈족 출신 이근행을 따라 토번 전선으로 이동했다고 보는 견해가 제시되었다.

하지만 여기에는 이근행의 장수로서의 성격을 명확히 구분하지 않은 맹점이 있다. 말갈족 출신 이근행을 말갈 번장으로 인식하여, 번장이 이동했으니 그를 따르는 대부분의 병력이 같이 이동했다고 이해하는 식이다. 만일 이근행이 말갈 번장이 아니라면 그를 따르는 병력 규모가 크지 않을 것이며, 나아가 말갈병 주력이 이근행을 따라 토번 전선으로 이동한 것도 성립하기 어려울 것이다. 따라서 이러한 관점에서 이근행의 장수으로서의 성격을 다시 한 번 확인할 필요가 있다.

일본의 수당사 연구자 다니구치 데쓰야谷口哲也는 680년을 전후해 각 부락 번병을 이끌고 행군에 참여하던 '부족장 타입' 번장이 사라지고 있다고 언급한 바 있다. 중국의 수당사 연구자 마츠馬馳는 번장을 당에 귀부해서 활동하던 '재지번장在地蕃將'과 현지에 남아서 당에 협력한 '재번번장在蕃蕃將'으로 구분했다. 홍콩의 수당사 연구자 장췬章群은 당에 귀부해 활동하던 번장을 구분해 '객장客將'이라 하고, 객장은 이미 당의 행정체계에 흡수되어 행군 편성 시에는 원래 부족과 무관하다고 보고 있다.

이근행의 가동家僮은 수천 명에 이르고 그 처妻도 전투에 참여했으며, 나당전쟁 시 이근행은 직접 말갈병을 이끌었다. 하지만 그를 말갈 부족의 존수尊帥로 보기에는 무리가 있다. 장췬은 621년 말갈 존수 돌지계突地稽가 내부內附해 당 고조高祖(재위 618~626)의 정벌전에 투입되었지만 나당전쟁에 투입된 그의 아들 이근행은 사실상 객장이라고 했다. 즉 이근행이 말갈족을 대표하는 존수로서의 경향성이 남아 있다고는 하지만 직접 귀부한 돌지계와는 달랐다.

존수는 번장이 되어 부락병을 이끌고 전투에 참여했다. 이들 번장은 중국 문화에 동화되어 상당수가 한화漢化되었다. 특히 하북河北을 중심으로 많은 한화가 이루어졌으며, 당 세력의 확대와 더불어 이들의 행군 내로의 편입도 증가했다. 번장의 한화는 거주지와 장지葬地의 경사화京師化, 민족의식과 심리상태의 한화, 성명의 한화 등으로 나타난다.

돌지계는 이미 당 태종대에 '이李'씨 성을 하사받았기 때문에 돌지계의 아들 이름은 이근행이다. 돌지계의 원적지原籍地는 영주營州였지만 신적지新籍地는 유주幽州 창평현昌平縣으로 변경되었다. 돌지계는 자기 휘하 부족을 이끌고 유주로 이주했다. 영주는 한족과 동북 민족이 혼재한 지역인 반면 유주는 한족 지구에 해당한다고 할 수 있다.

이상을 종합해볼 때 이근행의 성姓과 거주지가 이미 한화된 점, 한반도 투입 전 영주도독을 역임한 점, 사후 장안 건릉乾陵에 매장된 점 등으로 미루어 이근행은 당의 군사체계에 흡수된 '객장'으로 보는 것이 옳다. 그러므로 이근행을 말갈족 '번장'으로 보는 것은 지양해야 하며, 말갈병이 나온다고 해서 그들을 이근행이 통수했다고 단정지어서는 안 된다.

나당전쟁과 이근행

신라는 675년 9월 매소성 전투에서 승리했다. 이근행이 이끄는 당의 대군을 상대로 신라군은 전마 3만여 필을 노획하고 이후 18차례 전투를 거쳐 6,000여 명의 목을 베는 전과를 거두었다. 매소성 전투를 계기로 당군의 공세는 저지되고 신라가 나당전쟁의 주도권을 장악했다. 그런데 일부 학자는 당군의 한반도 철수와 긴박한 서북(토번)의 정세를 분리시켜 보는 것은 설득력이 없다고 주장한다. 매소성 전투를 주도한 이근행이 676년 초 서북 변경에서 대對토번전에 활약했으므로, 시간상으로 볼 때 이근행은 매소성 전투가 발생한 675년 9월 말 서북으로 이동하기 시작했다는 것이다. 즉 매소성 전투에 대한 이해는 재검토되어야 하며 이는 당군의 철수전에 불과하다는 입장이다.

나당전쟁 종결을 두고, 한반도 방기론자들은 그 핵심 근거로 말갈족 출신 이근행이 676년 토번 전선에 등장하는 점을 들고 있다. 나당전쟁에 투입된 당군의 주력은 말갈병이며 이들 말갈병을 이끌던 자가 이근행이므로, 이근행의 토번 전선 투입은 한반도 방기를 의미한다는 것이다.

하지만 앞서 살펴보았듯이 나당전쟁에는 말갈병이 주력으로 투입되었다기 보다 중국 동부 하북도·하남도·강남도의 병력이 투입된 가운데 일부분 말갈병이 속해 있었다. 그리고 이근행은 말갈족을 대표하는 번장이라기보다는 당의 행정체계에 흡수된 객장으로 보는 것이 타당하다. 따라서 이근행이 토번으로 이동했다고 해서 말갈병 다수가 그를 따라 이동했다고 볼 수 없다.

당에 귀부해서 고·당 전쟁에 동원된 번장은 14개 부류가 있었다. 당 전체로 볼 때는 대체로 18개 부류로 나눌 수 있다. 이 십여 부류 가운데 나당전쟁에 동원된 부족은 말갈과 거란, 단 2부족이라는 점을 주목할 필요가 있다. 북방의 대표적인 유목 세력 돌궐突厥·철륵鐵勒·사타沙陀·회흘回紇 등은 고·당 전쟁에는 동원되었지만 나당전쟁에는 투입되지 않았다.

당은 기본적으로 전쟁 지역과 가까운 곳의 번병을 동원했다. 나당전쟁에는 신라와 가까운 중국 동부의 하남도·하북도·강남도 병력을

2부 · 나당전쟁의 이해

위주로 운용했다. 다시 말해 당의 동북방에 위치한 말갈·거란만 나당 전쟁에 투입되고, 서북방 번병은 동원되지 않았던 것이다. 이러한 사실은 동북방의 말갈·거란이 서북방의 토번 전선으로 이동하지 않았을 가능성을 보여주는 하나의 사례라고 할 수 있다.

8장

나당전쟁기 상처 치료는
어떻게 하였을까

당의 자석 요구

669년 1월, 당은 승려 법안을 신라로 보내 자석을 요구했다.
668년 고구려가 멸망한 바로 다음해의 일이다. 고구려 멸망 과정에
서 대규모 사상자가 발생함에 따라 부상자를 치료하기 위한 자석 수
요가 늘어난 것이다. 신라는 그해 5월에 급찬 기진산으로 하여금 자
석 두 상자를 당으로 가져가게 했다. 얼핏 당의 자석 요구와 신라의
자석 상납이 자연스러워 보인다.

하지만 자석은 두 상자에 불과했다. 부상자 수만 명을 치료하기에
는 턱없이 부족한 양이다. 그리고 중국 하북 지방에는 '자주磁州'라
불리는 자석 전문 생산지가 따로 있었다. 당이 자석이 부족해서 신
라에 요구했다고 보기 어려운 대목이다. 669년은 나당전쟁이 발발하

기 바로 직전이다. 신라와 당 사이에 미묘한 긴장감이 지속되던 시기였다. 당의 법안과 신라의 기진산은 기본적으로 외교사절이었지만, 자석을 구실로 상대국 상황을 정탐하고자 했던 것이다.

전쟁이 발발하면 대규모 사상자가 발생한다. 일일이 사망자를 매장하고 부상자를 치료할 시간이 부족하다. 전쟁이 장기화되면 될수록 의약품 공급도 차질을 빚게 된다. 따라서 응급처치법이나 응급구호품이 자주 사용된다. 고대 전쟁터에서 가장 많이 발생하는 부상은 적군의 무기에 다치는 경우다. 적군의 칼에 베이고 창에 찔리거나 화살에 맞아 생기는 부상이 흔했다.

고대 근동 지방의 히타이트인은 철광석을 고온에 녹여 양질의 철을 분리해내는 방법을 알았다. 히타이트인의 철기 제조술은 점차 유라시아 대륙으로 퍼져 나갔고, 철기가 대량 생산되자 전쟁의 규모도, 나아가 부상자의 규모도 급속히 커졌다. 칼, 창, 화살촉은 대부분 철로 되어 있기 때문에 부상을 당하면 금창金瘡이 발생한다.

조선 전기에 편찬된 『향약집성방鄕藥集成方』에 따르면 쇠붙이에 상해서 아플 때는 말발굽을 태워 가루를 낸 후 그것을 술에 타서 마시면 효과가 있다고 한다. 무기에 몸이 상했을 때는 상처 사이로 피가 흘러나온다. 출혈이 심할 경우 과다 출혈로 사망하기도 한다. 이때 자석을 가루로 만들어 바르면 아픔이 사라지고 피도 멎는다고 기록되어 있다. 쇠붙이에 상해서 창자가 튀어나왔을 때는 먼저 가루로 만든 자석, 곱돌, 쇳가루를 섞어 창자에 뿌린다. 그다음 자석 가루를 먹으면 창자가 속으로 들어간다고 한다. 전근대 시기 자석이 응급처치약으로써 상처 치료에 많이 활용되었음을 알 수 있다.

동상과 머리카락

적군의 무기를 통해 직접 입는 부상 외에 환경적·계절적 요인으로 인한 부상도 큰 비중을 차지한다. 병사들은 여름에는 이질 같은 전염병에 취약했고, 겨울에는 동상에 걸리기 쉬웠다. 1950년 6·25전쟁 당시 미군은 장진호 전투에서 7,000여 명의 사상자가 발생했는데, 그 절반은 동상 환자였다. 고대에는 방한복이나 방한 장비가 절대적으로 부족했기 때문에 동상 환자가 훨씬 많이 발생했다. 7세기 동상과 관련된 기록이 『삼국사기』 「답설인귀서」에 잘 드러나 있다.

(문무왕 2년) 정월에 유총관劉摠管은 신라의 양하도총관兩河道摠管 김유신 등과 함께 평양 방면으로 군량軍糧을 수송하게 되었다. 그때 음우陰雨가 달을 연하여 오고, 풍설風雪은 지극히 추워 사람과 말이 얼어 죽었다. 운송 중인 군량을 채 전달하지도 못했는데, 당군은 귀환하려 하였다. 신라 병마도 양식이 다하여 회군할 때 병사들이 주리고 추워서 손발에 동상이 걸려 길에서 죽은 자가 이루 헤아릴 수 없었다.

660년 백제 멸망 이후 당은 이듬해인 661년에 소정방으로 하여금 고구려를 멸망시키고자 평양성을 포위했다. 하지만 평양성은 쉽게 함락되지 않았다. 당군의 군량이 떨어져 가는 가운데 혹독한 겨울 추위가 닥쳤다. 어쩔 수 없이 당의 소정방은 신라에 군량을 요청할 수밖에 없었다. 이에 백전노장 김유신이 자청해 군량 수송에 나섰다. 김유신은 662년 정월 수레 4,000대에 군량 2만 석을 싣고 평양으로 향했다.

　당시 김유신이 소정방에게 전달한 것은 군량뿐만이 아니었다. 은 5,700푼, 세포 30필, 두발頭髮 30량, 우황牛黃 19량을 군량과 더불어 전달했다. 은과 세포는 소정방 개인에게 준 것이라 할 수 있다. 두발 과 우황은 의약품이다. 우황은 신경 안정제로 잘 알려져 있는데, 두 발 즉 머리카락의 존재는 흥미롭다.

　고려시대에 편찬된 『향약혜민방鄕藥惠民方』에는 머리카락을 이용 한 동상 치료법이 소개되어 있다. 겨울에 발이나 발뒤꿈치가 트거나 터져 끊어질 듯한 증상이 보이면 머리카락 한 줌과 오동나무씨 기름 한 사발을 푹 삶는다. 오동나무씨 기름이 마르고 머리카락이 녹기를 기다렸다가 식으면 질그릇에 담아둔다. 이를 트거나 터진 발뒤꿈치 에 붙여주면 곧 편안해지고 병의 뿌리를 없앨 수 있다고 한다. 머리 카락은 겨울철 전투로 인해 동상 피해를 입은 병사들에게 유용했음 을 충분히 짐작할 수 있다.

동상과 독도 강치

　동상 치료에는 동물성 기름도 많이 활용되었다. 고려시대에 편찬 된 『향약구급방鄕藥救急方』에는 '저고猪膏'라는 용례가 확인된다. 돼지 기름을 이용해 연고처럼 만들어 사용한 것이다. 동물성 지방을 술(알 코올)에 넣어 열을 가해 달이면 지방산과 알코올이 반응해 에스테르 가 형성된다. 이것이 바로 화장품, 연고, 비누 등의 원료다. 근대 이후에는 고래 기름 활용이 늘어나면서 포경捕鯨 산업이 발달해 고래가 무분별하게 남획되기도 했다.

1904년 9월 29일 일본 시마네현 어부 나카이 요자부로中井養三郎는 독도에 대한 영토 편입을 청원하면서 강치의 유용성을 언급한 적이 있다. "가죽을 소금에 절이면 소가죽 대용이 되어 제법 수요가 많아지고, 신선한 지방에서 채취한 기름은 품질과 가격 모두 고래 기름에 뒤지지 않습니다. 찌꺼기는 충분히 짜면 아교의 원료가 될 수 있고, 고기는 가루로 만들면 뼈와 함께 귀중한 비료가 될 수 있다는 것 등을 확인하면, 이 섬의 강치잡이는 대략 장래성이 있습니다."

독도의 강치는 일제강점기를 전후해 급속히 줄어들었고 광복 후 오래지 않아 절멸되었다. 당시 일본 시마네현 어민들은 독도에 출항해 강치를 잡아 가죽으로 상품을 만들어 팔았고, 강치 기름으로 연고를 만들기도 했다. 강치 기름으로 만든 연고는 상처나 화상 그리고 겨울에 손발이 틀 때 주로 사용했다. 강치 기름에는 인체에 유익한 여러 종류 지방산이 포함되어 있는데, 오메가-3가 20~25퍼센트를 차지한다. 이는 혈액순환과 피부질환 개선 등에 효능을 보이며 체내에 빠르게 동화되는 특징을 지니고 있다. 한편 머리카락의 주성분 케라틴은 18종류의 아미노산으로 구성되어 있다. 케라틴은 머리카락, 손톱, 피부 등 상피 구조의 기본을 형성하는 단백질로 체내에 빠르게 동화된다.

사실 자석이나 머리카락을 이용한 치료법이 근본적 치료가 되기는 어려웠다. 근대 의학이 발전하기 전까지는 상처가 덧나거나 세균 감염의 위험성이 높았다. 다만 여러 동양 의학서에서 이러한 약재의 유용성을 언급한 점을 보면 어느 정도 효과가 있었음이 분명하다. 어쩌면 플라시보 같은 심리적 효과가 더 컸을지도 모른다.

국가가 전사자와 부상자를 어떻게 처리하는지는 병사들의 사기 문제와 직결된다. 내가 죽거나 다치더라도 조국이 반드시 구해준다는 믿음이 있을 때 사기가 올라가는 법이다. 조국이 자신과 가족을 지켜준다고 느낄 때 자신도 기꺼이 조국을 위해 목숨을 내놓을 수 있는 것이다. 고대의 경우 부상 치료에 대한 기록은 거의 남아 있지 않지만, 병사들의 사기 문제를 고려해 당시에도 중시되었음에 틀림없다.

9장

구진천이 제작한 노는
무엇이었을까

구진천의 당 파견

669년 신라에 파견된 당 사신이 황제의 조서를 전달했다. 조서의 구체적 내용은 전하지 않는다. 그런데 당의 사신이 돌아가면서 신라의 쇠뇌 기술자 구진천을 데리고 갔다. 나당전쟁이 발발하기 직전 신라의 기술자를 데리고 간 점에서 일단 주목해야 하는 사건이다. 당 황제는 구진천에게 목노木弩를 만들게 했다. 목노가 완성되고 화살을 발사해보니 30보밖에 나가지 않았다.

황제가 물었다. "내가 듣기로 너희 나라에서 노를 만들어 쏘면 1,000보가 나간다고 했다. 지금 보니 겨우 30보밖에 나가지 않으니 어찌 된 일이냐?" 구진천이 답했다. "나무의 재질이 좋지 못해 그렇습니다. 만약 신라에서 나무를 가져온다면 만들 수 있습니다."

당 황제는 신라에 다시 사신을 보냈다. 목재를 구해 오라는 것이었다. 신라의 목재로 구진천이 다시 목노를 만들어 발사했지만 60보밖에 나가지 않았다. 당 황제가 이유를 묻자 구진천은 다음과 같이 대답했다. "저 역시 그 까닭을 잘 모르겠습니다. 아마 바다를 건너는 동안 나무에 습기가 스며들었기 때문이 아닌가 합니다."

당 황제는 구진천이 일부러 제대로 만들지 않았다고 생각해 무거운 벌을 내리겠다며 위협했다. 하지만 구진천은 끝내 자기 재주를 다 드러내지 않았다. 구진천의 1,000보 노에 관한 이야기는 널리 알려져 있다. 이후 구진천이 어떤 처벌을 받았는지는 알 수 없다. 다만 황제를 능멸한 죄로 목숨을 유지하기 어려웠을 것이다.

구진천이 당으로 건너간 것은 고구려 멸망 후 신라와 당의 관계가 악화하던 시점이었다. 그럼에도 당이 이렇게 행동한 것은 그만큼 신라의 쇠뇌 기술이 탁월했음을 보여주는 증거다. 그렇다면 신라는 어떻게 1,000보나 나가는 쇠뇌를 제작할 수 있었을까?

천보노의 등장

4~5세기까지만 해도 전투는 야전野戰 중심이었다. 6세기를 거치면서 삼국 간 상쟁이 격화되고 축성이 활발해지면서 성전城戰 비중이 점점 높아졌고 7세기에 이르면 성전 비중이 야전보다 배 이상 많아졌다. 『삼국사기』에 보이는 전투 유형을 분류해보면 야전보다 성전이 활발해진 것은 분명하다. 이에 공성과 수성을 위한 무기·장비가 발달

했다. 이와 관련해 고구려의 사례를 살펴보자.

이익의 『성호사설星湖僿說』 권5에 따르면, 고구려는 사거리 1,000보의 목노를 보유했다. 645년 당 태종이 고구려 원정 당시 이 화살에 눈을 맞았다고 기록되어 있다. 비록 후대 기록인 데다 설화적 요소가 강하지만 고구려의 대형 쇠뇌 기술을 짐작할 수 있는 대목이다.

『태백음경太白陰經』과 『통전通典』에는 목노의 길이가 1장 2척으로 기록되어 있다. 대략 환산해보면 3미터 60센티미터 정도에 이르는 대형 쇠뇌였음을 알 수 있다. 중국에서 사거리 1,000보의 상노床弩는 송대宋代에 등장한다. 다시 말해 우리나라 삼국의 쇠뇌 제작 기술은 중국의 수·당보다 앞섰을 가능성이 높다. 그렇다면 고구려의 쇠뇌 제작 기술은 어디서 왔을까? 『수서隋書』 권81 동이열전東夷列傳에 다음과 같은 내용이 있다.

태부太府의 공인工人은 그 수가 적지 않으니 (평원)왕이 그들을 필요로 한다면 스스로 문주聞奏하면 될 것인데 여러 해 전에 재화를 갖고 몰래 들어와 소인小人을 이익으로 움직여 사사로이 노수弩手를 데리고 그대의 나라로 도망하였다. 병기를 수리하는 의도가 착하지 못하므로 바깥 소문을 두려워하여 도둑질한 것이 아니겠는가.

위 내용은 590년 수 문제文帝(재위 581~604)가 고구려 평원왕平原王(재위 559~590)에게 보낸 새서璽書의 일부다. 수에서 쇠뇌 제작은 태부시太府寺 소관이었다.

태부시에는 군기軍器를 만드는 자 등 각종 기술자가 소속되어 있었다. 쇠뇌 기술자는 태부시 예하 궁노서弓弩署에 배치되어 있었는데 이들 기술자를 고구려가 유치했던 것이다. 그렇다면 고구려는 590년 이전에 수의 쇠뇌 기술자를 데려왔다는 이야기가 된다. 옥새가 찍혀 있는 공식 문서에 기록된 것으로 보아 당시 큰 문제였음을 짐작할 수 있다.

668년 10월 고구려가 멸망한 뒤 같은 해 11월 신라는 고구려 포로 7,000명을 경주로 압송해왔다. 고구려 유력민들이 이미 당으로 압송된 상태였으므로 이들은 전투 과정에서 사로잡힌 병사나 기술자였을 가능성이 높다. 신라 입장에서 볼 때 일반 백성 수천 명을 경주까지 압송할 이유가 없다. 이들 포로는 노동력으로 활용할 수 있는 인적 자원이었음이 분명하다.

고대 사회에서는 무기 수준에 별 차이가 없었다. 평시 병력 관리는 체계적이지 못했다. 따라서 더 많은 병력을 확보하고 효율적인 동원 체제를 구축하는 것이 강한 군사력을 보유하는 주요 방안이었다. 이미 훈련받은 적군 포로가 있다면 이들을 새로운 병력 자원으로 충당하는 것은 아주 자연스러운 일이었다.

신라가 압송해온 고구려 포로들은 언제 죽을지 모르는 포로 생활보다 신라에 협조해 살아남기를 바랐을 것이다. 다시 신라군으로 편입되어 전장에 나가거나 자기가 가진 기술을 제공해 살아남아야 했다. 신라는 이들로부터 고구려 지역에 대한 군사 정보를 습득하고 군사 기술도 전수받았다. 이 과정에서 고구려의 선진화한 쇠뇌 제작 기술이 신라에 전파됐을 것이다. 신라는 고구려의 쇠뇌 제작 기술을 흡수하고 공방工房까지 만들어 전문화했을 것으로 추정된다.

신라의 노 특화

신라에는 사설당四設幢이라는 부대가 있었다. 노당弩幢, 운제당雲梯幢, 충당衝幢, 석투당石投幢이 바로 그것이다. 노당은 쇠뇌를 특화한 부대, 운제당은 성벽을 넘기 위한 사다리를 특화한 부대, 충당은 성문을 부수기 위해 특화한 부대, 석투당은 투석으로 성벽과 건물을 부수기 위해 특화한 부대다.

사설당을 전투부대 혹은 제작부대로 보는 견해가 있다. 하지만 부대 이름 가운데 '설設'이 포함된 것으로 보아 제작부대라는 견해에 무게가 더 실린다. 어느 쪽이든 모두 공성과 수성을 위해 만들어진 특화부대라고 할 수 있다. 이 가운데 가장 먼저 언급되는 것이 노당으로, 이는 신라가 공수성전에서 쇠뇌를 가장 중시했다고 볼 수 있는 대목이다.

670년부터 나당전쟁이 본격화되었다. 당군은 670년대 초반 말갈과 거란 등 유목 기병을 거느리고 한반도로 진군해왔다. 이 시기에 신라는 여러 군 부대를 창설하고 병부兵部 관원도 정비했다. 671년에 노당 1인을 두고, 이어 672년에 노사지 1인을 뒀다.

노당과 노사지는 노, 다시 말해 쇠뇌와 관련된 관직임이 틀림없다. 쇠뇌의 성능이 크게 개선됨에 따라 생산·관리를 전담하기 위해 설치한 관직으로 파악된다. 신라는 장창·쇠뇌를 활용해 야전에서 당군과 맞서 싸워 이기기도 했다.

　원래 신라는 구진천의 '천보노'가 제작되기 전부터 쇠뇌를 특화한 나라였다. 『일본서기』 권19에는 "신라가 장극長戟과 강노强弩로 임나(가야)를 멸망시켰다"라는 기록이 남아 있다. 신라의 주요 병기가 장창과 쇠뇌였다는 것이 일본에 알려질 정도였다. 가야는 562년 9월 멸망했으므로 6세기 중엽에 이미 신라에서 쇠뇌가 특화한 무기였음을 알 수 있다. 『삼국사기』는 558년 2월 신득身得이 포노砲弩를 만들어 국원성 위에 설치했다고 전하는 것으로 미루어 추측컨대 이 무렵 수성용 대형 쇠뇌가 설치됐다고 볼 수 있다.

　『신당서』 권200에는 8세기 신라 상황이 기록되어 있다. 당시 신라는 변경 지역에 관문을 설치하고 노사弩士 수천 명으로 하여금 지키게 했다. 731년 9월 성덕왕聖德王(재위 702~737)은 적문的門에서 모든 관리를 거느리고 거노車弩 사격을 관람했다. 741년 4월 효성왕孝成王(재위 737~742)은 정종貞宗과 사인思仁에게 명해 노병을 사열케 했다. 신라는 삼국통일 이후에도 쇠뇌를 주력 무기로 특화해 중시했던 것이다. 이런 신라의 쇠뇌 기술은 고구려 멸망 이후 고구려 기술자들을 흡수하면서 비약적으로 발전한 듯하다.

10장

신라는 전쟁 포로를
어떻게 활용하였을까

황산벌 전투와 전쟁 포로

660년 6월, 나당연합군의 공격으로 백제는 국가 운명의 기로에 섰다. 백제의 계백은 결사대 5,000명을 뽑아 신라군을 막고자 했다. "한 나라의 사람으로서 당과 신라의 대규모 병력을 맞게 되었으니, 국가의 존망存亡을 알 수 없다. 내 처와 자식들이 잡혀 노비가 될까 염려된다. 살아서 치욕을 당하는 것보다 죽어서 흔쾌한 편이 나을 것이다"라고 말하고, 처자식을 모두 죽였다. 『삼국사기』 계백 열전에 기록된 내용이다.

삼국시대에는 고구려·백제·신라가 치열하게 경쟁했고 그 결과 수많은 사상자와 전쟁 포로가 생겨났다. 7세기 전쟁 포로를 분석한 연구에 따르면 고구려는 2회에 걸쳐 포로 1만 1,000명을 획득하고, 4회에 걸쳐 7,000여 명을 상실했다. 백제는 2회에 걸쳐 1,300여 명을 획득하고, 6회에 걸쳐 1만 3,730명을 상실했다. 신라는 9회에 걸쳐 1만 6,730여 명을 획득하고, 3회에 걸쳐 9,300명을 상실했다. 결과적으로 고구려는 4,000여 명 이득을 보았고, 백제는 1만 2,430명 가까이 손해를 보았으며, 신라는 7,430명 이득을 보았다.

660년 황산벌 전투에서 신라의 김유신이 백제의 계백을 물리쳤다. 계백과 더불어 계백이 이끌던 백제군 대부분이 전사했다. 이때 황산벌 전투에 참가했던 백제의 충상忠常과 상영常永 등 20여 명이 신라군 포로가 되었는데 신라군이 백제 지휘부 장교들을 사로잡은 것으로 보인다. 황산벌에서 승리한 신라군은 백제 수도 사비성(부여)으로 진격했고 당과 연합해 결국 백제를 멸망시켰다.

신라의 포로 활용

계백 처자식의 사례를 통해 볼 때 전쟁에서 패해 포로가 되면 일반적으로 노비가 되었음을 알 수 있다. 그렇다고 해서 무조건 노비로 전락했던 것은 아니다. 나당연합군에 의해 백제가 멸망하고 신라군은 경주로 돌아왔다. 황산벌에서 포로가 된 백제 지휘관들도 경주로 왔다. 신라 국왕은 백제 멸망에 공이 있는 장수를 포상하는 한편 충상과 상영을 비롯한 백제 지휘관들도 재능에 따라 등용했다.

좌평佐平 충상·상영과 달솔達率 자간에게는 일길찬一吉湌의 관등을 주고 총관總管으로 삼았다. 은솔恩率 부수는 대나마大奈麻의 관등을 주고 대감大監으로 삼았으며, 은솔 인수에게는 대나마의 관등을 주고 제감弟監으로 삼았다. 좌평(1품), 달솔(2품), 은솔(3품)은 백제 관등이며 일길찬(7품), 대나마(10품)는 신라 관등이다. 백제 관위에 비해 수여받은 신라 관등은 낮은 편이었다. 그런데 이들 백제 지휘관에게는 신라 관등과 더불어 총관, 대감, 제감 등의 직위가 주어졌다. 모두 신라군 지휘관으로서 재임용된 것이다. 이들이 신라군의 지휘관으로 임명된 것은 660년 11월의 일이었다.

다음해인 661년 이미 멸망한 백제에서 백제 부흥운동이 거세게 일어났다. 이때 충상은 신라군에 편입되어 출정했다. 항복한 후 적국의 장수가 되어 조국의 부흥운동을 진압하러 가야 하는 심정은 어떠했을까? 661년 2월, 신라 국왕은 이찬 품일을 대당장군大幢將軍으로 임명하고 잡찬 문왕과 대아찬 양도 그리고 아찬 충상 등으로 하여금 보좌케 했다. 대당大幢은 신라의 가장 중요한 부대였다. 충상은 대당 지휘부에서 활약했던 것이다.

아마도 충상이 백제의 군사 상황을 잘 알고 있었기 때문에 중용된 것 같다. 충상은 앞서 일길찬이었다가 그 사이 한 단계 올라 아찬이 되었다. 이후에도 충상은 신라군의 일원으로 계속 활약했다. 661년 7월에 충상은 귀당총관貴幢摠管으로 임명되어 참전했다. 기록에는 잘 드러나지 않지만 상영, 자간, 부수, 인수 등도 충상처럼 신라군에 편입되어 활약했을 것이다. 이는 신라가 포로가 된 적국 지휘관을 자국 지휘관으로 활용한 대표적 사례다.

나당연합군에 의해 660년 백제가 멸망하고, 668년에는 고구려도 멸망했다. 고구려 멸망 이후 유민들은 당, 돌궐, 말갈, 왜, 신라 등으

2부 • 나당전쟁의 이해

로 흩어졌으며 상당수 유력 민호는 당으로 끌려갔다. 669년 당은 고구려인 2만 8,000여 호를 요서의 영주營州 지역, 감숙성甘肅省의 회랑回廊 지역, 황하 상류 지역 등으로 분산·이주시켰다. 당시 고구려 유민 20만 명 이상이 끌려갔다고 보기도 하는데, 이처럼 당은 고구려를 끊임없이 경계하고 그 부활을 두려워했다.

한편 신라는 고구려 포로 7,000명을 이끌고 경주로 돌아왔다.『삼국사기』신라본기에는 "11월 5일에 왕이 포로로 잡은 '고구려 사람' 7,000명을 이끌고 서울로 돌아왔다"라고 되어 있다. 또『삼국사기』「설인귀서」에는 "지금 강한 적은 이미 없어졌고 원수들은 나라를 잃게 되어 '군사'와 말과 재물을 왕 또한 갖게 되었습니다"라고 전한다. 두 기록을 참조해보면, 신라 국왕이 가지게 된 군사는 고구려 사람 7,000명이었음을 짐작할 수 있다.

668년 고구려가 멸망하자 나당연합은 붕괴되기 시작했다. 신라는 백제 영토를 원했고, 당은 한반도 전체, 즉 신라마저 복속시키고자 했다. 백제와 고구려 영토는 모두 당이 접수한 상태였다. 백제 옛 땅에는 웅진도독부가, 고구려 옛 땅에는 안동도호부가 들어섰다. 서로의 이해관계가 맞지 않는 동맹은 깨지기 마련이다. 신라는 표면적으로는 당과 동맹관계를 유지하는 듯 보였지만 실제로는 당과의 전쟁을 준비하고 있었다.

신라의 특수부대 편성

669년 신라 수도 경주에서 비밀리에 특수부대가 조직되었다. 이들의 임무는 압록강을 건너 요동을 공격하는 것이었다. 신라 서쪽의 웅진도독부를 공격하기 이전에 북쪽의 요동을 공격해 당군의 이목을 끌고자 했다. 이 시기는 신라와 당이 아직 전쟁을 벌이기 이전으로, 당에 신라의 의도가 간파되면 곤란했다. 그러므로 요동 공격부대는 특별할 수밖에 없었다. 압록강을 건너 요동까지 가려면 수개월간 장거리 행군을 해야 했다. 게다가 그 지역은 옛 고구려 영토로 신라군이 한 번도 가본 적이 없는 곳이었다. 부대원의 사기가 높지 않으면 완수하기 어려운 임무였다.

신라 입장에서는 고구려 지역 정보를 가장 잘 알고 있는 자들이 필요했다. 작년에 경주로 끌려온 고구려 병사 출신 7,000명이 바로 그들이었다. 적국 수도로 끌려온 고구려 병사는 언제 죽을지 모르는 처지였다. 사실 고대 포로들이 제대로 인간 취급이나 받았을지 의문이다. 이미 멸망해버린 고구려의 구원을 바랄 수도 없었다. 이들은 신라에서 포로생활을 하다가 맞아 죽거나 굶어 죽을 수밖에 없다고 생각했을 것이다. 신라는 이들을 억류하고 관리하기보다는 적극적으로 재활용하는 방법을 선택했다.

신라는 고구려 지역을 잘 아는 고구려 포로를 중심으로 특수부대를 편성했다. 고구려 포로들 또한 언제 죽을지 모르는 불안감에 사로잡혀 사는 것보다 신라의 정식 군대로 편입되어 전쟁터에 나가 싸우기를 원했을 것이다. 고대에는 보다 많은 병력을 확보하고 동원하는 것이 강한 군사력을 보유하는 방편 중 하나였다. 신라 입장에서 이미 훈련받은 적군 포로를 새로운 병력 자원으로 활용하는 것은 자연스러운 현상이었다.

전쟁이 잦았던 신라는 사면령赦免令을 자주 내렸다. 사면령으로 인해 감옥에 수감되어 있던 적지 않은 장정이 풀려났다. 이들 가운데 일부도 특수부대에 편입되었을 가능성이 있다. 특수부대 부대장으로는 진골귀족 출신이 아닌 자가 임명되었다. 육두품 출신의 설오유 장군이다. 669년 겨울, 고구려 포로를 활용해 편성된 설오유 부대 1만 명은 고구려 부흥군과 함께 요동을 향해 북진하기 시작했다. 이것은 본격적인 나당전쟁의 개전을 알리는 신호탄이었다. 670년 3월 신라군은 압록강을 건너 요동의 오골성을 공격해 당군의 이목을 끌었고, 그 결과 전쟁 초반의 주도권을 잡을 수 있었다.

11장

문두루 비법은
실제 존재하였을까

『삼국유사』 속 문두루 비법

『삼국유사』에는 나당전쟁 초기인 670년과 671년에 당이 대규모 수군을 동원해 신라를 공격했지만 명랑법사明朗法師의 문두루文豆婁 비법秘法에 의해 모두 침몰되었다는 기록이 남아 있다.

이때에 당나라 유격병의 모든 장병이 진에 머물고 있으면서 장차 우리를 습격하려고 계획하는 것을 왕이 알아채고 군사를 동원했다. 이듬해에 고종이 사람을 시켜 인문을 불러 꾸짖어 말하기를 "너희가 우리 군사를 청하여 고구려를 멸하고도 우리 군사를 해치려는 것은 무슨 까닭이냐?"라고 하고는 곧 옥에 가두고 50만 군사를 조련하여 설방薛邦을 대장으로 삼아 신라를 치려 했다. 이때 의상법사義相法師가 서쪽으로 당나라에 들어와 유학하고 있던 중에 인문을 찾아와 보니 인문이 이 일을 그에게 일러주었다. 의상이 곧 신라로 돌아와 왕에게 보고했더니, 왕이 매우 염려하여 여러 신하를 모아 놓고 방어할 계책을 물었다. 각간 김천존金天存이 아뢰기를 "요즘 명랑법사가 용궁에 들어가 비법을 받아가지고 왔다고 하오니 바라건대 불러 물어보소서"라고 했다. 명랑이 왕에게 아뢰되 "낭산狼山 남쪽에 신유림神遊林이 있는바 그곳에 사천왕사四天王寺를 짓고 도량을 개설하면 될 것이외다"라고 했다. 이때에 정주貞州에서 사람이 달려와 급보하기를 "당나라 군사들이 수없이 우리나라 국경까지 와서 바다 위에서 순회하고 있습니다"라고 했다. 왕이 명랑을 불러 말하기를 "일이 이미 절박하게 되었으니 어떻게 했으면 좋겠는가?"라고 하니 명랑이 말하기를 "채색비단으로써 임시로 집을 만들 것이외다"라고 하여 왕이 채색비단으로써 절집을 만들고 풀로써 오방신상五方神像을 꾸려놓고 유가명승 12명이 명랑을 우두머리로 삼아 문두루 비법을 부렸다. 이때에 당나라와 신라 군사가 아직 교전을 하지 않았는데, 풍랑이 크게 일어나 당나라 배가 모두 침몰했다. 뒤에 절을 고쳐 지어 사천왕사라고 불렀는데 지금도 불단의 법석이 계속되고 있다(『국사國史』에는 조로원년(679년) 기묘에 크게 고쳐 지었다고 하였다). 그 후 신미년(671년)에 당나라는 당시 조헌趙憲을 장수로 삼아 보내어 역시 군사 5만을 거느리고 왔다. 이때에도 다시 이 술법을 썼더니 배들이 그 전처럼 침몰하였다.

『삼국유사』 권2, 문호왕법민(문무왕)의 기록에 따르면, 669년 신라가 옛 백제 영토에 대해 영향력을 확대하자 당 고종이 신라 사죄사를 불러들인 후 이들을 옥에 가두고 설방으로 하여금 50만 대군을 이끌고 신라를 치고자 했다고 전한다. 이에 의상법사가 이 소식을 전해듣고 670년 귀국해 신라 조정에 보고했으며, 신라 조정은 명랑법사를 불러들여 문두루 비법을 시행케 했다. 이에 당의 수군은 모두 침몰되었으며, 671년 조헌이 이끄는 당의 수군 또한 문두루 비법에 의해 침몰되었다고 전한다.

문두루 비법이라는 주술적 의식은 당을 향한 신라인의 공포를 나타낸다. 이러한 공포심을 없애고 전쟁에서 승리할 수 있다는 자신감을 북돋울 때 필요한 것은 초자연적 비법이었을 것이다. 따라서 여기에 선택된 것이 바로 명랑법사의 문두루 비법이었다. 위기를 극복하기 위해서는 물리적인 힘뿐 아니라 정신적인 힘이 동시에 요구된다. 그렇기에 문두루 비법의 시행과 호국사찰護國寺刹인 사천왕사 건립은 신라인의 정신적인 힘을 함양하는 데 크게 기여했다.

명랑법사가 문두루 비법을 통해 사천왕사를 건립하는 계기가 된 것은 사실이다. 하지만 『삼국유사』에 나타난 두 차례 당 수군의 신라 공격과 침몰은 『삼국사기』에는 기록되어 있지 않다. 따라서 『삼국유사』의 설화적 요소로 인해 나당전쟁 당시의 배경을 이해하는 보조자료로 활용될 뿐 670년과 671년 당 수군의 신라 공격은 역사적 사실로 받아들여지지는 않는다.

그러나 문두루 비법 시행과 사천왕사 건립이 당시 신라인에게 정신적 지주 역할을 한 것은 부정할 수 없는 사실이다. 670년과 671년에 당의 수군이 문두루 비법에 의해 침몰했다는 것을 단순히 설화로만 받아들여야 하는지는 생각해볼 여지가 있다. 그리고 신라 수뇌부가 아무런 배경 없이 단순히 주술에만 의지해 이러한 일련의 행위를 했을지도 의문이 남는다.

『삼국유사』 기록의 이해

『삼국유사』의 기록은 사료로 신뢰하기에는 몇 가지 문제점을 가지고 있다. 첫째, 669년 당이 설방을 장수로 삼아 병력 50만 명을 동원해 신라를 치려 했다는 점, 둘째, 670년 신라가 명랑의 문두루 비법을 이용해 당 수군을 침몰시켰다는 점, 셋째, 671년 당이 조헌을 장수로 삼아 병력 5만 명으로 신라를 재차 공격해왔지만 문두루 비법으로 인해 다시 침몰된 점이다. 이에 관한 내용은『삼국유사』외에는 기록되어 있지 않으며, 당의 장수로 나오는 설방·조헌의 존재와 이들이 동원한 50만·5만 병력은 확인되지 않고 있다. 또한 당의 수군을 문두루 비법, 즉 주술로 침몰시켰다는 점 때문에 문두루 비법과 관련된『삼국유사』의 기록은 설화처럼 인식되고 있다.

670년과 671년 당의 움직임을 어떻게 이해하면 좋을까? 당의 절충부折衝府 총수가 가장 많았던 시기에는 전국에 약 630부府가 존재했다. 1부 평균 800명으로 총 병력 수는 50만 명 정도 되었다. 이 수치는 당고종이 "50만 군사를 조련하여 설방을 대장으로 삼아 신라를 치려 하였다"라는『삼국유사』의 기록과 일치한다. 하지만 당은 670년 4월 토번이 안서 4진을 점령하자 설인귀를 나사도행군대총관으로 삼아 서쪽으로 대규모 원정군을 파견했다. 따라서『삼국유사』의 기록은 실제 발생한 것이 아니라 당 고종이 정규군을 동원해 대대적으로 신라를 치고자 했던 '의도'를 과장한 것으로 이해할 수 있다.

곽행절郭行節 묘지명에 따르면, 곽행절은 '함형2년咸亨2年' 즉 671년에 계림도판관鷄林道判官 겸 지자영총관知子營總管으로 임명되었다. 그는 압운사押運使 역할을 수행했고, 풍랑으로 인해 배가 부서져 익사했다고 전한다. 이는 한국 측 기록이 아니라 중국 측 기록인 데다가 묘지명이므로 신빙성이 높은 자료라 할 수 있다. 즉 671년 설인귀는 계림도행군총관에 임명되었고 곽행절은 설인귀 행군의 판관으로서 수송선을 거느리고 한반도로 실제 투입되었다. 이러한 맥락에서『삼국유사』의 문두루 비법은 당시 당 수군의 움직임을 '과장'해 기록한 것으로 추정해 볼 수 있다.

당이 670년과 671년 두 차례 수군을 파견한 정황을 확인해보았다. 설방의 50만 명은 당의 정규군을 지칭하는 것으로 보이며, 조헌의 5만 명은 671년에 투입된 웅진도독부 구원군 및 지원군을 의미하는 것으로 판단된다. 특히 671년 경우 당의 수군이 실제로 한반도로 투입되다가 풍랑에 의해 침몰한 사실을 확인할 수 있다. 따라서 문두루 비법을 묘사한『삼국유사』의 기록은 비록 설화적이지만 일정한 역사적 사실에 근거해 이를 확대·과장한 것이라 할 수 있다.

기상환경과 신라의 대응

『삼국유사』의 기록에 보이는 정주貞州는 지금의 개성에 해당한다. 그러므로 당 수군이 대동강에서 강화도 사이에서 활동 및 정박하고 있었음을 알 수 있다. 이곳은 바로 황해도 연안과 경기만 지역이다.

『삼국사기』「답설인귀서」등을 참조해보면, 670년과 671년 당시 바람이 상당히 강하게 불었음을 확인할 수 있다. 특히『구당서』의 기록에 따르면 671년 4월의 경우 큰 바람이 불어 나무를 부러뜨릴 정도였다고 한다. 바람은 선박의 항해나 정박에 있어 가장 큰 영향을 미치는데, 바람이 강할수록 그 피해는 눈덩이처럼 커진다. 보퍼트 Beaufort 풍력계급(1~12단계)에 따르면, 수목이 뽑힐 정도의 바람 크기는 10단계로 '노대바람Storm'이라 한다. 풍속은 48~55노트이고 파고는 9미터다. 내륙에서는 보기 힘든 강풍으로 수목이 뿌리채 뽑히며 가옥에 큰 피해가 있다고 한다.

당 수군이 활동 및 정박하던 지역은 풍랑에 극히 취약한 곳이었다. 특히 670년과 671년은 바람이 매우 강한 시기였다. 이러한 점을 감안해보면, 당 수군이 풍랑이나 폭풍에 의해 좌초될 가능성은 상당히 높았다고 하겠다. 신라 수뇌부는 충분한 정보 수집을 바탕으로 당 수군이 풍랑에 좌초될 위험이 있다는 사실을 인지하고 있었다. 이러한 상황에서 신라민과 신라군의 정신력 강화를 위한 심리전의 일환으로 문두루 비법을 시행한 것으로 보인다.

그리고 문두루 비법 시행을 전후해 당 수군 일부가 실제로 풍랑에 의해 좌초된 것 같다. 앞서 살펴보았듯이 671년 곽행절의 경우 '풍기도경風起濤驚, 선괴이익船壞而溺'되었다. 바람과 파도가 크게 일어 배가 부서지고 물에 빠지게 되었다는 것이다. 이에 따라 신라 지휘부는 문두루 비법을 통해 외침을 막아냈다는 신념을 신라민과 신라군에게 심어줄 수 있었다. 나아가 당과의 전쟁에서 승리할 수 있다는 자신감을 배가시킬 수 있었다.

12장

경주의 월지와 월성은
어떤 관계였을까

월지와 나당전쟁

우리나라의 대표적 관광지 경주하면 불국사, 첨성대, 대릉원, 월성이 먼저 떠오른다. 경주의 야경으로는 '동궁東宮과 월지月池'를 빼놓을 수 없다. "2월 궁궐 안에 연못을 파고 산을 만들어 화초를 심고 진기한 새와 짐승을 길렀다."『삼국사기』문무왕 14년(674년) 조에 보이는 월지 축조 기사다. 예전에 월지는 '안압지雁鴨池'라고 불렸다. 월지가 축조된 674년은 신라와 당이 한반도 주도권을 두고 전쟁을 벌이던 나당전쟁 기간이다.

당은 674년 1월 유인궤를 계림도총관으로 삼고 신라 원정군을 편성했다. 위위경 이필과 우령군대장군 이근행으로 하여금 유인궤를 보좌케 했다. 이처럼 당의 대규모 침공이 예상되는 가운데 신라는 연못을 꾸미며 여유를 부리고 있는 것처럼 보인다. 전쟁이 끝나지 않은 상황에서 신라가 여유롭게 행동한 것은 자신감의 표현이며 당의 사정을 짐작하고 있었기 때문에 가능한 일이라고 파악된다. 하지만 『자치통감』 상원원년(674년) 조에 따르면, 9월 위위경 이필이 연회 중 의문사를 당했다고 되어 있다. 계림도행군 부장副將 역할을 맡은 이필이 674년 가을까지도 수도에 머무르고 있었던 것이다. 이를 통해 674년에는 당의 신라 침공이 없었다는 것을 알 수 있다.

670년 본격화된 나당전쟁은 670년대 초반 당군의 한반도 남하와 신라군의 방어로 전개되었다. 672년 8월 당군은 평양 인근의 한시성과 마읍성을 함락한 후 백수성으로 남하했다. 이에 맞서 신라군과 고구려 부흥군은 당군을 먼저 공격해 승기를 잡았다. 하지만 신라군은 달아나는 당군을 석문(황해 서흥)까지 뒤쫓았다가 당군의 역습을 받아 크게 패하고 말았다. 석문 전투 패배를 계기로 신라는 나당전쟁 전략을 방어로 전환했다.

석문 전투 이후 신라는 전역에 10여 개 성을 증축하거나 신축해 방어를 강화했다. 672년 8월 주장성(경기 광주), 673년 2월 서형산성(경북 경주), 673년 8월 사열산성(충북 제천)을 쌓았다. 673년 9월에는 국원성(충북 충주), 북형산성(경북 경주), 소문성(경북 의성), 이산성(경북 고령), 주양성(강원 춘천), 주잠성(강원 고성), 만흥사산성(경남 거창), 골쟁현성(경남 양산)을 쌓았다. 대대적인 축성이 이루어지면서 신라의 주요 요충지와 수도 방어망이 강화되었다.

신라의 제1방어선은 당군과 경계를 이룬 임진강이었다. 임진강 후방에 주장성, 주양성, 주잠성이 축조되면서 제2방어선이 자연스럽게 형성되었다. 다시 소백산맥 일대를 중심으로 국원성, 사열산성, 만흥사산성이 축조되면서 제3방어선이 강화되었다. 경상도 내륙에는 소문성, 이산성, 골쟁현성이 축조되면서 제4방어선을 형성했다. 마지막으로 서형산성과 북형산성이 축조되면서 제5방어선이자 왕경 방어선이 완비되었다. 이렇듯 신라는 5단계에 걸친 방어선을 편성해 축차적으로 당군의 남하에 대비했다.

월지 조성의 의미

신라는 672년부터 673년까지 대대적인 축성 작업을 진행했다. 수도 경주에 월지(안압지)가 축조된 시점은 신라의 대대적 축성 작업이 마무리되던 674년 2월이었다. 이러한 맥락에서 월지를 단순한 조경 시설로 보아서는 곤란하다. 월지는 그 자체가 동해를 상징하고, 월지 내에 조성된 3개의 섬은 동해 중에 있는 삼신산을 표현한 것이다. 백제 무왕 35년(634년)에도 궁궐 남쪽에 연못을 파고 삼신산 중 하나인 방장선산을 상징하는 섬을 만든 사례가 있다. 다시 말해 월지 조영은 용 신앙과 신선 신앙이 반영된 호국사업이라 할 수 있다.

안동도호부가 요동으로 이동한 676년 2월에 조성되기 시작한 부석사는 문무왕의 호국정신에 의해 창건된 호국사찰이다. 부석사 또한 용 신앙적 요소가 사찰 조영에 깊이 반영되어 있다. 월지와 부석사는 모두 당의 침략에 직면한 신라인의 호국적인 염원이 담긴 조영물로 보아야 한다. 674년 2월 월지 조영은 큰 전쟁을 앞두고 있던 신라 상황에서 일어난 자연스러운 결과라 할 수 있다.

호국 조영물인 월지와 불가분의 관계에 있는 것이 월성이다. 월성은 사적 제16호로 신라 왕궁이 위치했던 곳이다. 동서 길이 890미터, 남북 길이 260미터이며, 둘레는 2,340미터에 달한다. 독립 구릉에 위치하며 정상부는 넓고 평탄한 월성의 남쪽에는 자연 하천인 남천南川이 흐르고 월성의 북쪽에는 인공 해자를 조영해 방어를 강화했다.

월성과 월지의 성격 변화

월성 성벽은 4세기 무렵을 전후해 축조되기 시작했다. 월성에는 성문이 14곳 만들어졌는데 남쪽 5곳, 서쪽 3곳, 동쪽 3곳, 북쪽 3곳이다. 이 가운데 남쪽, 서쪽, 동쪽 성문이 먼저 활용되다가 7세기 문무왕대를 전후해 북쪽 3곳이 새롭게 조성된 것으로 파악된다. 월성의 정문은 5~6세기까지 남쪽으로 향해 있었다. 하지만 7세기 신라가 삼국을 통일하면서 궁궐 범위가 변화하고 왕경이 발전함에 따라 북쪽으로 정문을 새롭게 축조한 것으로 보인다.

683년 신문왕神文王(재위 681~692)은 일길찬 김흠운金欽運의 딸을 왕비로 정하고 왕궁의 북문에서 성대하게 맞이했다. 또 734년 성덕왕은 백관百官에게 북문으로 들어와 상주하도록 하교한 바 있다. 이를 통해 볼 때 월성의 정문은 북문일 가능성이 높다. 월성 남쪽에는 남천이 흐르고 있어 남쪽으로 정문을 설치할 수 없다. 경주 분지 지형상으로 볼 때 도성 전체의 정문은 서문, 궁성(월성)의 정문은 북문이었을 것으로 파악된다.

왕궁 역할을 한 월성 조영과 관련해 주목되는 유적은 월성 북쪽의 해자다. 해자는 적의 침입을 막기 위해 성벽 외곽에 구덩이를 파고 물을 채워 놓은 연못이다. 월성 북쪽의 해자는 7세기까지 땅을 파고 물을 채운 수혈竪穴 해자였다가 이후 돌로 시설물을 만들어 물을 가둔 석축石築 해자로 변천했다. 월성 해자는 1984년 시굴 조사에서 처음 확인되었으며, 이후 여러 차례 발굴조사가 진행되었다. 2022년 3월 월성 해자가 3년여에 걸친 정비를 끝내고 일반에 공개되었다.

월지와 월성 해자는 모두 물을 매개로 조영되었으며, 위치상으로 볼 때 불가분의 관계에 있다. 월지 조영에서 보면 그곳에 소용되는 물이 어디에서 흘러들어 어디로 흘러가느냐는 주요 관심 사안이다. 이와 관련해 발천撥川의 존재가 주목되는데, 현재 발천은 월성 인근의 고대 수로로 발굴이 한창 진행되고 있다. 발천은 대체로 월지 부근에서 발원해 서남쪽으로 흘렀는데, 월성 북쪽을 가로로 지나며 월성 서쪽에 위치한 계림桂林을 지난 후 남쪽으로 꺾어 남천에 합류했다. 월성 북쪽 해자에서 볼 때 더 북쪽에 또 다른 하천이 해자와 같은 방향으로 흘러가는 모양새다. 현재 월성과 첨성대 사이로 흐르는 하천이었던 것이다.

『삼국유사』에는 혁거세가 즉위하던 날 사량리 알영정閼英井에 계룡鷄龍이 나타나 왼쪽 갈비로부터 계집아이를 낳았는데, 자태와 얼굴은 매우 고왔으나 입술이 마치 닭의 부리와 같았다고 한다. 이에 '월성의 북천北川'으로 데려가 목욕을 시켰더니 부리가 떨어졌는데, 이 때문에 그 내를 '발천撥川'이라 불렀다고 전한다. 발천은 월지와 황룡사皇龍寺 주변 저습지나 용천수湧泉水에서 생겨난 다양한 물길을 끌어들이는 기능을 했던 것으로 파악된다.

674년 월지가 조영되면서 발천 수로도 정비된 것으로 추정된다. 신라 왕궁의 영역이 발천까지 확장됨에 따라 월성 북쪽의 해자는 궁내 연못처럼 성격이 변화된 것으로 풀이된다. 나당전쟁을 거쳐 신라가 676년 삼국을 통일하면서 외부 위협이 감소됨에 따라 월성의 방어기능이 약화되었다. 또한 왕궁 자체가 북쪽으로 확장되며 월성의 북쪽 해자는 궁궐 내 조경 연못처럼 변모되었다.

13장

매소성 전투를
둘러싼 문제는 무엇일까

당군의 참전 규모

매소성 전투와 관련된 기록의 불완전성과 혼재로 인해 다양한 논의가 이어지고 있다. 대표적인 논쟁은 크게 세 가지다. 첫째, 투입된 당군의 규모가 20만 명이 맞는지 아닌지에 대한 논란이다. 둘째, 매소성의 위치가 연천의 대전리산성인지 양주의 대모산성인지 하는 것이다. 셋째, 전투의 성격 문제다. 이들 논쟁은 서로 맞물려 있기 때문에 어느 하나를 선뜻 따르기가 쉽지 않다.

『삼국사기』에 의하면, 675년 9월 29일 매소성 전투에 투입된 당군은 무려 20만 명에 이른다. 일부 학자들은 매소성 전투에 당군 20만 명이 참가한 것은 신라 측 기록의 과장이라고 본다. 20만 명은 엄청난 과장이며 당시 고간과 이근행이 거느린 4만 명으로 보아야 한다는 의견이 제법 많다.

　최근에는 사서史書가 세로로 쓰인다는 점에 착안해 판각板刻의 오류라는 가설도 제시되고 있다. '이십만二十萬'은 '삼만三萬'을 옮겨 쓰는 과정에서 '삼三'의 하단 一 중간에 세로획(丨)이 덧붙여졌다는 주장이다. 바로 뒤에 남겨놓은 병장기가 3만 정도에 이르렀다는 점이 이를 방증한다는 것이다. 나아가 획득한 말이 3만 380필이었다는 것도 사실은 3,380필이었을 수 있다고 주장한다. 하지만 판각의 오류를 검증할 객관적인 증거는 없다. 또한 획득한 말이 3만 필이 아니라 3,000필이라고 한다면, 병력 수는 3만 명이 아니라 3,000명이 되어야 한다. 따라서 섣불리 판각의 오류를 내세우는 견해는 납득하기 어렵다.

　나당전쟁에 참가했던 확인 가능한 당의 행군총관은 고간, 이근행, 설인귀 등 3명이다. 복수의 행군을 거느린 행군대총관은 유인궤다. 당의 표준 행군 병력은 2만 명이며, 행군대총관이 거느린 병력은 최소 4만 명 이상이다. 행군총관 3명이 거느린 병력이 6만 명, 대총관이 거느린 병력이 4만 명 이상이므로 10만 명을 상회하게 된다.

　여기에는 안동도호부 산하 병력과 지원부대 등은 포함되어 있지 않다. 매소성 전투에 투입된 당군 20만 명을 문면 그대로 받아들이기는 어렵다. 하지만 나당전쟁 수년간 투입된 당군의 전체 규모는 20만 명에 달할 수 있다. 나당전쟁에서 가장 핵심적인 전장이 매소성이었기 때문에 상징적인 의미에서 당군 20만 명이라고 기록했을 가능성이 크다. 따라서 매소성 전투에 등장하는 당군의 규모를 3~4만 명으로 축소해서 보는 견해는 지양해야 할 것이다.

매소성의 위치 문제

매소성의 위치 비정에 관해 크게 연천 대전리산성으로 보는 견해와 양주 대모산성으로 보는 견해가 양립한다. 사서 기록과 고고학적 유물 등이 결정적으로 뒷받침되지 않는 상황에서 단순하게 단정지어서는 안 될 것이다.

최근에는 연천이나 양주가 아니라 황해도로 보는 견해도 제시되고 있다. 매소성을 황해도 수곡성水谷城으로 보는 주장이다. '매買'는 '물'을 뜻하는데 '수水'로 번역할 수 있으므로, '수' 명칭을 가지는 지명으로 '수곡성'에 비정할 수 있다는 것이다.

675년 당시 신라군과 당군은 대체로 임진강을 사이에 두고 대치하고 있었다. 또한 『삼국사기』 신라본기 671년 조에 '수곡성水谷城'이라는 표현이 사용되었다. 오래지 않은 시차를 두고 신라본기에 이미 사용된 수곡성이라는 명칭을 대신해 새롭게 675년 조에 '매소성買肖城'이라고 표기할 이유가 없다. 이러한 접근방식이라면 수곡성이 아니라 미추홀(인천)이 되어야 한다. 『삼국사기』 지리지에는 "매소홀현買召忽縣은 미추홀彌鄒忽이라고도 한다"라고 되어 있기 때문이다.

매소성을 음운학적으로만 접근해 수곡성으로 비정하는 견해는 무리라고 할 수 있다. 현 단계에서는 우선 수곡성을 제외하고 대전리산성과 대모산성을 고려해 논의를 전개할 필요가 있다. 다음은 매소성의 위치를 양주 대모산성이라고 보는 견해의 핵심 주장이다.

양주는 거대 분지로 그 가운데에 불곡산과 도락산이 있는 형태다. 10만 이상의 병력과 3만 필 이상의 말이 충분히 머물 수 있는 장소다. 결국 대모산성이 매소성인지의 여부를 떠나 연천보다는 양주가 매소성이 위치한 지역일 가능성이 훨씬 높다고 할 수 있다.

언급된 바대로 양주 일대 지형은 당의 대군을 수용하기에 충분하다. 하지만 위 논리가 성립한다면 "대전리산성 북방의 연천읍 일대는 거대한 구릉으로 10만 이상의 병력과 3만 필 이상의 말이 충분히 머물 수 있는 장소가 된다"라는 논리도 성립한다. 매소성이라는 것은 지휘부가 위치한 곳이거나 감제고지瞰制高地를 의미하는 상징적 장소로 보아야 한다. 당연히 대군 수십만 명이 한꺼번에 주둔하거나 전마 수만 필을 한꺼번에 수용하는 것은 불가능하고 이는 대모산성도 마찬가지다.

삼국시대 대부분의 성은 산성이었기 때문에 처음부터 대규모 부대가 성 안에 모두 주둔한다고 상정해서는 곤란하다. 672년 당군 4만 명이 남하해 평양에 주둔할 당시 8개 진영을 만든 적이 있다. 또 629년 신라군이 낭비성娘臂城을 공격할 당시 고구려군은 성을 나와 진영을 만들었는데, 이때 고구려군의 군세가 컸다고 전한다. 684년 보덕성 반란 당시 실복悉伏은 가잠성假岑城 남쪽 7리 지점에 진영을 만들어 신라군을 기다린 사례 등도 있다.

연천 대전리산성은 성 자체 규모는 작지만 성 부근에 대군을 수용할 만큼 넓은 구릉과 들판이 있다. 또 양주 대모산성도 연천 대전리산성과 마찬가지로 성 외부에 병력이 진을 친다면 이들을 수용할 공간은 충분하다. 따라서 당시 전황을 토대로 매소성의 위치를 비정해야지 단순히 성의 규모로 비정해서는 곤란하다.

나당전쟁의 전황과 매소성

『삼국사기』의 기록을 시간순으로 그대로 수용한다면 675년 전투 양상은 ①칠중성 전투(2월) ②천성 전투(9월) ③매소성 전투(9월 29일) ④아달성 전투 ⑤칠중성 전투 ⑥적목성 전투 ⑦석현성 전투 순이다. 하지만 ④아달성 전투는 675년 봄에 발생한 것으로 여겨진다. 또한 ⑦석현성 전투의 경우 그 위치가 명확하지 않다. 당군이 675년 2월 임진강을 건너 칠중성을 공격한 것과 9월 임진강 하구의 천성을 공격한 것, 그리고 신라군이 9월 29일 매소성에 주둔한 당군을 공격한 것은 분명하다.

675년 2월 당군은 칠중성에서 '불극不克'했기 때문에 당시 칠중성은 신라군이 확보하고 있었을 것이다. 따라서 그 이남에 해당하는 양주 지역까지 당군이 진출해 9월 말까지 장기간 주둔할 가능성은 희박하다. 6~7세기 한강 이북 신라 산성의 방어 체계를 살펴보면 임진·한탄강 유역에서부터 북한산성(아차산성)에 이르기까지 3단계에 걸친 방어선이 형성되어 있었다.

양주 대모산성의 경우 1단계 방어선을 지원하는 2단계 방어선 역할을 한 것으로 추정된다. 만약 당군이 양주 지역까지 점령하면서 1·2단계 방어선을 돌파하는 데 성공했다면 675년 9월 말까지 중랑천을 따라 북한산성을 쉽게 공략할 수 있었을 텐데 아무런 움직임이

2부 · 나당전쟁의 이해

없었다. 당시 전황을 고려하면 675년 나당 간 전투 양상은 임진강과 한탄강을 중심으로 벌어졌다고 정리할 수 있다.

당군은 675년 2월 육로로 남하해 임진강을 건너 칠중성을 공격했다. 신라군을 크게 깨뜨렸지만 그렇다고 칠중성을 함락시킨 것은 아니었다. 육로 공격이 여의치 않자 당은 수군을 동원해 임진강 하구의 천성을 공격했다. 하지만 천성 전투에서 신라군에게 패하여 임진강 하구 일대를 장악할 수 없었다.

당시 신라군은 육로의 주요 도하 지점인 칠중성 일대와 수로의 주요 상륙 지점인 천성 일대, 그리고 그 후방에 주력 병력을 배치했을 가능성이 높다. 이에 당군은 칠중성보다 방어가 취약한 상류의 매소성 일대에 집결한 것으로 보인다. 당군은 어떻게든 신라의 임진강 방어선을 돌파하려 했지만 결국 실패하고 말았다. 이로써 나당전쟁의 전황을 감안할 때 매소성은 양주 대모산성이 아니라 연천 대전리산성으로 보는 것이 합리적이다.

매소성 전투의 성격

매소성 전투는 나당전쟁의 분수령으로 신라의 승리가 강조되어 왔다. 하지만 중국 학자 바이건싱은 675년 9월에 발생한 매소성 전투는 이동하는 당군과 이를 저지하기 위한 신라군 사이에 벌어진 철수전이며, 신라가 상대한 것은 당의 주력이 아니라 후군後軍에 불과하다고 주장한다.

또 일부 국내 학자는 676년 윤3월 당이 토번의 내분을 이용해 총반격을 가하는데, 한반도에 있던 말갈병 주력을 동원한 것이 확실하며 이들의 이동 시기는 바로 매소성 전투가 발생한 675년 9월이라고 한다. 즉 한반도에 투입된 말갈병이 676년 윤3월 토번 전선에 도착하려면 최소 수개월은 소요되므로, 675년 9월 무렵에는 이동해야 한다는 것이다. 결과적으로는 매소성 전투의 성격을 철수전으로 보고 있는 것이다.

하지만 매소성 전투를 철수전으로 보기는 어렵다. 철수 작전은 최소한의 병력으로 최적의 장소에서 최대한 시간을 지연시켜 최대한의 병력을 보존해 최단 시간 내에 후방으로 보내는 작전이다. 이러한 철수 작전에 입각해 당군의 철수를 본다면 당군의 철수 작전은 실패했다고 할 수 있다. 왜냐하면 주력 병력을 이용해 가장 중요한 성인 칠중성과 석현성을 공격했고, 또 철수 방향과는 거리가 먼 아달성·적목성 방향(강원도)으로 병력을 분파했으며, 18번에 걸친 접전으로 6,000명 이상의 병력 손실을 입었기 때문이다. 즉 주력 병력과 분견대 운용에 실패했고, 철수 시간을 지체해 막대한 병력 손실을 입었다. 이런 점에서 볼 때 매소성 전투는 전략이 전환되어 당군이 철수하는 상황에서 발생한 것이 아니었음을 알 수 있다.

윤(3)월 토번이 선주鄯州·낭주廓州·하주河州·방주芳州 등을 침입하였다. 조칙으로 좌감문위중랑장左監門衛中郞將 영호지통令狐智通으로 하여금 흥주興州·봉주鳳州 등의 군대를 일으켜 토번을 방어토록 하였다. …… 낙주목洛州牧 주왕周王 현顯을 조주도행군원수洮州道行軍元帥로 삼아 공부상서

工部尙書 유심례劉審禮 등 12총관을 거느리게 하고, 병주도독幷州都督 상왕相王 윤輪을 양주도행군원수涼州道行軍元帥로 삼아 좌위대장군左衛大將軍 계필하력契苾何力 등을 거느리게 하여 토번을 토벌케 하였다. 두 왕 모두 행군하지 않았다.

위 사료는 『자치통감』 권202, 의봉 원년(676년) 조의 내용이다. 676년 윤3월 당은 토번의 공세에 대해 2왕王을 조주도(현 간쑤성 린탄臨潭)·양주도(현 간쑤성 우웨이武威) 행군원수로 임명해 대원정군 편성을 계획했다.

분명 당은 676년 윤3월 왕 2명을 행군원수로 삼아 토번에 대한 대행군을 편성하고자 했다. 따라서 이 일환으로 한반도 주둔군이 이근행을 따라 토번 전선으로 이동했다고 상정할 수도 있다. 하지만 여기에서 유의할 점은 과연 당군이 토번 공격을 사전에 계획했느냐 하는 점이다.

만약 당이 사전에 공격을 계획했다고 한다면 675년 9월에 이근행이 한반도에서 철수해 676년 윤3월에 토번 전선으로 투입되는 상황은 자연스럽다고 할 수 있다. 하지만 당에 의한 사전 공격 계획이 없었다고 한다면 이야기가 달라진다. 즉 사전 공격 계획이 없는 상태에서 한반도 주둔군 사령관(이근행)이 임의로 병력을 이동시킬 수는 없기 때문이다.

사료를 보면 토번이 서북 변경을 침입하자 대원정군을 편성하기에 앞서 영호지통令狐智通으로 하여금 먼저 나아가 수비하도록 하고 있다. 즉 당이 토번에 공세를 취하려고 움직이고 있는 것이 아니라 토번의 침입을 받아 일단 방어한 후 다시 공세를 위해 대규모 원정군을 편성했던 것이다.

그리고 상왕 윤이 임명되어 있던 병주幷州는 당의 10도道 가운데 하북도에 속한다. 이 병주는 『삼국사기』「설인귀서」에 나타나듯이, 나당전쟁기 신라 전선에 병력을 투입한 곳이다. 상왕 윤이 676년 윤3월 이전까지 병주도독으로 나당전쟁 관련 임무를 수행하다가 이 시기에 이르러 토번 전선으로 이동하게 되었음을 알 수 있다.

당의 군사 전략 중심이 동북에서 서북으로 전환되는 시기는 구체적으로 676년 윤3월 이후다. 이때 토번의 당 내지內地 공격으로 인해 수도 장안이 위험에 노출되자 당은 군사 전략을 바꾸었던 것이다. 나당전쟁의 분수령이 되는 매소성 전투가 발생한 675년 9월은 당이 공세를 지속하던 시기에 해당한다. 따라서 매소성 전투가 발생한 675년 9월은 당이 철수하던 상황이 아니었으며, 당이 토번을 공격하기 위해 사전에 한반도 주둔군을 이동시켰다고 볼 근거도 없다. 매소성 전투는 단순한 철수전이 아니라 나당 간 대규모 교전이었다.

14장

신라는 왜 전쟁 중에
인장을 배포하였을까

문서 행정과 목간

675년 정월, 신라는 여러 관청과 주군州郡에 구리로 만든 인장印章을 배포했다. 670년부터 본격화한 나당전쟁이 절정으로 치닫기 직전이었다. 나당전쟁은 675년 9월 매소성 전투와 676년 11월 기벌포 전투에서 신라가 승리하면서 종결됐다. 675년 신라는 왜 전쟁과 크게 상관없어 보이는 구리 인장을 전국적으로 배포했던 것일까?

동양에서는 갑골甲骨이나 청동기에 문자를 기록했다. 하지만 재료를 구하거나 새기는 것이 제한적이어서 주로 일부 상층부나 제사와 관련해 활용되는 수준이었다. 그러다 재료가 나무로 대체됐다. 쉽게 구할 수 있는 나무, 즉 목간木簡이 사용되면서 지식과 정보 기록이 폭발적으로 증가했다. 목간 활용은 중국에서 춘추전국시대 제자백가諸

子百家가 출현할 수 있었던 배경으로 보기도 한다.

전근대 시기에 국가를 유지하기 위한 기본 요소는 경제력과 군사력이었다. 국가 정책은 법령에 따라 문서화했다. 세금 납부와 요역徭役 징발을 위해 문서 행정이 발달할 수밖에 없었다. 하지만 문서를 통한 법령 집행과 인력 동원에는 위험 부담이 따랐다. 문서가 하부로 전달되는 과정에서 변조·위조 가능성이 있었기 때문이다. 따라서 문서의 신뢰성을 확보할 필요가 있었다.

종이가 보급되기 전까지는 문서 행정에 목간이 사용됐는데, 이때 목간 문서의 보안을 유지하는 게 관건이었다. 목간에 추가로 하나의 판을 덧대 묶는 게 검檢이다. 그 검에 진흙을 발라 봉한 후 인장까지 찍는 것이 봉니封泥다. 발송용 목간은 검을 덧댄 후 끈으로 묶어 고정한다. 그 위에 봉니 인장까지 찍고 문서 수신처署를 쓴다. 검에 고착된 봉니가 파손됐다면 누군가 비정상적인 방법으로 문서를 노출시킨 것으로 여겼다.

검과 봉니가 온전하다면 기본적으로 문서 수발 과정에서 문서 내용을 수정하거나 조작하는 것은 불가능했다. 우리나라에서는 평양 일대 낙랑樂浪 유적에서 중국 한漢 시기 목간과 봉니가 다수 출토됐는데, 봉니는 밀봉했던 목간을 개봉했을 때 떨어져 나온 것이다. 고대에 광범위하게 쓰이던 목간은 종이가 등장하면서 종적을 감춘다.

종이의 등장과 인장

일반적으로 종이는 중국 전한前漢 시기에 발명되어 후한後漢 때 채륜蔡倫이 개량했다고 알려져 있다. 초기 종이는 삼베를 원료로 한 마지麻紙였다. 가볍고 편리한 종이의 발명은 가히 혁명적인 변화를 이끌었다. 종이 덕분에 문서 생산량이 급증하고 전파 속도는 훨씬 빨라졌다. 종이는 무겁고 불편한 목간을 빠르게 대체해 나갔다.

중국 한漢 이후 종이가 폭넓게 보급됨에 따라 문서 행정도 커다란 변화를 맞이했다. 부피가 크고 번거로운 검檢은 점차 사라졌고 따라서 봉니의 필요성도 없어졌다. 검과 봉니 대신 인장과 서명署名이 중요해졌다. 인장은 봉니 시대의 음각陰刻에서 종이 시대의 양각陽刻으로 변모하고 인주印朱를 묻혀 종이에 직접 찍게 되었다. 문서 작성자를 나타내는 서명은 모방 방지 차원에서 자기만의 독특한 방식으로 진화했다.

중국 고대의 인장은 크게 관인官印과 사인私印으로 나뉜다. 관인은 다시 관부인官府印과 관명인官名印으로 구분된다. 인장의 외형은 자유분방해 고정된 형식이 없으며 재질 또한 각양각색이다. 그중에서 가장 많이 사용된 재질은 동銅, 그 다음이 옥玉이다. 그 외에 은·유리·뼈·진흙도 사용됐다. 인장의 인면印面 모양은 정사각형이 가장 많고 그 다음이 직사각형이다. 그 외에 원형·곡자형·삼각형·마름모형도 있다. 인장 상단부에는 뉴紐를 만들었다. 그 사이로 실을 꿰어 허리에 맬 수 있게 만든 것이다.

우리나라에서는 단군신화에 '천부인天符印'이라는 기록이 남아 있다. 『삼국사기』에는 신라 남해왕 16년(서기 19년) 북명北溟 사람이 밭에서 일하다 '예왕지인濊王之印'을 주워 바쳤다고 기록되어 있다. 또 고구려 신대왕新大王(재위 165~179) 원년(165년)에 차대왕次大王(재위 146~165)이 시해되자 좌보左輔 어지류菸支留가 국왕의 동생에게 '국새國璽'를 바쳤다고 되어 있다. 신라 수도 경주 안압지에서는 목인木印이 발견되기도 했다. 이처럼 천부인 등 다양한 인장 기록이 확인되고 있는데, 그 실체를 떠나 삼국시대에 이르러 인장이 보편화했다고 볼 수 있다.

나당전쟁의 격화와 인장

나당전쟁이 한창일 때 신라는 각 관청 및 주군에 구리 인장을 배포했다. 문무왕 15년(675년)에 처음으로 신라에서 관인이 만들어졌다고 보기는 어렵다. 이미 3세기 전반 진한辰韓 사회에 중국제 인장이 들어와 있었던 것으로 파악되기 때문이다. 675년 구리 인장을 배포하기 전 이미 관청에서 사용하는 인장이 있었을 개연성은 충분하다.

문서 행정이란 법령에 따라 문서로 국가 업무를 처리하는 것이다. 고대에도 행정 문서는 관료가 임의로 만드는 것이 아니었다. 법령에 따라 생산·폐기·보존되며 이런 과정 자체가 정기적으로 조사·통제됐다. 문서 행정에서 최종 확인 및 승인을 나타내는 인장 관리도 마찬가지였을 것이다.

경기도 양주 대모산성에서 곱돌 인장과 청동 인장이 함께 출토됐다. 곱돌은 활석滑石·액석液石 등으로 불리는데 연하고 미끄러운 성질을 갖고 있다. 곱돌 인장은 일반적으로 사용하던 실무용, 청동 인장은 격이 높은 문서에 사용하던 고급 인장으로 파악된다. 신라가 지방 치소에 구리 인장을 새롭게 배포함으로써 고급 인장과 실무용 인장의 위계화가 이뤄진 것으로 볼 수 있다. 다시 말해 인장 배포는 중앙과 지방 행정의 체계화 과정으로 이해할 수 있다.

"유사시 요청할 때는 반드시 문서로 하며, 구두로 요청하거나 대리로 요청하지 말 것." 이는 중국 후베이성湖北省 윈멍현雲夢縣 진秦 묘지에서 발굴된 죽간竹簡에 기록된 문구로 문서 행정의 중요성을 잘 보여주고 있다. 특히 문서 행정에서 군사 관련 업무는 무엇보다 신속하고 정확하게 처리해야 한다.

675년 신라의 구리 인장 배포 시기는 당과 결전을 앞둔 때였다. 이런 맥락에서 인장 배포는 또 다른 의미를 가질 수 있다. 즉 전시 체제에서 인장 수여는 각 기관장의 사기를 고무시키고 국왕의 권한을 공식적으로 일부 위임하기 위한 것일 가능성이 높다. 전시 체제에서 각 기관장의 자율성을 어느 정도 보장해 급변하는 상황에 더 빠르고 효율적으로 대응하기 위한 조치였던 것이다.

672년 8월 석문 전투의 지휘관은 주로 진골 출신 장군들이었다. 하지만 나당의 결전장이던 675년 9월 매소성 전투에 나타난 지휘관은 성주城主, 현령縣令, 소수少守 같은 지방관이 대다수였다. 게다가 성이 함락되는 상황에서 신라 중앙군으로부터 지원군을 받았다는 기록은 전혀 없다. 사망한 지휘관이 모두 지방관이었다는 점으로 볼 때 신라는 의도적으로 지방 성을 지원하지 않은 듯하다. 개별 지방 성

입장에서는 신라 수뇌부의 행위가 잔인하게 비칠 수도 있다. 하지만 나당전쟁 전체 국면에서 볼 때 이는 바람직한 선택이었다. 당군은 수백 개 신라 방어성을 일일이 공략하면서 남하해야 했다. 그리고 점령한 성을 수비하기 위해 일부 병력은 남겨둬야 했다.

당군이 남하하면 할수록 보급로가 길어지고 공격 병력은 점차 줄게 마련이다. 신라는 이런 정황을 파악하고 지구전을 감행했다. 대규모 전면전을 피하고 소모전으로 나섰으며 당군에 병참 문제를 야기시켰다. 결국 신라의 방어 전략은 주효했다. 675년 매소성 전투 이후 당군은 한반도에서 물러날 수밖에 없었다.

15장

기벌포 전투는
과연 허구일까

기벌포 전투 발발 시기

670년부터 본격화한 나당전쟁은 675년 매소성 전투를 거쳐 676년 11월 기벌포 전투에서 신라가 승리하면서 종결됐다. 이에 삼국통일 시점은 676년 11월이다.

국내 학계에서 나당전쟁 종결 시점을 기벌포 전투로 보는 데는 큰 이견이 없다. 하지만 일본과 중국 학계에서는 기벌포 전투를 전혀 다르게 바라본다. 일본 학자 이케우치 히로시는 『삼국사기』 편찬자가 671년 발생한 사건을 676년 기사에 기재하는 오류를 범했다고 보았다. 그 근거로 『구당서』와 『신당서』 기록을 들었다.

기벌포 전투를 지휘한 당군 장수는 설인귀다. 이케우치 히로시는 상원 연간上元年間 설인귀가 유배 중이어서 전투에 참가할 수 없었다고 했다. 상원은 674~676년에 사용된 당의 연호다. 따라서 설인귀가 676년 벌어진 기벌포 전투에 참가할 수 없었기에 기벌포 전투는 676년이 아니라 671년 발발했다고 주장했다.

이케우치 히로시의 견해에 일본 학자 후루하타 도루古畑徹, 중국 학자 황웨써黃約瑟·류쥐劉矩 등이 동조했다. 결국 일본과 중국 학계에서는 일반적으로 기벌포 전투를 671년 일어난 것으로 인식하게 되었다.

한편 중국 학자 바이건싱은 기벌포 전투를 671년에 벌어졌다고 보지는 않지만 『삼국사기』 기록 자체에 의문을 제기했다. 나당전쟁은 675년 매소성 전투 이전 상황을 중시해야 한다며 기벌포 전투의 실재實在를 의심한 것이다.

최근 국내 학계에서도 일본과 중국 학계의 영향을 받은 연구가 등장하기 시작했다. 기벌포 전투는 676년 11월이 아닌 675년 9월 혹은 675년 11월에 일어났다는 것이다. 새로운 견해의 공통점은 『삼국사기』 기록 연도 작성에 오류가 있어 기벌포 전투 발생 시점을 675년으로 봐야 한다는 것이다. 그렇다면 나당전쟁의 종결과 삼국통일의 시점은 675년으로 재조정되어야 한다.

설인귀 유배 문제

국내외 학계의 견해 차이는 국내 사서와 중국 사서의 기록을 둘러싼 신빙성 문제가 근본에 깔려 있다. 당시 세계 제국 당이 '변방의 소국(신라)'에 패했다는 기록을 믿을 수 있느냐는 것이다. 구체적으로는 나당전쟁 기간 중 설인귀의 행적과 여기서 파생된 기벌포 전투의 실재에 대한 의문으로부터 비롯된다.

분명 『구당서』와 『신당서』에는 상원 연간 설인귀가 중국 남부 상주로 유배됐다[上元中坐事徙象州]고 기록되어 있다. 하지만 두 기록에는 설인귀가 왜 상주로 유배됐는지 구체적인 정황 설명이 없다. 유배된 시기도 명확하지 않다. 670년 설인귀가 토번과 벌인 대비천 전투에서 패배한 후 제명됐다[官軍大敗仁貴坐除名]고 분명히 기록하고 있는 점과는 대조적이다. 다시 말해 상원 연간에 '어떤 일[事]'로 유배됐다고 두루뭉술하게 넘어가고 있는 것이다.

정황 설명 없이 막연히 상원 연간 유배됐다는 기록에 따라 『삼국사기』의 구체적인 기록을 일방적으로 부정하기는 어렵다. 이와 관련해 미국 학자 존 제이미슨은 흥미로운 견해를 제시했다. 나당전쟁에 출전한 당군 장수와 관련된 기록이 누락되어 있다고 지적한 것이다. 유인궤는 승전 위주의 기록만 남아 있고 설인귀는 상원 연간에 유배 중이었다고 애매하게 기록되어 있다. 게다가 이근행, 이필, 양방 열전에는 한반도 관련 기사가 없다. 이근행과 같이 출전한 고간은 개인 열전조차 없다.

이는 장수들의 활동 내용에서 나당전쟁 관련 기사가 의도적으로 누락됐을 가능성을 시사한다. 특히 유인궤를 주목할 필요가 있다. 유인궤는 나당전쟁에 투입된 인물 중 지위가 가장 높았다. 그는 당시 사서 기록을 담당한 감수국사였다. 세계 제국 당이 변방의 소국(신라)에 패한 사실(나당전쟁)을 기록하기란 쉽지 않았을 것이다. 솔직히 지우고 싶었을 것이다.

이런 경향은 백제 멸망 후 당에 투항한 백제 유민에게서도 발견된다. 웅진도독 부여융의 경우 열전이 없다. 흑치상지 열전에는 함형咸亨·상원上元 연간, 다시 말해 670~676년의 기록이 없다. 더욱이 부여융과 흑치상지의 묘지명에도 나당전쟁 기간의 구체적인 기록이 없다.

의봉 연간儀鳳年間(676~678년) 토번의 침입이 거세지자 위원충魏元忠은 당 황제에게 대처 방안을 상주했다. 이때 위원충은 설인귀를 비판했다. 『구당서』 위원충전에는 "인귀자선력해동仁貴自宣力海東, 공무척촌功無尺寸, 금우불주今又不誅, 종악갱심縱惡更甚"이라고 기록되어 있다. 해석하면, "앞서 670년 설인귀는 토번과 치른 대비천 전투에서 크게 패했다. 이후 사면되어 다시 나당전쟁에 나섰으나 전공이 하나도 없었다. 그런데도 지금 처벌받지 않고 악행만 점차 심해진다"라는 뜻이다.

'금우불주'라는 말에 주목할 필요가 있다. 설인귀가 상주로 유배된 시기는 상원 연간(674~676년)이고 위원충이 설인귀를 비판한 시기는 의봉 연간(676~678년)이다. 설인귀가 상원 연간에 상주로 유배됐다면 위원충이 의봉 연간에 설인귀가 아직 처벌되지 않았다고 비난할 필요는 없다. 설인귀는 '상원 연간 상주 유배형에 처해진 것'이지 실제로 유배된 것이라고 보기 어려운 대목이다.

나당전쟁기 설인귀의 행적

설인귀는 668년 고구려가 멸망하자 안동도호로 안동도호부를 관장했다. 이어 670년 토번이 발호하자 나사도행군대총관으로 대비천 전투에 참가했다가 크게 패해 제명됐다. 이후 나당전쟁이 본격화하자 671년 계림도행군총관으로 석성 전투에 투입됐다가 패해 당으로 귀국했다. 그는 673년 낙양에서 황제와 황후를 위해 불상 조성에 나섰다가 다시 나당전쟁에 투입됐고 675년 천성 전투에 참가했다 패한 후 다시 676년 기벌포 전투에 투입된 것이다.

상주 유배형에 처해지기 전까지 설인귀의 최종 직위는 '계림도총관'으로 '신라 정벌', 즉 나당전쟁을 이끌었다. 설인귀가 상원 연간 상주로 유배되는 형에 처해지게 한 '어떤 일'은 바로 675년 천성 전투와 676년 기벌포 전투 패배라고 볼 수 있다.

그렇다면 설인귀는 어떻게 연이은 패전에도 재기용되는 기회를 얻었을까? 설인귀는 당 태종 사망 후 우령군중랑장右領軍中郎將으로 황궁 숙위宿衛를 담당하고 있었다. 당 고종은 만년궁萬年宮에 머물렀는데 이때 갑자기 수해가 발생해 한밤중에 현무문玄武門으로 큰물이 들이닥쳤다. 그러자 숙위하던 자들이 모두 흩어져 달아났다.

당시 설인귀는 황제가 위급하다고 판단했다. 그는 위험을 무릅쓰고 문 위로 올라가 크게 소리쳤다. 이로써 궁궐 내부에 물난리 소식이 알려지면서 황제는 급히 침실에서 나와 높은 곳으로 피신했고 물은 결국 황제의 침실까지 차올랐다. 이 일로 당 고종은 설인귀를 깊이 신뢰하게 되었다.

당시 백제·고구려 멸망전에서 활약한 이적이나 소정방 같은 장수는 이미 사망한 상태였다. 당 고종이 대규모 원정군에 동원할 수 있는 장수는 이제 그리 많지 않았기에 설인귀에게 재기할 기회가 많이 주어진 것이다. 설인귀는 상주 유배형에 처해졌다가 복귀했다. 당 고종은 그를 힐책하지 않고 다음과 같이 이야기했다. "그때 만년궁에서 경卿이 아니었으면 나는 물고기가 되었을 것이오."

16장

나당전쟁기 당의
군사 전략은 무엇이었을까

토욕혼과 토번

당은 신라와 연합해 백제와 고구려를 멸망시키고 평양에 안동도
호부를 설치해 한반도 점령 정책을 본격화했다. 안동도호부는 설인
귀에 의해 669년 요동 신성新城으로 이동되었으며 이후 재차 평양에
설치되었다가 676년에는 완전히 요동으로 밀려났다. 669년 안동도호
부의 신성 이동을 두고 고구려 유민의 저항에 부딪혀 주둔군마저 제
대로 유지할 수 없어 후퇴한 것으로 보기도 하고 고구려 유민 강제
이주 작업의 일환으로 파악하기도 한다.

한편 669년 안동도호부의 이동을 그해 9월에 발생한 토번의 천산
남로 급습에 따른 전략적 이동으로 보는 견해도 있다. 669년 9월 토
번의 천산남로 침공은 한반도 주둔 당군에게 영향을 주지 않을 수

없었고, 이에 669년 설인귀가 안동도호부를 평양에서 요동의 신성으로 옮겼으며, 670년 4월 설인귀가 토번과의 전투에 출전하면서 한반도 주둔군 대부분이 청해 지역으로 이동했다고 한다. 즉 669년 9월 토번의 천산남로 침공이 안동도호부의 이동과 한반도 주둔군에 영향을 미쳤다는 것이다.

『자치통감』 권201, 총장 2년(669년) 조에는 당시 토욕혼과 토번의 상황이 기록되어 있다.

> 9월 …… 의논한 사람들[議者]이 토번의 침입을 두려워하여 스스로 보존하는 것[自存]이 가능하지 않았으므로 우선 군대을 일으켜 토번을 공격하고자 하였다. 조칙으로 토욕혼 부락을 양주涼州 남산南山 일대로 사민시키고, 의논한 사람들이 토번의 침입을 두려워하여 (토욕혼) 스스로 보존하는 것이 가능하지 않았으므로 우선 군대를 일으켜 토번을 공격하고자 하였다.

독일의 티벳학 연구자 헬무트 호프만Helmut Hoffmann은 위 기록을 근거로 669년 9월부터 토번의 침공이 시작되었음이 확실하며 이때 당군이 대패해 그 피해가 심각했다고 보았다. 하지만 위 기록으로만 보자면 '토번의 침입을 두려워하여 스스로 보존하는 것이 어려워진' 주체가 명확하지 않다. 자칫 그 주체를 당으로 볼 수 있는 가능성이 있다. 하지만 이어지는 같은 조 기사를 살펴보면 '자존自存'할 수 없는 것은 당이라기보다는 토번에게 밀려난 친당계 토욕혼 세력이라고 보는 것이 타당하다. 당은 토욕혼 부락을 양주 남산 일대로 사민

2부 • 나당전쟁의 이해

시켰다. 토번의 공격이 활발해 토욕혼 스스로 보존할 수 없었음을 알수 있다.

토욕혼은 토번 동북부, 즉 청해 일대에 위치했는데, 당과 토번 사이 완충지 역할을 했다. 토욕혼의 멸망은 당에게는 완충지의 소멸을 의미하므로 당은 지속적으로 토욕혼을 지원하면서 토번을 견제하고자 했다.

660년 초반 토번의 공격으로 토욕혼이 청해 일대에서 밀려나자 토욕혼은 당의 지원 아래 재차 청해로 진입을 시도했다. 토욕혼 세력이 청해 일대로 남하한다면 필연적으로 토번의 반격을 야기하고 토욕혼의 자존도 곤란해짐은 충분히 예상할 수 있다. 669년 당시 토번의 공격이 활발했다는 것은 알 수 있지만 토번이 천산남로를 급습하거나 장악했다는 기사는 찾아볼 수 없다. 다만 9월에 토번이 토욕혼 공격을 전개했다는 사실을 확인할 수 있을 뿐이다.

토번은 662년에 최초로 서역로西域路에 진출하기 시작했다. 665년 소륵과 궁월은 토번을 끌어들여 우전을 공격하기도 했다. 하지만 토번의 본격적인 서역 진출 시기는 안서安西 4진鎭을 점령한 670년 4월이다. 토번의 안서 4진 점령은 당의 서역 경영에 큰 타격을 주었기 때문에, 당은 설인귀가 주도하는 나사도행군을 편성·투입한 것이다. 즉 당이 '토번위환吐蕃爲患'이라고 인식한 시기는 엄밀히 말하면, 1차적으로 나사도행군을 이끌던 설인귀가 대비천에서 패배한 670년이다. 결정적으로는 이경현이 청해에서 패배한 678년 이후라고 할 수 있다.

동찬東贊이 죽고 흠릉欽陵 형제가 다시 그 나라(토번)를 전제한 후에 토욕혼과 불화하게 되었다. 용삭龍朔·인덕麟德 중 …… 토번이 원한을 가지고 노해서 군대를 이끌고 토욕혼을 공격하니, 토욕혼이 크게 패하였다. 하원왕河源王 모용락갈발慕容諾曷鉢과 홍화공주弘化公主는 몸을 빼어 달아나 양주凉州에 투항하고 사신을 보내 위급함을 고하였다.

『구당서』 토번전을 보면, 녹동찬祿東贊이 사망하고 흠릉 형제가 토번을 장악한 후 토욕혼과 불화를 일으켰으며, 용삭·인덕 연간(660~665년)에 토번이 토욕혼을 공격하였음을 알 수 있다. 이 전투에서 토욕혼은 크게 패했고 토욕혼의 왕과 홍화공주가 양주로 도피해 급박한 사정을 알렸다. 즉 660~665년 사이 토번이 토욕혼을 공격해 청해 일대를 장악했던 것이다. 토번은 토욕혼을 공격한 후 665년 당에 사신을 보내 화친을 청하였다. 당은 이를 거절하는 한편 666년 5월 청해 일대에서 밀려난 하원왕 모용락갈발을 청해왕으로 삼았다.

『구당서』·『신당서』 등을 보면, 당은 강각·염립본·계필하력 등과 토번을 선제공격할 것을 협의했다. 이에 대한 대처로 계필하력을 오해도행군대총관烏海道行軍大摠管으로 임명했다. 오해烏海는 토욕혼이 위치하던 청해 일대를 나타낸다. 당이 무력으로 토번을 청해 일대에서 몰아내고 토욕혼의 모용락갈발을 토욕혼 옛 땅으로 돌려보내려는 목적을 가지고 있었던 것으로 보인다.

따라서 669년 9월 토번의 공세는 어느 일정한 목표나 시점이 있는 것이라기보다는 토번이 청해 일대 지배를 강화하자 이를 당이 견제하며 당과 토번이 이 일대에서 충돌해 발생한 것으로 파악해야 할 것이다. 669년 9월 토번의 공세는 7월에 편성된 계필하력의 당군과 청해(토욕혼) 일대에서 벌어진 접전으로 보는 것이 자연스럽다. 결국 당은 669년 9월 토번의 공격에 패한 것으로 보인다. 이에 당은 토욕혼 부락을 양주 남산 일대로 사민시키고 재차 토번을 치기 위한 논의를 진행했다.

669년 9월 이후 토번은 서역으로 눈을 돌려 이듬해 4월 안서 4진을 모두 장악했다. 당시 서돌궐은 667년 계왕절가한繼往絶可汗 사망 이후 혼란 상태였고, 당 고종은 서역에 소극적인 정책을 취했다. 그렇기 때문에 토번이 서역 영향력을 확대하고 670년 4월에 안서 4진을 모두 함락시킬 수 있었던 것으로 여겨진다. 토번이 안서 4진을 장악하는 지경에 이르자 비로소 당은 위기감을 느끼고 안동도호로 있던 설인귀를 불러들여 나사도행군을 편성하기에 이르렀던 것이다.

설인귀의 나사도행군

670년 4월 설인귀의 대對토번전 투입은 669년 7월 당의 옛 토욕혼 영토 회복 시도와 그 패배에 따른 결과로 670년 4월 토번에게 안서 4진마저 빼앗기는 상황에서 이루어졌다. 신라 전선에서 공이 컸던 설인귀를 불러들여 토번 전선에 투입한 것이다.

공교롭게도 670년 4월 토번의 안서 4진 함락과 검모잠의 고구려 부흥운동은 동시에 일어났다. 당은 토번에는 설인귀를 파견하고 한반도에는 이근행과 고간을 파견했다. 만약 앞서 669년 9월 토번의 공세에 한반도 주둔군 대부분을 이동시켜야 할 만큼 당의 군사력이 부족한 상태였다면, 안서 4진이 토번에게 점령당한 위급한 상황에서 고구려 부흥운동 진압에 2개 행군을 투입하는 것은 상당히 모순적이라고 할 수 있다.

또한 진鎭·수戍의 병사들은 주둔지에서 절대 이탈할 수 없는 자들이다. 이들을 철수시켜 특정 지역 행군으로 편성하는 것은 사실상 어려운 일이다. 고구려 멸망 후 진수鎭守시킨 2만 병력을 대부분 이동시킨다는 것은 그곳의 점령을 포기한다는 의미로 받아들여야 할 것이다. 하지만 당은 나당전쟁 후 678년에도 신라 재정벌 계획을 세울 정도로 한반도에 집착했다. 게다가 670년 3월은 고구려 유민과 신라의 군사 2만 명이 압록강을 건너 당을 공격하는 사건이 발생한 시점이다. 바로 그 다음 달인 4월에 토번 원정군을 편성하면서 한반도 주둔군 주력을 철수한다는 것은 납득하기 어렵다.

670년 3월 측면 위협(웅진도독부)을 받고 있는 상태에서 신라군 1만 명이 압록강 건너 오골성을 공격했다. 이는 669년 말에서 670년 초 사이에 이미 평양 일대 당 세력이 상당히 약화되어 있었으며, 당시 안동도호부의 무게는 요동에 실리고 있던 정황을 잘 보여준다. 신라·고구려 부흥군이 압록강을 도하해 옥골에 이르자 이미 당의 말갈병이 동원되어 미리 대기하고 있었다. 이후 당의 후속부대가 계속 증파되자 결국 신라·고구려 부흥군 2만 명은 후퇴했다. 이러한 점에서 요동 지역에 상당수의 당 병력이 주둔하고 있었음을 알 수 있다.

당의 6도호부都護府는 각 도道의 통령統領 아래 있었다. 각 도에는 당군의 핵심 전력인 절충부折衝府가 편제되어 있다. 이러한 절충부는 안서도호부安西都護府를 관장하는 농우도隴右道에는 29부府, 안동도호부를 관장하는 하북도河北道에는 30부府가 편제되어 있었다. 당은 옛 고구려 영토를 중심으로 안동도호부와 5도독부를 두었다. 안서도호부의 경우와 마찬가지로 도호부 산하에 병력을 분산 배치했을 가능성이 높다. 일부 병력이 설인귀를 따라 이동했을 수는 있지만, 당군의 병력 부족으로 설인귀가 한반도 주둔 주력군을 이끌고 나사도행군에 참여했을 가능성은 낮다.

당의 군사 동원 능력

중국의 저명한 역사학자 뤼쓰몐呂思勉은 당이 한반도에서 물러난 원인이 병력 부족에 있었다고 보았다. 이와 관련해 670년대 초반 실제 당의 병력 동원 능력은 어떠했는지를 살펴볼 필요가 있다. 병력 동원 능력을 직접적으로 확인할 수 있는 것은 행군 편성이다. 행군은 임시적 성격의 군사 조직으로 전쟁의 돌연성과 대규모화로 인해 단시간 내에 많은 병력을 동원해야 했다. 행군의 주요 병원兵員은 절충부의 부병府兵이라 할 수 있다. 행군을 부병만으로 구성하는 것이 불가능할 때에는 병력 부족을 보충하기 위해 임시로 각 주州에 할당해 주의 부담과 책임 하에 병모兵募를 실시하게 된다.

670년 당은 별다른 병모 없이 설인귀가 지휘하는 나사도행군을 편성하는 동시에 별도로 2개 행군을 편성해 한반도에 투입했다. 670년 4월 편성된 나사도행군은 그해 7월 대비천에서 토번에게 크게 패했다. 당은 한반도 진압군, 즉 이근행·고간 병력을 소환하지 않은 상태에서 또다시 그해 윤9월 강각이 주도하는 양주도행군을 편성해 토번 전선에 투입했다. 이러한 점 등을 감안할 때 670년 당시 당은 병력 수급에 큰 차질은 없었던 것으로 보인다.

대외 원정은 동아시아에서 당의 패권 확립을 가능케 했다. 629년 당 태종이 10만 명 가까이 투입한 것을 시작으로 매년 적게는 4~5만 명, 대개는 10만 명 전후의 대규모 군사를 동원했다. 당 고종 시기에는 고구려와의 결전도 있어서 일시에 30~40만 명 이상의 군사를 변경 지역으로 이동시켰다. 이러한 경향이 거의 매년 지속되어 현종 시기까지 이른다. 이러한 대규모 군사력 동원은 부병을 기반으로 병모와 번병 활용을 통해 이루어졌다.

당 초기에는 민력民力이 부유하고 마필이 충분했기 때문에 6도호부 체제를 갖출 수 있었고 부병제 시행으로 당의 군사 역량은 막강했다. 하지만 부병 체제는 동북쪽의 거란, 북쪽의 동돌궐, 서쪽의 토번 등이 발호하면서 흔들리기 시작해 천보天寶 연간인 740년대에 붕괴하게 되었다. 여기에서 주목할 점은 683년 고종 사망 이전 시점까지 당은 충분한 군사 동원 능력을 갖추고 있었다는 점이다.

669년 9월 토번의 공격은 천산남로보다는 청해(토욕혼) 일대에서 벌어진 것으로 여겨진다. 670년 4월 설인귀가 수행한 토번전 안서 4진 함락에 따른 당의 대응으로 보아야 할 것이다. 또한 설인귀가 나사도행군을 편성할 당시 한반도 주둔군의 이동은 그렇게 크지 않았고, 당시 당의 병력 동원에는 큰 차질이 없었던 것으로 여겨진다. 당은 대對토번전을 수행하기 위해 설인귀·강각을 투입하는 한편, 고구려 부흥운동을 진압하기 위해 고간·이근행을 파견했다. 이를 통해 볼 때 당은 670년 서북과 동북에서 동시에 발생한 전쟁을 양쪽에서 수행했음을 알 수 있다. 즉 670년 당의 군사 전략은 토번과 신라 두 전선을 모두 유지하는 것이었다.

17장

당의 군사 전략은 언제
토번 중심으로 변화하였을까

토번의 당 내지 공격

중국의 수당사 연구자 탕창루唐長孺는 당이 의봉 연간(676~679년) 이후부터 주변 민족에 대한 역량 변화가 발생하면서 병력 동원에 차질이 발생했고, 대외 전략을 수세로 전환하게 되었다고 한다. 다만 그 구체적인 계기나 시기 언급은 하지 않았다.

670년대 중반 당은 대외 확장에 있어 한계에 이르렀으며, 당의 과도한 팽창은 와해되기 쉬운 상태가 되었다. 정복지에는 일정 규모의 병력을 진수시켜야 했다. 정복지가 확대됨에 따라 병력 수요는 늘어나는 반면 병력의 집중과 재충원 그리고 병참선이 길어지는 문제가 발생한다. 당시 당의 전선戰線은 과도하게 확대되었고 복속된 각 부족은 점차 역량을 강화해 당에 반기를 들기 시작했다.

특히 토번은 청해 지역 토욕혼을 점령하고 동으로는 농우, 서로는 서역을 침범함으로써 당에게 가장 큰 우환이 되었다. 토번과 당은 많은 전투를 치렀으며 당시 토번의 무력은 상당히 강해 여러 차례 당군을 패배시켰다. 이러한 토번의 강성으로 인해 당은 전략을 전환할 수밖에 없었다. 675년까지 대외 공세를 지속하던 당이 구체적으로 어느 시기부터 전략을 변화했는지 살펴보자.

> 윤(3)월 토번이 선주鄯州·낭주廊州·하주河州·방주芳州 등을 침입하였다. 조칙으로 좌감문위중랑장左監門衛中郞將 영호지통令狐智通으로 하여금 흥주興州·봉주鳳州 등의 군대를 일으켜 토번을 방어토록 하였다. …… 낙주목洛州牧 주왕周王 현顯을 조주도행군원수洮州道行軍元帥로 삼아 공부상서工部尙書 유심례劉審禮 등 12총관을 거느리게 하고, 병주도독幷州都督 상왕相王 윤輪을 양주도행군원수涼州道行軍元帥로 삼아 좌위대장군左衛大將軍 계필하력契苾何力 등을 거느리게 하여 토번을 토벌케 하였다. 두 왕 모두 행군하지 않았다.

앞서 살펴본 『자치통감』 권202, 의봉 원년(676년) 조의 내용이다. 676년 윤3월 토번의 공세 이후 당은 친왕親王이 주도하는 대규모 행군을 편성했다. 677년에는 부병府兵이 가장 많은 관내도와 하동도에서 병모를 실시했다. 678년에는 하남도와 하북도에서도 병모를 실시했다.

676년은 당 태종 이후 조정 대신이 아닌 친왕을 행군원수로 임명한 최초의 시기다. 또한 668년 고구려 멸망 이후 별다른 병모 없이 병력 동원을 실행하던 당이 대규모로 두 번에 걸친 병모를 실시한 시기다. 이보다 앞선 672년 양적수梁積壽를 서남 전선에 투입하면서 병모를 실시하기는 하지만, 그 규모는 그리 크지 않았다. 이런 점을 통해 볼 때 676년의 대규모 행군 편성과 병모 실시는 주목할 만하다.

당의 대원정군 편성

당은 왜 676년 윤3월 토번의 공세에 행군원수가 둘이나 되는 대원정군을 편성했을까? 영국의 중국사 연구자 데니스 트위체트Denis Twitchett는 676년 대원정군의 편성을 토번왕 만손만첸芒松芒贊의 죽음으로 계승 문제를 둘러싼 내란이 발생하자 당 고종이 이 기회를 이용해 토번을 공격하고자 한 것으로 파악했다. 국내에서도 이에 동조하며, 만손만첸이 사망하기 1년 전(675년)부터 시작된 궁정 내부의 권력암투, 양동羊同의 반란 등은 당 고종 입장에서는 전세를 역전시킬 수 있는 절호의 기회가 되었음이 분명하다는 견해가 제시되었다. 토번의 내분을 이용해 당이 공세를 취하고자 했다는 것이다.

676년 윤3월 토번은 당 내지를 공격했다. 토번이 청해 일대 토욕혼을 멸망시킨 것은 당의 농우(현 간쑤성·신장)와 검남(현 쓰촨성) 일대 안전을 직접적으로 위협했다. 엄밀히 말해 하서·농우 일대는 중국 내지라고 할 수 없다. 하지만 이 일대 소수민족은 장기간 당과 교류하면서 민족 구성원이 한족漢族과 서로 융합되었다. 토번이 토욕혼을 점령하자 상당수가 당으로 내속하는 등 내지와 거의 같은 수준이 었다고 할 수 있다. 이 지역에는 당의 감목장監牧場이 집중 분포되어 있다. 서역과 달리 지리적으로도 익주益州나 수도 장안長安에 근접한 지역이라 당의 입장에서 물러설 수 없는 곳이었다.

장안 이서以西 지역은 반농반목半農半牧지역으로 농업이 이미 상당한 기초를 이루어 변경 군사에게 일정한 식량을 공급했다. 동시에 대량의 말을 사육해 변경 군사의 전투력 증강에도 큰 도움을 주었다. 수隋 시기와 당 전기의 강성도 바로 여기에 기초한다. 개원開元(713년) 이전 당 전체 재정 중 서역과 감목을 위한 군사비가 10~20퍼센트 투입될 정도로 중요시되었다. 특히 토욕혼이 위치한 청해 지역은 중국 전체 이용 가능한 목초지의 15퍼센트를 차지했다.

병력 수 못지 않게 중요한 것이 병종兵種이다. 병종은 크게 기병과 보병으로 구분된다. 당 전기에는 기병이 주요 전투 역량으로 매우 중시되었다. 훈련된 기병은 그 신속성과 충격성으로 전장을 주도한다. 670년대 토번의 토욕혼 지역 점령과 농우 지역 위협은 당 전기 군사력의 핵심인 기병과 그 근간이 되는 감목장 상실로 이어졌다. 반대로 토번은 청해 지역 유목민과 전마戰馬 그리고 목초지를 확보해 강한 군사력을 유지할 수 있었다.

한漢 시기에 확보한 하서 지역은 중국 내지와 서역을 잇는 오아시스의 다리다. 또 고비사막 북쪽 유목민과 청해 지역 유목민을 이어주는 연결기지이기도 해서 동서교류에 있어 십자로적 요충지 역할을 했다. 교통은 자원·원료 획득의 수단이자 국력과 군사력 증강과 회복의 수단이다. 다시 말해 서역과 중국 내지를 잇는 주요 간선 교통로는 당의 국력에 상당한 영향을 미쳤다. 또한 당시 토번이 침입한 선주鄯州에서 수도 장안 사이 거리는 2,000리(800킬로미터)에 불과했다. 그러므로 당은 수도 장안까지 기병 속도로 10일 안에 도달할 수 있는 요지를 점령당한 위급 상황에 빠졌던 것이다.

당의 군사 전략 변화

정리하면, 676년 윤3월 토번의 공세로 당의 감목장 상실, 교통로 단절, 군사력 약화는 물론 당 왕조의 존립을 위협할 가능성 마저 발생했다. 서북 변경의 1차 방호벽이던 하서·농우 일대가 점령당함으로써 당 내지가 직접적인 위협에 노출되었다. 훨씬 후대의 일이지만, 실제로 당은 안사安史의 난(755~763년) 말에 토번에게 수도 장안이 일시 함락되는 수모를 겪기도 한다.

당이 토번 수도 라사邏娑를 공격하기 위해서는 청해 일대(토욕혼)의 방어선을 뚫어야 하지만 반대로 토번은 당 왕조의 세력이 약화되면 언제든지 당의 수도를 직접 넘볼 수 있는 전략적 우위에 있었다고도 볼 수 있다. 따라서 676년 당의 대원정군 편성은 당이 토번의 내분을 이용해 선제공격하기 위한 것이 아니라 토번의 당 내지 침입 때문에 일어난 일이라고 보는 게 합리적이다. 이는 『자치통감』 권202, 의봉 원년(676년) 조를 보면 보다 분명해진다.

당은 대원정군을 편성하기 직전 영호지통으로 하여금 먼저 나아가 수비하도록 했다. 즉 당의 공세가 아니라 토번의 침입을 받아 일단 방어한 후 공세를 위해 대규모 원정군을 편성한 것이다. 이는 『구당서』 토번전에서도 확인된다. 676년 윤3월의 상황은 당이 토번을 공격하려는 상황이 아니었던 것이다.

그런데 원정군의 행군원수인 주왕 현과 상왕 윤은 모두 행군하지 않은 것으로 기록되어 있다. 당 고조 이후 황태자 혹은 친왕이 행군원수로 임명되었지만, 이들은 모두 실제 출정하지 않았다. 676년 주왕 현과 상왕 윤, 698년 태자太子, 개원 연간 충왕忠王 모두 행군원수에 제수되었지만 실제 출정하지 않았다.

실제 행군의 주관자는 원수의 일을 아는 부원수副元帥였다. 행군원수직에 황태자나 친왕을 제수하는 것은 봉건 황권皇權이 당 전기 전시 체제하 군권軍權을 공제控制하는 과정에서 허명虛名을 빌려준 것뿐이다. 따라서 행군은 부원수인 유심례·계필하력 등이 주도한 것으로 보인다.

나당전쟁기 당의 행군 편성 상황을 살펴보면, 669년 이후 계필하력·설인귀·강각·사업 등을 서북 전선으로, 고간·이근행 등을 동북 전선으로 파견했다. 즉 토번과 신라 전선을 동시에 유지하면서 672년 1월에는 양적수를 요주도姚州道(현 윈난성)행군총관으로 삼아 또다른 행군을 편성해 서남 전선으로 투입했다. 675년에는 서역 일대를 재탈환해 나가는 동시에 유인궤를 신라 전선으로 투입시킬 정도로 당시 당은 병력 동원에 큰 무리가 없었다.

하지만 676년 윤3월 토번의 당 내지 침입 이후 친왕이 주도하는 대규모 행군 편성을 계획했고, 이후 유인궤·이경현·배행검 등을 투입하며 토번 전선에 주력했다. 이 과정에서 신라 전선의 이근행을 토번 전선으로 이동시키고 대규모 병모를 실시했으며, 678년에는 신라 재원정 계획을 취소했다. 따라서 676년 윤3월 토번의 당 내지 침입이 당에게 결정적인 전략 전환의 계기를 마련한 것으로 이해할 수 있다.

18장

신라의 군사 동원 능력은
어떠하였을까

신라의 군사 편성 규모

신라의 군사 편성 규모를 확인하기 위해 삼국의 대규모 병력 동원 사례를 살펴보자. 먼저 『삼국사기』 김인문전에는 668년 신라가 고구려 원정 시 20만 명을 동원해 북한산성에 도착했다고 되어 있다. 20만이라는 수치는 신라본기에 나와 있지 않고, 신라의 전투병과 전투지원병을 모두 포함한 수치라고 보더라도 그 규모가 너무 크기 때문에 그대로 따르기는 어렵다.

다음으로 645년 당 고종이 고구려 안시성을 공격할 때 그 구원군으로 고구려와 말갈 등 15만 명이 동원된 적이 있다. 하지만 압도적인 병력 차이에도 불구하고 고구려군 15만 명은 전투다운 전투를 해보지도 못하고 당군 3만 명에게 패하고 만다. 물론 당시 지휘관의 문제도 있었지만, 한편으로는 전문적인 훈련을 받고 지휘체계가 정립된 정병精兵이 아니었음을 알 수 있다. 이와 유사한 예가 839년 김흔金昕이 이끈 10만 병력이다. 김흔은 신라의 대장군이 되어 대구에서 청해진清海鎭 군사와 맞섰으나 패배하고 말았다. 김흔이 이끌던 신라군 10만 명도 고구려군과 마찬가지로 정예병이라 보기 어려운 급조된 부대였던 것으로 판단된다.

660년 백제 원정 시 신라 국왕이 직접 출전한 것으로 되어 있다. 당시 태자와 김유신 등이 이끈 정병 5만 명은 전투병으로 보이며, 왕을 호위하던 전투병을 제외한 치중병·지원병 등은 금돌성에 주둔하며 전투지원사령부로 편성된 것 같다. 특히 금돌성이 위치한 상주는 신라에서 한강 유역으로 나아가는 길목이자 역으로 고구려에서 신라로 들어오는 길목이다. 따라서 이곳에 전투지원사령부가 마련된 것은 백제 원정 시 고구려가 신라 본토를 직접 침입하거나 한강 상류 지역으로 진출해 신라의 백제 원정군의 보급로를 차단·견제하는 것을 사전에 막기 위한 조치로 여겨진다. 백제 지역으로 투입된 정병 5만 명을 후방에서 지원하고, 혹시 모를 고구려의 공격에 대비하기 위해 금돌성에 부대를 주둔시켰던 것이다.

백제 원정 시 투입된 병력 5만 명과 신라 국왕이 머물던 금돌성 주둔부대를 포함하면 당시 동원된 병력은 최소 5만 명 이상이므로 6~7만 명이 동원되었을 것으로 짐작할 수 있다.

『삼국사기』 직관지 무관 조에 기록된 전체 군관 수는 총 3,767명이다. 군관과 병졸 비율만 확인할 수 있으면 신라군의 총 병력 수를 유추할 수 있다. 하지만 당시 군관과 병졸의 비율은 명확하지 않다.

따라서 군관 수만으로는 신라군 전체 인원을 유추하는 것은 어렵다고 할 수 있다. 이에 개별 장군이 거느릴 수 있는 병사의 수를 추정해볼 수 있는 사례를 살펴보자.

당대의 표준 행군 편성을 보면 총원이 2만 명이며, 전투병 1만 4,000명과 치중병 6,000명으로 나뉜다. 전투병은 다시 마군馬軍, 즉 기병 4,000명과 노수·궁수·도탕跳蕩·기병奇兵 등으로 이루어진 보병 1만 명으로 구성된다. 전투병과 치중병은 7:3 비율이며, 전투병은 다시 기병과 보병이 1:2.5의 비율로 편성된다. 신라의 경우 662년 당시 당의 총관摠管과 대隊·화火라는 명칭이 새로이 도입되었다. 그리고 660년에 이미 신라군과 당군이 혼성 편성되는 것으로 보아 당군의 행군제도가 신라군에게 강한 영향을 미쳤음을 알 수 있다.

만약 662년 신라의 행군 편성이 당의 행군 기준을 따랐다고 한다면, 보병 1만 명을 가진 병력은 기병 4,000명을 추가로 보유했다고 할 수 있다. 다시 말해 보병 1만 명은 최소한 기병 4,000명을 포함하게 되어 총 병력은 1만 4,000명에 달한다. 그런데 도탕과 기병의 경우 돌격과 기습·매복 등에 운용되므로, 이들도 일정 수량의 기병을 보유하고 있었다. 그러므로 이들이 보유한 기병을 최소 1,000명 내외로 볼 경우 총 병력은 1만 5,000명 가까이 되며 보병과 기병의 비율은 2:1이 된다. 이러한 보병과 기병의 비율은 수隋의 고구려 원정시 병력 편제 비율과 일치한다. 645년 주필산駐蹕山 전투에서 이적이 기보騎步 1만 5,000명을 운용했는데, 그중 1만 명이 보병이었던 점도 참고가 된다. 이에 근거해볼 때 662년의 경우 장군 10명이 1만 5,000명 정도를 운용했을 것으로 추정되며, 따라서 장군 1명당 평균

1,500명 내외를 거느렸다고 할 수 있다.

중국의 천인장군과 신라 장군

중국 남북조 시기 북위北魏에는 소위 '천인장군千人軍將'이라는 용례가 있었다. 유연柔然은 '천인위군千人爲軍, 군치장일인軍置將一人'했다. 1,000명 단위를 군軍이라 하고, 군에는 장수 1명을 둔 것이다. 진晉 시기에는 1군이 1,000~2,500명 등으로 일정치 않았고, 북위 초기에는 1군이 5,000명이었다가 1,000여 명으로 점차 줄어들었다. 남조南朝의 경우도 1군이 1,000~2,000명 내외다.

중국 남북조와 신라의 군제가 직접적 관계가 있었던 것은 아니지만 신라의 대중국 교류와 직접 전투를 치른 고구려를 통해서 일정 부분 영향을 받았을 것이다. 이러한 관점에서 본다면 신라에도 '천인장군'이 존재했을 가능성이 높다. 1,000명 단위가 전술 운용의 기본 단위가 되고 있으므로 신라 장군 1명은 기본적으로 최소 1,000명 이상의 병력을 통솔했다고 여겨진다. 그리고 670년 비진골이던 사찬 설오유가 1만 명을 거느리고 압록강을 건너 요동으로 진출한 것을 통해 상급장군은 수천 명 이상도 거느릴 수 있었던 것으로 추정해볼 수 있다.

『삼국사기』 직관지 무관 조에는 신라 장군이 39명이라고 되어 있다. 장군 1명이 거느리던 병력이 1,000명 이상이라고 한다면 신라군 전체는 최소 3만 9,000명 이상이 된다. 신라 장군의 경우 등급이 구분되어 있기 때문에 상급 장군은 보다 많은 병력을 거느렸을 것으로 추정된다. 따라서 신라의 총 병력 수는 더 늘어난다. 중국의 경우를 바탕으로 해서 하급 장군이 1,000명, 중급 장군이 1,500명, 상급 장군이 2,000명 가량 거느린다고 가정하면, 평균해서 장군 1명당 1,500명을 거느리게 된다. 이러한 점에서 신라의 장군 1명당 약 1,500명을 거느렸다는 가정은 유효하다고 할 수 있다.

661년 고구려 원정 때는 장군 24명이 동원되었다. 백제가 이미 멸망한 상태였지만 완전히 평정한 상태가 아니었으므로 치안 유지와 후방 방어를 위한 최소한의 병력은 남겨둔 것으로 보인다. 663년 백제 부흥군을 제압할 때는 장군 28명이 동원되었는데, 장군 수로써 감안해보면 661년 고구려 원정군 편성을 거의 그대로 이용하면서 약간 강화된 느낌을 준다. 다음으로 668년 고구려 원정의 경우 장군 28명이 동원되고 임시 편성 군단으로 여겨지는 경정京停이 동원된 점 등으로 볼 때 신라의 전력을 기울인 행군 편성으로 판단된다. 668년에는 백제라는 후방의 위험 요소가 제거된 상황이므로 661년의 고구려 원정군 편성 시보다 동원 규모가 더욱 확장되었을 것이며, 백제 원정 시보다 행군 거리가 멀기 때문에 보다 많은 치중병과 지원병이 동원되었을 가능성이 높다.

신라군의 총 병력 수

660년 백제 원정에는 신라군 5만여 명이 동원되었는데 투입된 장군 수는 명확하지 않다. 668년 고구려 원정 시와 비슷한 병력이 동원되었으므로 30명 내외의 장군이 투입되었을 것으로 추정할 수 있다. 다시 말해 신라군은 백제·고구려 원정에 30명 내외 장군과 5만 명 내외 병력을 동원했으며, 이는 수도 경비 및 주요 거점 방어를 위한 최소한의 병력을 제외한 신라군 거의 대부분이라고 할 수 있다.

장군 1인당 1,500명을 거느릴 경우 661년 백제 부흥군 진압에는 장군 15명이 투입되었으므로 동원된 병력 수는 총 2만 2,500명이 된다. 661년 고구려 원정 시에는 장군 24명이 함께했으므로 병력 수는 3만 6,000명이며, 663년 백제 부흥군 진압과 668년 고구려 원정 시에는 장군이 28명이므로 병력 수는 4만 2,000명이 된다. 667년 고구려 원정 시에는 장군이 30명이므로 동원된 병력은 4만 5,000명에 달한다. 그런데 지금까지 언급한 수치는 전투병, 즉 '정병'을 의미하는 것으로 보아야 한다. 예를 들어 660년의 경우 왕이 거느리던 금돌성 주둔 병력과 병력·물자 수송을 담당한 일부 수군도 남아 있기 때문이다.

신라의 대규모 병력 동원 사례에서 치중병, 즉 전투지원병 30퍼센트를 더해서 계산하면, 5만여 명이 동원된 경우 장군은 30명 내외였음을 알 수 있다. 이에 근거해서 660년의 경우에는 장군 26명 정도가 투입되었다고 추정할 수 있다. 장군 1명당 1,500명씩 동원하면 3만 9,000명이며, 여기에 치중병 30퍼센트를 더하면 총 병력은 5만 700명이 된다. 즉 660년 신라의 백제 원정 시에는 장군 26명과 전투병 5만 명이 동원되고 문무왕이 주둔하던 금돌성에 장수 3~4명과 수비병 수천 명이 배치되었을 것이다.

정리하자면 신라 장군 1명은 약 1,500명의 병력을 동원하며, 신라의 전략적인 대규모 원정에는 장군 30명 내외와 5만여 명이 동원되었다고 할 수 있다. 신라 장군 전체를 36명으로 볼 경우 전투병 5만 4,000명과 전투지원병 1만 6,200명으로 총 7만 200명이 되며, 장군을 39명으로 볼 경우에는 총 병력이 7만 6,050명에 달한다. 이러한 추산이 크게 틀리지 않는다면 신라군의 총 병력은 7만여 명이었다고 할 수 있다.

　　나당전쟁기 신라는 백제 및 고구려 유민을 흡수해 7~8만 명 정도를 운용할 수 있었고 강제 징발할 경우 최대 10만 명까지 동원할 수 있었을 것으로 추정된다. 이는 나당전쟁기에 투입된 당군 10만여 명을 충분히 대적할 수 있는 수치다. 물론 전투 경험이나 전투 장비는 최강대국이던 당군이 우세했을 가능성이 높다. 하지만 신라는 이러한 불리한 여건을 철저한 정보 수집, 지형 요소 이용, 안정적인 보급선 확보, 효율적인 병력 운용 등으로 충분히 상쇄할 수 있었다.

19장

신라의 전략과
승리 요인은 무엇이었을까

전쟁은 정치를 동기로 발생하며 정치적 목표를 달성하기 위한 수단이다. 전쟁이라는 수단을 통해 달성하려는 국가의 정치적 목표는 자국의 이익 추구다. 따라서 전쟁의 목적과 목표는 명분과 실리를 동시에 충족시키는 것이 무엇보다 중요하다. 이러한 관점에서 신라의 나당전쟁 수행은 결과적으로 성공적이었다고 할 수 있다. 신라의 철저한 전쟁 준비와 적절한 군사 전략 수립 그리고 상황 변화에 따른 기민한 대응이 그 밑바탕이 되었음을 부인할 수 없다.

나당전쟁 당시 최강대국 당과 동맹국 하나 없는 약소국 신라는 그 자체의 역량 차이가 상당했다. 그리고 당시 한반도에 주둔하던 당군은 안동도호부와 웅진도독부로 양분되어 있었기 때문에 신라가 전쟁을 수행하려면 양 전선을 모두 고려하지 않을 수 없었다. 신라는 양분되어 있는 당군이 연합전선을 구축하지 못하게 하고, 당 본토에서 이들을 지원하지 못하도록 차단하는 고도의 전략이 필요했다. 이렇듯 불리한 상황에서 신라는 어떠한 전략을 수립하고 실천해 승리할 수 있었을까?

적절한 외교 전략

첫째, 신라의 능동적이고 적절한 외교 전략이다. 신라는 669년 4월 무렵 옛 백제 영토 일부를 점령하고 난 후 당에 사죄사를 파견했으며, 672년 8월 석문 전투에서 대패한 후 또 사죄사를 당에 보냈다. 『삼국사기』에는 기록되어 있지 않지만 『신당서』 신라전에는 675년 매소성 전투에서 3번 싸워 당군이 모두 승리하자 신라는 사죄사를 파견하고 당은 신라 국왕 김법민의 관작을 돌려주었다고 되어 있다. 이렇듯 신라는 당과의 전황이 불리해질 때마다 사죄사를 파견해 당과의 긴장관계를 완화하고자 했다.

나당전쟁기 신라는 수시로 사죄사를 파견해 당에게 저자세를 취했고 이는 외교적 측면에서 볼 때 굴욕적으로 여겨질 수도 있다. 하지만 신라는 669년 사죄사 파견 후 오골성 공격을 준비했고 672년 사죄사 파견 후에는 전국적인 방어망을 구축했다. 675년 사죄사 파견 후 매소성 전역에서 당군의 공세를 성공적으로 막아냈다. 7년 가까이 이어진 전투에서 신라는 국제적으로 고립된 상황이었지만, 군사적 공세와 외교적 유화책을 상황에 맞춰 적절하게 구사했던 것이다. 최근 중국 학계에서도 나당전쟁기 신라의 외교 능력을 높이 평가하고 있다.

정확한 정보 수집

둘째, 신라의 지속적이고 정확한 정보 수집이다. 신라는 삼국 정립 시기부터 치열한 정보전을 지속했는데, 나당전쟁에서도 예외는 아니었다. 670년 압록강을 건너 요동을 공격하고 옛 백제 영토를 신속히 점령할 수 있었던 것은 정확한 정보 수집을 바탕으로 치밀하게 계획하고 준비했기 때문에 가능한 일이었다. 실제 신라는 671년 1월 당군이 웅진도독부를 구원하려 한다는 말을 듣고 대아찬 진공 등을 보내 옹포로 나아가 수비케 했다. 673년 9월에는 당군이 북쪽 변경을 침입하기 전에 이미 대아찬 철천 등을 보내 병선 100척을 이끌고 서해를 지키게 했다. 675년 2월 이후에는 당군이 거란·말갈군과 함께 쳐들어온다는 말을 듣고 9군을 출동시켜 이에 대비케 했다. 이렇게 볼 때 신라는 나당전쟁기 지속적으로 당군 동향을 감시하고 정보를 수집해 이를 바탕으로 전략을 수립해 나갔던 것으로 보인다.

요동 선제공격

셋째, 신라의 고구려 부흥운동 지원과 요동 선제공격이다. 만약 신라의 지원이 없었다면 고구려 부흥운동이 그렇게 큰 규모로 확대되기는 어려웠을 것이라고 보는 견해도 있다. 670년 3월 설오유·고연무의 연합군 2만 명이 압록강을 건너 요동을 공격하였다. 연합작전은 국가가 그 목적을 같이 하는 타국 혹은 집단과 군사적으로 연휴하는 것으로 타국과 운명공동체가 되는 것을 의미한다. 그 운명은 보다 강력한 국가, 즉 최대 병력과 물자를 제공하면서 주동권主動權을 장악한 국가에 위임된다. 따라서 설오유·고연무가 이끄는 2만 연합군의 요동 선제공격에는 신라의 전쟁 의지가 반영되었다고 할 수 있다.

그렇다면 고구려 부흥운동은 어느 정도 신라에 종속되었으며 신라의 계획과 전략이 많이 반영되어 있었을 것이다. 당은 주력부대를 동원해 고구려 부흥 세력을 타격하는 데 이용했고 웅진도독부에 대한 지원은 제대로 실행하지 못했다. 그 사이 신라는 670년 옛 백제 영토의 82개 성을 전격적으로 공략했고 671년에는 소부리주를 설치해서 영토화를 진행해 나갔다. 나당전쟁 초기 신라의 고구려 부흥 세력 지원과 요동 선제공격은 옛 백제 영토를 선점하기 위한 신라의 견제 작전이었으며, 당은 이를 간파하지 못했다.

옛 백제 영토 전격 점령

넷째, 신라의 전격적인 옛 백제 영토 점령이다. 신라의 옛 백제 영토 점령은 669년부터 시작되어 671년 무렵 거의 마무리되었으니, 개전 초기 단기간에 점령했음을 알 수 있다. 만약 장악 속도가 더딜 경우에는 당의 지원군이 도착해 웅진도독부 잔류군, 백제 유민군과 함께 신라를 압박했을 것이다. 그렇게 되었다면 전쟁에서의 승리를 장담할 수 없으며 오히려 신라가 패할 확률이 높다. 왜냐하면 신라의 방어 전선은 옛 고구려 영토 남부와 백제 영토 전체에 걸쳐져 있어 방어를 위해 병력이 분산될 수밖에 없다. 또한 이는 공격을 위해 병력을 집중하는 것에도 제한적인 요소로 작용하기 때문이다.

신라는 이후 전개될 당과의 전면전에 앞서 위험 요소를 사전에 제거함으로써 한반도 내에서 전략적 우위에 서게 되었다. 옛 백제 영토에 투입했던 신라군 주력을 다시 옛 고구려 전선으로 전환시킬 수 있었던 것이다. 당이 고구려를 공격하기 위해 백제를 먼저 공략했던 것처럼, 옛 백제 영토는 한반도에서 전략적으로 상당히 중요한 위치를 차지한다. 실제 당은 676년 이후에도 신라 원정과 옛 백제 영토 탈환에 지속적으로 관심을 가졌던 사실이 확인되고 있다. 이러한 측면에서 볼 때 신라의 옛 백제 영토 선점 전략은 주효했다고 할 수 있다.

중국 학자 자오즈빈趙智濱은 신라의 옛 백제 영토 점령을 다음과 같이 평가한다. 즉 백제 멸망 후 웅진도독부 설치는 당에게 있어 한반도 남부의 이득을 나타내는데 당은 고구려 원정 시 옛 백제 역량을 최대한 동원해 사용했다. 그렇기 때문에 웅진도독부의 역량이 상당히 소모되었으며 그 역량이 회복되기까지는 시간이 필요했다. 만약 신라가 고구려 멸망 후 빠른 시일 내에 웅진도독부를 공격하지 않았다면 웅진도독부의 역량이 충분히 회복되어 신라가 고전을 면치 못했을 것이라는 주장이다. 자오즈빈의 이러한 견해는 당시 정황을 두루 살펴볼 때 합리적이라 할 수 있다.

유연한 대처 방식

다섯째, 신라 수뇌부의 유연한 대처 방식이다. 신라는 요동을 선제 공격해 나당전쟁 초기의 주도권을 잡았다. 하지만 석문 전투에서 대패하자 전략을 대대적으로 수정해 방어 위주의 대응 방식으로 전환했다. 그리고 당시 출전 장수 및 지방 행정 수장에게 일정한 권한을 위임해 자율성을 보장해주었다.

662년 고구려를 공격한 소정방을 지원하기 위해 김유신이 출정할 때 문무왕은 김유신에게 상벌을 자유롭게 할 수 있는 편의종사권便宜從事權을 부여했다. 이러한 상태는 나당전쟁기에 더욱 확대 적용되었을 것이다. 나당전쟁의 전장은 이전보다 확장되고 동원 병력은 더욱 늘어났기 때문이다. 한편으로 출전 장수의 자율권이 보장되지 않을 경우 장수의 사기 저하와 군졸 상하의 신뢰관계가 무너질 가능성이 있다. 따라서 신라 수뇌부는 출전 장수에게 군령권의 상당 부분을 위임했을 것으로 판단된다.

675년 1월 신라는 각 관청 및 주·군의 구리 인장을 만들어 나누어 주었다. 이는 중앙과 지방 행정의 체계화 과정으로 이해할 수 있다. 그런데 이 시기는 당과의 결전을 앞두고 있던 상황이었으므로, 인장 수여는 또 다른 의미를 가질 수 있다. 나당전쟁이라는 전시 체제에서 당과의 결전을 앞두고 각 관청과 지방 행정 장에게 인장을 수여한 것은 각 기관장의 사기를 고무시키고 국왕의 권한 중 일부를 공식적으로 위임하기 위함일 가능성이 높다. 다시 말해 전시 체제에서 각 기관장의 자율성을 어느 정도 보장해서 급변하는 상황에 보다 빠르고 효율적으로 대응하기 위한 조치였던 것으로 판단된다.

효과적인 방어 전략

여섯째, 신라의 효과적인 방어 전략 수립이다. 672년 8월 석문에서 패배한 신라는 673년 신라 전역에 대대적인 축성 작업을 단행했다. 이러한 변화는 당군의 침입에 대비한 것으로, 주州 단위 광역 방어 체계를 독립적으로 운영해 중앙의 지원 없이도 장기간 전투를 수행할 수 있는 능력을 확보하는 데 그 목적이 있었다고 한다. 실제 전투 상황도 이를 뒷받침하고 있다. 석문 전투의 지휘관은 주로 진골 장군이었으나 석문 전투 이후 나당 간 결전장이던 매소성 전역에 나타난 지휘관은 성주·현령·소수 등 지방관이 주를 이루고 있다. 또한 성이 함락되는 상황에서 신라 중앙군이 구원했다는 기록이 없고 사망 지휘관이 모두 지방관이었던 점을 통해 볼 때 신라는 지방 방어성 지원을 의도적으로 하지 않은 것으로 판단된다. 전쟁의 전체 국면에서 본다면 바람직한 선택이었다고 여겨진다.

당군은 수백 개 신라 방어성을 일일이 공략하면서 남하해야 하고 점령한 성을 수비하기 위해 일부 병력을 남겨두어야만 한다. 그렇다면 당군이 남하하면 할수록 보급로는 신장되고 공격 병력은 점차 줄어들게 되어 남하 속도가 정체될 수밖에 없다. 신라는 이러한 정황을 정확히 파악하고 지구전을 감행했던 것이다. 즉 석문 전투 이후 소규모 전투가 많이 발생한 것은 신라가 전면전을 회피하고 소모전을 강요함으로써 당군의 병참 문제를 야기시켰다고 할 수 있다. 이러한 신라의 방어 전략은 주효했으며 결국 매소성 전역에서 임진강 선을 돌파하지 못한 당군은 한반도에서 물러나게 되었다.

대규모 원정에 있어 장기전은 가장 피해야 할 사안이다. 당은 675년 매소성을 중심으로 전력을 집중해 신라군과 결전하고자 했지만 신라는 이에 응하지 않았다. 671년 설인귀가 문무왕에 보낸 서신에는 "수십 년이 지나 중국은 피로하였으나 천자의 곳간을 때때로 열어 병량을 급히 날라 ……"라고 되어 있다. 이를 통해 중국이 고수전쟁·고당전쟁 및 백제·고구려 원정 등으로 인해 당시 병참 상황이 원활치 못했음을 유추해볼 수 있다. 그 이전에도 당은 고구려 원정 시 신라에 군량 수송을 여러 차례 요구했고 군량을 받은 후 철수한 사실이 있다. 신라는 이러한 당의 병참 상황을 정확히 인식하고 있었기에 적절한 전략으로 대응했던 것이다.

20장

나당전쟁 승리의
의의는 무엇일까

나당전쟁의 목적

당의 목적은 한반도와 만주를 장악해 당의 기미지배를 완성하는 것이었다. 신라의 목적은 실질적 무력으로 평양 이남의 영토를 확보하는 것이었다. 어떤 면에서는 당이 나당전쟁 이후에도 명목상 신라 국왕을 '계림도독'으로 삼았기 때문에 목적을 달성한 것으로 이해할 수도 있다. 하지만 당은 한반도에 대규모 원정군을 투입하고서도 허울밖에 없는 명목만 얻었을 뿐 실질적인 영향력을 행사할 수 없었다. 반면 신라는 옛 백제와 고구려 남부를 실질적으로 영토화해서 목표한 바를 이루었다. 신라는 고구려 멸망 후 옛 고구려 영토를 신라와 당의 완충지대로 만들었으며 676년 당의 안동도호부가 요동으로 물러날 수밖에 없게 만들었다. 신라가 삼국을 통일한 후 더는 북진을 감행하지 않음으로써 당을 자극하지 않아 변경 지역 또한 안정되었던 것이다.

나당전쟁의 결과

당은 당 태종 이래 고종에 이르기까지 백제·고구려를 멸망시키고 한반도를 장악하기 위해 오래도록 심혈을 기울인 노력과 성과를 포기해야 했다. 반면 신라는 숙적이던 백제와 고구려를 멸망시키고 한반도의 대체적인 통일을 실현했다. 당 왕조가 한반도에서 물러난 것은 전체적인 틀에서 볼 때 토번의 강성에 따른 위급함 때문이었지만 그 직접적인 원인은 신라와의 전쟁으로 인한 실패였다. 나당전쟁 후 당은 이러한 결과에 만족할 수 없었다. 비록 실현되지는 않았지만 678년 재차 신라 정벌을 계획하기도 했다.

물론 당이 상대적으로 신라 전선보다 토번 전선을 중시한 것은 인정된다. 당의 입장에서 토번의 군사적 위협은 신라와의 전투보다 심각한 문제였기 때문에 한반도에 대한 지속적인 군사 행동은 불가능할 수밖에 없었다. 하지만 당시 공세를 지속하던 최강대국 당을 지원 세력도 없던 신라가 적극적으로 막아내며 당의 한반도 지배 의도를 좌절시켰다는 점은 분명히 기억해야 한다.

신라가 외세를 끌어들여 백제와 고구려를 멸망시킨 점과 영토적으로 대동강 이남에 한정된 점은 안타까운 사실이 아닐 수 없다. 그러나 그건 어디까지나 현대인의 시각이다. 오늘날 관점에서 당시 신라의 입장을 재단해서는 안 된다. 당시 신라에게는 당과 왜를 비롯해 백제와 고구려도 '외세'였음을 상기해야 한다. 그리고 신라가 더 북진하지 못한 것은 기본적으로 신라의 역량 부족에서 기인하지만, 한편으로 당을 자극하지 않아 이미 통합한 영토를 안정시키고자 한 목적도 있었던 것으로 보인다.

나당전쟁의 의의

만약 신라가 나당전쟁에서 당에 패해서 신라마저 당에 편입되었다면 한반도 전체에 당의 내지화內地化가 진행되었을 것이며 만주 일대에 대한 당의 지배력도 강화되었을 것이다. 즉 신라가 장기간 나당전쟁을 치르며 당의 국력을 소모시키고 특히 당의 동북방에 대한 군사력 내지는 장악력을 감소시키지 않았다면 만주 일대에서 발해가 흥기하는 일도 쉽지만은 않았을 것이다. 다시 말해 당시 신라가 최강대국 당에 기민하고 과감하게 대처하지 않았다면 현재 우리가 '신라의 삼국통일' 혹은 '남북국 시대'를 논의하는 것 자체가 불가능한 일이었을 지도 모른다.

나당전쟁 이전에 당은 웅진도독부를 이용해 신라 봉쇄선을 설정하고 지속적으로 압박했다. 이에 신라는 선제공격을 감행해서 옛 백제 영토의 웅진도독부를 제거하는 한편 고구려 부흥운동을 적극적으로 지원해서 옛 고구려 영토에 대한 영향력을 확대하고자 했다. 이후 전개된 신라와 당의 전면전에서 신라가 당군을 성공적으로 방어하면서 나당전쟁은 막을 내렸다. 이에 따라 당의 동아시아 전략은 차질을 빚게 되었고 결국 서쪽 토번의 강성으로 인해 한반도로 진군할 여력을 상실하고 말았다.

신라는 나당전쟁을 통해 옛 백제와 고구려 남부를 영토화하고, 백제와 고구려 유민을 흡수·포용해서 인구를 늘렸으며, 한반도를 중심으로 대체적인 삼국통일을 이룩했다. 이러한 관점에서 볼 때 나당전쟁기 신라의 군사 전략은 유효적절했으며 나당전쟁의 적극적인 추진자는 바로 신라였음을 확인할 수 있다.

에필로그

　나당전쟁은 나당연합군에 의해 백제와 고구려가 멸망한 후 한반도의 주도권을 두고 신라와 당이 7년여에 걸쳐 치열한 격전을 벌인 사건이다. 이러한 나당전쟁은 일제 시기 일본 학자들에 의해 본격적으로 연구가 진행되었으나 당시에는 신라의 타율성을 직·간접적으로 보여주는 하나의 주제에 불과했다.

　해방 이후 민족주의가 점차 강화되는 과정에서 당과 맞서 싸운 신라의 자주성이 부각되기 시작했다. 1980~90년대까지 나당전쟁에 관한 인식은 삼국통일의 마지막 단계로 외세인 당을 물리치고 한반도를 중심으로 한민족의 기틀을 형성한 것이라는 기조가 유지되었다. 이후 2000년대 들어서면서 나당전쟁에 대한 다양한 시각이 소개되고 활발한 논의가 진행되면서 심도 있는 이해가 이루어지고 있다.

　하지만 나당전쟁은 한국, 중국, 일본 등 각국의 이해관계와 각 학자의 성향에 따라 이해하는 방식이 완전히 다르게 나타난다. 크게 보자면 국외 학계의 견해와 국내 학계의 견해가 서로 엇갈린다. 국외 학계는 주로 한국 측 사서의 신빙성 문제를 언급하며 나당전쟁에서 신라의 역할은 미미했고 그보다는 토번의 등장과 성장에 따라 전황이 변화되었다는 외부 지향적 관점을 가진다. 반면 국내 학계는 당시 국제 정세는 크게 고려하지 않은 상태에서 신라 역량과 승리를 강조하는 내부 지향적 입장을 견지하고 있다.

나당전쟁에 대한 이러한 시각을 보다 객관적으로 가지기 위해서는 나당전쟁 자체를 면밀히 검토하는 것이 선결되어야 한다. 왜냐하면 전쟁 자체는 분석하지 않고 외부적 혹은 내부적 요인만 추구하다 보면 나당전쟁의 실상을 외면하고 정해진 결론에 끼워 맞추기식 해석을 할 여지가 있기 때문이다. 따라서 이 책은 나당전쟁에 우선 초점을 맞추어 신라의 군사 활동을 중심으로 서술하였다.

*　*　*

나당전쟁의 근본적인 원인은 백제·고구려 멸망 이후 불거진 나당 간 영토 문제라고 할 수 있다. 기존의 견해 외에 보다 구체적인 원인으로는 나당전쟁을 주도한 신라 수뇌부의 입장을 고려해 볼 수 있다. 나당연합이 결성되어 백제와 고구려를 원정하는 과정에서 당의 신라 군령권 침해가 위험 수위에 다다랐으며, 그에 따른 신라 국왕과 신라 군부의 반발이 거세었던 것으로 추정된다. 또한 평양을 견제할 수 있고 한강 하류 일대를 방어하기 위해 우선적으로 필요한 전략 요충지인 비열홀을 둘러싼 나당 간 갈등도 적지 않은 영향을 미쳤다고 할 수 있다. 따라서 나당전쟁의 원인은 기본적으로는 나당 간 영토 문제라고 할 수 있지만, 직접적으로는 신라 군부의 불만이 크게 작용했기 때문으로 판단된다. 그러므로 나당전쟁의 개전은 토번의 성장이라는 외부적 요인보다는 신라 내부 문제에서 촉발되었다고 보아야 한다.

신라는 668년 말 왜에 사신을 보내 후방의 염려를 줄인 뒤 669년에 본격적으로 전쟁 준비를 해나갔다. 정치·외교 분야에서는 외교사절을 보내 기만 작전과 정보 수집을 진행했고, 사회·경제 분야에서는 대사면을 단행해 사회 안정과 민심 수습을 꾀했다. 군사·기술 분야에서는 무기 성능을 향상시키고 목장을 재분배해서 기병을 강화했으며, 종교·심리 분야에서는 불교계 인사를 기용해서 사회 안정 및 민심 수습을 하는 한편 심리전을 구사해서 전쟁 준비에 이용하기도 했다. 이렇듯 나당전쟁 개전에는 신라 군부의 입장이 상당히 많이 반영되었으며 신라가 669년을 기점으로 전쟁 준비를 철저히 한 사실을 확인할 수 있다.

착실하게 전쟁을 준비한 신라는 670년 3월 설오유 부대를 요동으로 전격 파견하였다. 설오유 부대는 고구려 포로를 근간으로 해서 편성된 소모병이었다고 추정된다. 이들 부대는 장거리 행군을 하는 과정에 도하 작전을 수행했으며 공격과 방어에 능한 모습을 보이고 있어 사기가 상당히 높았음을 짐작케 한다. 설오유 부대의 요동 작전은 신라의 치밀한 계획 아래 진행되었는데, 정병 1만 명이 동원되어 말갈병 및 당군과 접전을 벌인 점에서 본격적인 나당 간 충돌로 보아야 한다.

부대 이동 시간과 고연무 부대와 연합해서 작전을 수행한 점을 고려해볼 때 설오유 부대의 편성과 협조관계는 늦어도 669년 하반기에는 이루어졌음이 분명하다. 따라서 나당전쟁 개전 시점은 669년으로 보는 것이 합리적이다. 그리고 나당전쟁 개전은 국제적 상황이 계기가 되었다기보다는 신라 내부의 결단에 따른 것으로 이해해야 한다.

*　*　*

요동을 선제공격한 신라는 670년 7월부터 671년 7월까지 옛 백제 영토를 전면적으로 공격해 옛 백제 영토 대부분을 점령했다. 이에 당은 671년 설인귀가 이끄는 웅진도독부 구원군을 파견했다. 이 웅진도독부 구원군은 671년 6월 석성 전투에서 신라군에게 패배했다. 반면 신라의 옛 백제 영토 점령 계획은 순조롭게 진행되어 결국 7월에 신라가 옛 백제 영토에 소부리주를 설치하고 도독을 임명하게 되었다. 이에 당은 산동반도 일대에 있던 지원부대와 군수물자를 운송해서 웅진도독부 구원군을 지원하고자 했다. 하지만 671년 10월 신라 수군의 공격으로 당의 웅진도독부 지원은 무산되고 말았다.

한편 이 시기를 전후하여 신라는 문두루 비법을 시행했다. 이는 비록 설화적 내용이지만 사실을 바탕으로 확대·과장한 것으로 추정된다. 문두루 비법 시행은 신라 수뇌부가 지속적으로 당에 관한 정보를 수집한 상태에서 방어 전략을 수립하는 과정에 채용된 것으로 볼 수 있다. 만약 풍랑이나 폭풍이 발생하지 않아 당 수군이 침몰하지 않았더라도 신라는 수군을 동원하고 지형과 해·조류를 이용해 기습작전을 펴나갔을 것이다. 그런데 정박해 있던 당 수군이 실제로 침몰해버렸고 신라군과 신라민은 명랑법사의 문두루 비법이 외침을 막아냈다고 믿게 된 것이다. 당군이 673년 이전까지 별다른 수군 활동을 할 수 없게 된 점에서 신라 수군의 활동이 나당전쟁 초기 신라의 제해권 장악에 큰 역할을 했다고 여겨진다.

670년 편성된 고간·이근행의 행군은 안시성에서 고구려 부흥 세력을 진압하고 671년 평양으로 남하해 왔다. 672년부터 황해도에서 나당 간 대규모 충돌이 발생하는데, 특히 672년 8월 석문 전투에서 신라는 장수 7명이 사망하는 참패를 당한다. 이에 신라는 당에 사죄사를 파견하는 한편 전국적으로 대규모 축성 작업을 단행하는 등 전략을 공세에서 방어로 전환했다. 황해도 공방전을 거치면서 신라의 방어선은 대동강 선에서 남하해 673년 무렵에는 임진강 선까지 밀렸다. 하지만 신라 수군의 활동과 신라군의 결전 회피로 인해 당군의 보급 문제가 야기되었고, 장기간 신라 전선에 투입된 당군의 병력 수급 문제 등으로 인해 전선은 소강상태로 접어들었다.

***

이에 당은 고간·이근행의 4만 명만으로는 신라 본토를 공격하기 어려울 것으로 판단하여 674년 유인궤가 인솔하는 대규모 신라 원정군을 편성했다. 유인궤는 이듬해인 675년 신라 전선에 도착해 2월 칠중성 전투에서 승리를 거두고 당으로 돌아갔다. 유인궤는 이전에 투입된 병력과 새로 투입된 병력을 교체한 후 일부 병력을 인솔해서 귀국했다. 유인궤를 대신해 이근행이 병력을 충원받아 한반도 경략을 담당하게 되었다. 이때 이근행이 주도한 매소성 주둔 당군은 5만 명이 훌쩍 넘을 것으로 추산된다. 나당전쟁에는 고간·이근행의 행군 병력 4만 명 이외에 설인귀의 계림도행군 2만 명을 비롯해서 유인궤의 계림도대행군 최소 4만 명 이상이 투입되었다. 이들 병력과 안동도호부 산하 병력, 그리고 지원부대를 모두 더하면 나당전쟁기 동원된 당군은 최소 10만 명에서 많게는 20만 명에 달했던 것으로 볼 수 있다.

675년 9월 매소성 전투가 발생하기 직전 설인귀의 수군은 한강 하구의 천성을 공격했지만 실패하고 말았다. 설인귀 함대가 상륙전을 수행한 것으로 보아 보급함대라기보다는 전투함대로 여겨진다. 설인귀 함대가 천성을 공격한 의도는 한강 하류를 일대를 장악해서 임진강을 경계로 형성된 전선을 한강 선으로 재조정하기 위한 것이었다. 천성 전투 이후 곧이어 매소성 전투가 일어났는데, 신라는 이 전투에서 전마 3만여 필과 그에 상응하는 병장기를 획득했다.

매소성 전투를 단일 전투로 인식해서는 곤란하다. 매소성 전투 전후의 천성·아달성·적목성·석현성 전투 등은 모두 신라의 임진강 방어선과 한강 방어선 일대에서 동시다발적으로 일어난 것이므로 서로 연계해서 파악해야 한다. 당은 천성 전투가 시작되자 매소성에서 집결지 행동을 완료하고 임진강과 한강 사이 내륙 거점인 칠중성·석현성을 공격했으며, 분견대를 파견해서 아달성·적목성을 함락시켜 강원 북부 지역을 장악하고자 했다. 즉 매소성 전투를 전후한 일련의 군사 활동은 하나의 큰 전투를 구성하는 전역戰役이었던 것이다. 이때 매소성 전역에서 신라가 성공적으로 방어를 수행함에 따라 당군은 임진강 선을 돌파하지 못했고 결국 한강 이북 지역을 장악하지 못했다.

***

당은 676년 윤3월 토번의 공격으로 당 내지가 직접적인 위협에 노출되자 고착 상태에 빠진 신라 전선을 포기하고 토번 전선에 주력하게 되었다. 물론 676년 윤3월 이전부터 토번 전선이 악화되었을 가능성을 배제할 수는 없다. 하지만 676년 윤3월 이전 시기에 토번의 침입이나 당의 대처로 행군 편성 및 병모 실시 같은 어떠한 징후도 포착되지 않는다. 따라서 나당전쟁의 분수령이 되는 매소성 전역은 당의 전략이 전환되기 이전 당이 토번 전선과 신라 전선을 동시에 유지하고자 했던 시기에 발생했다고 할 수 있다. 다시 말해 당이 한강 이북 지역을 확보하기 위해 공세를 지속하던 시기에 발생한 전투였다. 신라가 천성과 칠중성에서 당군을 막아내며 당군의 한강 이북 점령 계획을 좌절시켰고 작전기지이자 보급기지였던 매소성을 탈취함으로써 당의 차후 공격계획을 무산시켰던 것이다.

매소성 전역 이후 별다른 움직임이 없던 당은 676년 11월 옛 백제 영토의 기벌포를 공격해 왔다. 기벌포 전투 발발 원인은 당군의 철수 작전의 일환으로 판단된다. 나당전쟁은 675년 9월 매소성 전역을 고비로 당군의 패색이 짙어졌고 전선은 다시 고착 상태로 들어갔다. 676년 윤3월 토번이 당 내지를 침입하자 당의 군사 전략이 토번을 중심으로 전환되었고, 이에 따라 당군의 철수 문제가 본격적으로 논의되기 시작했다. 즉 676년 11월 이전에 이미 당의 군사 전략이 전환되기 때문에 676년 11월에 발생한 기벌포 전투를 당군의 대규모 공세로 보기는 어렵다. 따라서 기벌포 전투는 당시 당의 철수 주도군과 옛 백제 영토 잔류군, 백제 유민과 반신라 인사 등이 기벌포로 집결했고 이를 신라 수군이 공격한 것으로 보인다. 676년 11월 무렵 당은 신라 원정군을 전면 철수하기로 결정함에 따라 한반도에 있던 당군 전체가 철수하기 시작했다. 주요 철수 장소 중 하나가 바로 금강 하구의 기별포였던 것이다.

정리하면 나당전쟁의 결정적 전투는 매소성 전역이라고 할 수 있으며 이 전역에서 당은 패배하거나 실패했다고 볼 수 있다. 왜냐하면 당의 대규모 원정군이 수년간 투입되었음에도 영토나 인력·재물을 제대로 확보하지 못했기 때문이다. 10만 명이 넘는 당의 대규모 원정은 하북도·하남도·강남도의 병력이 투입된 것으로 이들은 나당전쟁의 종결과 함께 귀국길에 올랐다. 대규모 원정군의 귀국은 당 정국에 상당한 파장을 미쳤을 것으로 보인다. 따라서 당은 676년 11월과 12월에 나당전쟁의 후유증을 무마하기 위해 개원과 대사를 실시하고 반군부 세력인 이경현을 중서령으로 삼았다. 나아가 대규모 순무사를 나당전쟁과 관련된 지역으로 파견해서 민심 수습에 주력했다. 중국 동부 지역이 나당전쟁의 병력과 물자를 충원해준 지역임을 감안하면 당은 나당전쟁의 결과 상당한 타격을 입은 것으로 추정된다.

* * *

나당전쟁은 당시 최강대국 당과 동북의 변방국 신라 사이에 벌어진 대규모 전쟁이었다. 이 전쟁에서 당이나 신라 어느 한쪽이 일방적으로 승리하거나 패배했다고 단정지을 수는 없다. 당시 일련의 상황을 종합해볼 때 당은 공세를 지속했지만 신라가 당의 공격을 효과적으로 막아내며 당의 보급 문제를 야기시킨 것은 분명하다. 당은 원정군 보급 문제, 국내 여론 악화, 토번의 서북 변경 위협이라는 직접적인 요인으로 인해 한반도에서 물러날 수밖에 없었다. 신라 원정에 실패한 이 사건은 축소되고 점차 잊혀졌으며 중국 사서에는 자세한 기록조차 남지 않게 되었다.

나당전쟁에 투입된 당군은 말갈병이 주력으로, 기병 위주의 부대라고 알려져 있다. 하지만 나당전쟁기의 당군은 말갈병 중심의 번병이 아니라 당 본토의 하남도·하북도·강남도에서 동원된 주력부대였다. 특히 전투 양상을 분석한 결과 말갈병은 오히려 보병적 성격을 띠는 것으로 추정된다. 말갈족 출신 이근행은 부족을 이끄는 번장이라기보다는 당의 행정체계에 흡수된 객장으로 보아야 한다. 이근행이 토번 전선으로 이동되었다고 해서 한반도 주둔 당군 대부분이 서역으로 이동했다고 단정지을 수는 없다. 즉 이근행의 서역 이동에 따라 나당전쟁이 종전되었다고 보는 '한반도 방기론'은 지양되어야 한다.

나당전쟁은 정확한 정세 판단을 바탕으로 한 신라의 선제공격으로 시작되었다. 이후 당은 대규모 원정군을 투입했음에도 신라를 '정벌'하지 못했다. 따라서 나당전쟁은 최강대국 당의 공세를 성공적으로 막아낸 '약소국' 신라의 승리로 보는 것이 자연스럽다. 신라는 당에 맞서 대의명분보다는 실리를 택해 강경책과 유화책을 적절히 구사했다. 그리고 신라군은 당시 고유의 군사 편제 단위를 가지고 있었으며, 최대 7~8만 명 정도 동원할 능력이 있었던 것으로 판단된다. 나당전쟁의 승리는 신라 자체의 전력이 안정되어 있었고 신라 수뇌부의 전략 전술이 주효했기 때문에 가능한 일이었다.

***

나당전쟁은 신라에 있어 대對백제·고구려 전쟁과는 성격을 달리하는 전쟁이었다. 국가의 존망을 다투는, 그것도 외부 지원 하나 없이 최강대국과 맞선 전면전이었던 것이다. 신라는 당과의 전면전에 앞서 옛 백제 영토 일부와 서북상 군사 요충지인 비열홀을 장악하고, 요동 선제공격을 감행해서 전쟁 초기의 주도권을 확보했다. 즉 나당전쟁은 전체적으로 볼 때 전략상 요충지를 선점해서 당의 침략을 미연에 대비하고자 한 일종의 '예방전쟁像防戰爭'이라 할 수 있다.

결국 신라는 7년 가까이 당을 상대로 장기전을 치르면서 한반도를 굳건히 지켜냈다. 이러한 나당전쟁의 개전과 종전은 국제 정세의 영향을 완전히 배제할 수는 없지만 기본적으로는 신라의 역량과 주도로 이루어진 것이었다. 나당전쟁에서 만약 신라가 당의 전략이 토번을 중심으로 전환되기 이전에 당에게 패배했다면 당은 한반도의 내지화를 강화하고 만주 장악력도 높였을 것이다. 그렇게 되었을 경우 만주 지역에서 발해의 건국이나 티베트 지역에서 토번의 발호도 그리 쉽게 이루어지지는 못했을 것이다. 토번의 발호 때문에 나당전쟁이 종전되었다기보다는 오히려 당군의 신라 원정 실패로 인해 토번이 강성해질 수 있는 여유와 기회가 생기게 되었던 것은 아닐까?

백제와 고구려의 패망을 목도한 신라의 목표는 '대의명분'이 아니라 '생존' 그 자체였다. 결국 신라는 스스로의 힘으로 최강대국에 맞서 그것을 성취하였다.

참고문헌

이상훈, 「당 무측천 시기 이경업 난의 전개 과정과 군사활동」『군사』 58, 2006

이상훈, 「나당전쟁기 당의 군사 전략 변화」『역사교육논집』 37, 2006

이상훈, 「당의 군사 전략을 통해 본 나당전쟁기의 매소성 전투」『신라문화』 29, 2007

이상훈, 「나당전쟁기 기벌포전투와 설인귀」『대구사학』 90, 2008

이상훈, 「나당전쟁기 당의 병력 운용과 전후 수습책」『중국사연구』 55, 2008

이상훈, 「나당전쟁의 개전과 설오유 부대」『역사교육논집』 45, 2010

이상훈, 「白村江戰場の位置と地形について」『いくさの歷史と文字文化』, 三弥井書店, 2010

이상훈, 「四世紀における韓半島の氣候變化と碧骨堤」『東アジア海をめぐる交流の歷史的 展開』, 東方書店, 2010

이상훈, 「나당전쟁기 문두루 비법과 해전」『신라문화』 37, 2011

이상훈, 「나당전쟁의 종전배경과 신라의 역할」『동북아역사논총』 32, 2011

이상훈, 「신라의 군사 편제단위와 편성규모」『역사교육논집』 37, 2011

이상훈, 「나당전쟁의 군사적 원인과 신라의 전쟁 준비」『역사와 경계』 79, 2011

이상훈, 「중등학교 역사교과서의 나당전쟁 서술과 개선 방향」『역사교육』 120, 2011

이상훈, 『나당전쟁 연구』, 경북대학교 박사학위논문, 2012

이상훈, 「662년 김유신의 군량 수송작전」『국방연구』 55-3, 2012

이상훈, 『나당전쟁 연구』, 주류성, 2012

이상훈, 「김헌창의 난과 신라군의 대응」『군사연구』 138, 2014

이상훈, 『전략전술의 한국사』, 푸른역사, 2014

이상훈, 「백제 부흥군의 옹산성 주둔과 신라군의 대응」『역사교육논집』 57, 2015

이상훈, 『신라는 어떻게 살아남았는가』, 푸른역사, 2015

이상훈, 「나당전쟁기 신라의 대규모 축성과 그 의미」, 『한국고대사탐구』 23, 2016

이상훈, 「나당전쟁 연구동향과 전망」 『군사』 100, 2016

이상훈, 「나당연합군의 군사 전략과 백제멸망」 『역사와실학』 59, 2016

이상훈, 「삼국통일기 화랑정신과 김유신의 리더십」 『국학연구론총』 17, 2016

이상훈, 「661년 북한산성 전투와 김유신의 대응」 『국학연구』 31, 2016

이상훈, 「김춘추의 외교활동과 나당동맹의 결성」 『신라 천년의 역사와 문화 –신라의 삼국통일-』, 경상북도, 2016

이상훈, 「백제멸망기 신라 수군의 성격과 역할」 『한국고대사탐구』 27, 2017

이상훈, 「고구려 마읍산의 위치와 군사적 위상」 『군사』 104, 2017

이상훈, 「668년 신라군 선발대의 진군로와 그 의미」 『대구사학』 133, 2018

이상훈, 「삼국통일기 신라군의 행군 편성 구조」 『한국고대사탐구』 30, 2018

이상훈, 『전쟁 이후의 한국사』, 추수밭, 2018

이상훈, 「백제 부흥운동과 주류성의 위치」 『홍주주류성재조명학술대회』, 2018·2019

이상훈, 「나당전쟁의 개전 시점과 주체에 대한 재검토-최근 대두되는 '신설'의 비판을 중심으로」 『한국고대사탐구』 32, 2019

이상훈, 「고구려 영류산의 위치와 나당연합군의 진군로」 『한국고대사탐구』 34, 2020

이상훈, 「신라 하대 왕위계승전과 사병의 확대」 『신라사학보』 48, 2020

이상훈·박준형, 「『대동유취방』을 통해 본 신라 해부와 강치」 『한국고대사탐구』 37, 2021

이상훈, 「황산벌의 위치와 전투의 재구성」 『서강인문논총』 60, 2021

이상훈, 『신라의 통일전쟁』, 민속원, 2021

이상훈, 「나당전쟁기 매소성의 위치와 매소성 전역의 위상-최근 대두되는 '신설'의 비판을 중심으로」 『한국고대사탐구』 41, 2022

이상훈, 「신라 장구진의 위치 비정에 대하여」 『북악사론』 15, 2022

이상훈, 「나당전쟁기 고구려 한시성의 위치에 대하여」 『동아시아고대학』 67, 2022

이상훈, 「제2차 고당전쟁기 사수 전투의 전개 양상」 『북악사론』 17, 2023

이상훈, 「고구려 부흥운동기 사야도의 위치에 대하여」 『북악사론』 18, 2023

이상훈, 「이상훈의 한국유사」 『아시아경제』 신문, 2017~2022

나당전쟁

건곤일척의 승부

초판 1쇄 인쇄 2023년 9월 6일
초판 1쇄 발행 2023년 9월 6일

지은이 이상훈
그 림 이정수
발행인 박종서
발행처 도서출판 역사산책
출판등록 2018년 4월 2일 제2018-60호
주소 (10477) 경기도 고양시 덕양구 은빛로 39, 401호(화정동, 세은빌딩)
전화 031-969-2004
팩스 031-969-2070
이메일 historywalk2018@daum.net
페이스북 https://www.facebook.com/historywalkpub/

ISBN 979-11-90429-32-0 03910

값 18,000